方小兵　张立萍
编著

KEY TERMS *in* Language Policy and Planning

语言政策与规划核心术语

外语教学与研究出版社
北京

图书在版编目（CIP）数据

语言政策与规划核心术语 / 方小兵，张立萍编著. -- 北京 ：外语教学与研究出版社，2022.7
ISBN 978-7-5213-3726-6

Ⅰ. ①语… Ⅱ. ①方… ②张… Ⅲ. ①语言政策－研究②名词术语－研究 Ⅳ. ①H002②H083

中国版本图书馆 CIP 数据核字（2022）第 112923 号

出 版 人　王　芳
责任编辑　杨　益
责任校对　杨　飘
装帧设计　高　蕾
出版发行　外语教学与研究出版社
社　　址　北京市西三环北路 19 号（100089）
网　　址　http://www.fltrp.com
印　　刷　北京虎彩文化传播有限公司
开　　本　710×1000　1/16
印　　张　27
版　　次　2022 年 7 月第 1 版　2022 年 7 月第 1 次印刷
书　　号　ISBN 978-7-5213-3726-6
定　　价　88.00 元

购书咨询：（010）88819926　电子邮箱：club@fltrp.com
外研书店：https://waiyants.tmall.com
凡印刷、装订质量问题，请联系我社印制部
联系电话：（010）61207896　电子邮箱：zhijian@fltrp.com
凡侵权、盗版书籍线索，请联系我社法律事务部
举报电话：（010）88817519　电子邮箱：banquan@fltrp.com
物料号：337260001

记载人类文明
沟通世界文化
www.fltrp.com

编写说明

语言政策与规划作为一个学科，其研究内容涉及语言学、政治学、经济学、教育学、社会学以及公共政策学等诸多领域，因此该学科的术语规范化工作必然依赖多学科参与。语言本体规划的一个重要课题是术语规划，事实上，语言政策与规划学科自身就拥有大量术语需要规划。

目前，语言规划学科的术语工作还存在不少问题。一是系统性的术语整理工作尚未开展。本领域不断涌现出大量术语，但术语间的层次关系、区别特征及关联性都不甚清楚，需要及时开展综合性、穷尽式的整理，否则将会积重难返，影响学术思想的交流与传播，影响语言政策的阐释与实施。二是术语本体化工作不到位。一方面，对国外术语误读、误译和错译的现象导致了术语译名混乱。例如，heritage language 就有“遗产语言”“传承语”“继承语”“祖裔语”“族裔语”“祖籍传承语”“祖语”“祖传语”等多个译名，而关于 language shift 概念的中文表述，学界也有“语言更替”“语言变迁”“语言转换”“语言转用”“语言转移”“语言换用”等多种形式。准确的译名有助于初学者领会和正确使用国外术语，而不恰当的译名会影响他们对术语的全面理解和把握。例如，将语言权中的 territorial rights 和 personal rights 分别译为“领地权”和“个人权”就不如译作“属地权”和“属人权”；将 media of instruction 译为“教学媒介语”，不如译作“教学用语”；将 language regime 译为“语言霸权”则是一种误译，实际意义是“语言制度”或“语言机制”；(language planning) agency 有时不是“(语言规划)机构”，而是基层或个人在语言规划方面的“(语言规划)能动性”；等等。另一方面，鉴于一些术语的概念尚在充实完善之中，这些术语还没有公认的中文译名，如translanguaging、language appropriation、diaspora language、abstand language、ausbau language，等等。三是术语的国际化意识不足。许多“汉源术语”的外文译名还不够规范和统一，如“国家语言能力”“(大)华语”“语言生活”“语言战略”“语言文字工作”等的英文译名尚未达成一致，影响了中国学术思想的国际传播和国际学术话语权的建构。

每一个学科都会涉及大量专有名词。语言规划学科的许多专有名词，如人名、法规(报告)名、组织机构名、语言事件名等，其译名的规范和统一还存在不少问题。如提出语言问题、资源和权利三种取向的美国威斯康星大学教授Richard Ruiz，就有“理查德·瑞兹”“理查德·鲁兹”“理查德·鲁伊兹”等多个译名；又如，有人说“一位叫埃杰的学者提出了语言政策的七种驱动过程”，也有人说“一位叫阿格的学者提出了语言规划的七大动机”，还有人说“一位叫艾哲的学者……”，实际上“埃杰”“阿格”和“艾哲”是同一个人，都是英国学者Dennis Ager；再如，在美国加利福尼亚州提出反双语教育《第227号提案》的Ron Unz，在语言规划学界也有多个译名，如“翁兹”“昂兹”“温兹”“昂茨”“昂刺”等。在一些学者眼中，前人的译名似乎总是不足为训，随手译出即可。甚至在同一个出版社同一年出版的书中，著名学者Thomas Ricento被分别译成了“托马斯·里森托”和“托马斯·李圣托”。瑞士学者François Grin，学界以往常将其译作“弗朗索瓦·格林”，但考虑到该姓名为法语，按照新华通讯社译名室编的《法语姓名译名手册》(北京：商务印书馆)，应该译为“弗朗索瓦·格兰”。

通过全面搜罗译著中涉及的语言规划研究领域重要学者，我们制作了“人名表”。鉴于学界以往出现的“孟修斯”“常凯申”

等华人姓名的误译，我们留意了一些语言政策与规划领域境外华人学者的中文姓名，还有国外一些非华人学者自己取的中文姓名，以及非欧美国家学者（如新加坡学者、日本学者）的英文姓名。这些姓名对应的中文名字，通过搜索引擎不太容易检索到。希望我们的工作能有助于减少译界学人的翻检之劳。

语言规划学科的术语整理和规范工作包括术语提取、术语汇编和术语整理三个方面的内容。首先是术语提取。这需要创建一个中等规模的专业语料库用以筛选术语，尽可能对术语进行清点以囊括学科全部基本概念，确保术语词表的完备性和充分性。其次是术语汇编，包括：（1）确定收录词表，尽量搜罗国外新术语和中国大陆（内地）原生术语，适量收录中国台湾、香港和澳门的术语；（2）选取正名和处理异名，判定术语学科归属，区分学科术语与非学科术语，鉴别术语（包括准术语）与非术语；（3）术语关联，依据学科概念体系，归并和分解同源术语、多义术语和多源术语，排查假同义术语。通过删重查漏对术语进行系统性整合，建立术语相互参照体系。最后是术语整理。一方面是为每条术语提供推荐性释义，在上述语料库中检索术语的定义，比较分析进而整合学界业已惯用的阐释，确定权威定义，并在此基础上对同族术语进行术语辨析和消歧。另一方面是译名整理，注意引入术语译名的准确性、区分度和能产性，注意“汉源术语”英文译名的准确性、独特性和适应性，提高术语传播效应，减少因术语问题引起的混乱和误会。

初学者可能对一些术语不够敏感，将其视为普通词语，阅读时不够留心，在自己撰写论文时也可能随意使用。以“新英语”（New Englishes）和“世界英语”（World Englishes）为例，这两个术语完全不同于“全球英语”（global English）或“作为通用语的英语”（English as a Lingua Franca, ELF）。之所以提出“新英语”和“世界英语”的概念，是因为人们发现传统的二语习得概念框架已经不太适用于全球化背景下的高流动性现代社会。“新英语”概念的倡导者认为，新英语是社会二语习得而非个人二语习得的产物。“新英语”这个术语通常被理解为来自后殖民社会（如印度、巴基斯坦、马来西亚、加纳）的英语变体，其形式特征，如语音、词汇、语法、语篇等，显示了与英式或美式标准英语在一定程度上的背离。新英语已被重塑且在社区中体制化，成为表示当地认同的稳定变体，能够传授当地文化价值观。与此同时，“世界英语”的提出者卡楚（Kachru）呼吁关注更大程度的社会语言现实，认为“全球英语”是一个抽象的甚至虚幻的概念，并指出，如果英语要成为一种国际语言，那么母语使用者需要接受一个事实：他们已经失去了控制其标准的专属特权。“世界英语”面对的现实情形是：全世界的英语已经碎片化了，世界各地的英语并不是越来越靠近英美国家的英语，而是越来越有个性，并随着英美国家的衰落，发展成为不同的独立语言，就像拉丁语消亡后，出现了多种独立的欧洲语言。

虽然任何一门学科在形成和发展初期都会出现术语竞相争鸣和使用混乱的状况，但若在学科蓬勃发展之时仍不能及时进行术语梳理，就会带来许多无谓的争议，影响学术共同体建构和学科发展。术语规范化是学科发展的前提，也是学科成熟的标志，语言规划学也不例外。我们在这里做的仅仅是初步的、基础性的工作。

术语词典的编制是一项十分费时、艰辛的工作。上述目标的达成需要一个团队经过若干年的协作才能完成。好在南京大学中国语言战略研究中心目前正在推动的两个译丛项目为我们提供了宝贵资源。中国语言战略研究中心一直致力于译介国外语言政策与语言规划方面的经典著作，中心主任徐大明教授先后与商务印书馆和外语教学与研究出版社合作，推出了“语言规划经典译丛”与“语言资源和语言规划丛书”。目前共出版 14 种译著，未来 5 年，还有 6 至 7 种译著将与读者见面。

《语言政策与规划核心术语》就是以这些译著为专业语料库，在此基础上进行术语提取、术语汇编、译名整理和观点摘录，以期夯实学科建设的基础，促进语言规划学科相关理论的研究，并为本学科术语的统一规范工作提供参考和依据。

术语学是语言规范化的重要领域。术语汇编是对知识系统的整理，是从宏观上对术语按照学科概念体系进行梳理，这不仅可以摸清家底，厘清术语层次关系，而且有助于发现各类术语的设置和使用问题。对“名同实异”的多义术语和“名异实同”的同义术语进行梳理和辨析，有助于消除歧义，减少混乱，方便沟通与查询，为术语标准化和规范化提供参考依据。这项工作也是语言本体规划中的一项重要实践内容。

在汇编过程中我们发现，对其中的一些关键术语，不同时期、不同国家的学者可能从不同侧面提出了自己的定义、观点、看法，将这些论点摘录出来，聚集在一起进行比较研究，有助于我们深化对这些术语的理解，也方便本领域的科研人员在讨论这些话题时进行文献回顾和批判性分析，省却了检索之劳，获得较权威的参考资料。

本书的使用对象主要是初涉语言政策与语言规划领域的研究生和学者。我们从10多种译著中挑选出100多个关键词，进行知识和观点的聚合。以宋体形式印刷的为梳理整合的内容（包括国内学者的观点），以楷体形式印刷的为引用的内容（皆为国外学者的观点）。知识点的整合有利于读者了解术语的核心内容，观点的汇聚有利于读者对同一个术语进行比较，全面了解各方意见。相信本书不仅可以帮助初学者掌握语言政策与规划领域的核心术语，而且有助于读者快速熟悉国内外学者围绕这些核心概念的重要论述。

方小兵　张立萍

2022年6月

使用说明

本书包含三个板块。第一篇是核心术语，包括核心术语检词表和观点摘录，该篇精选100多条核心术语，摘录不同学者从不同视角对同一个概念的不同论述，供读者进行对比分析，全面把握和加深理解，且有助于批判性地接受。第二篇是术语对照表，包括英汉术语对照和汉英术语对照两个部分，各约1000条。第三篇是常用专有名词术语表，包括对本学科具有参考价值的人名、法规（报告）名、组织机构名和语言事件名等。

在核心术语观点摘录板块，每条引用均标明作者、出版年份和页码。如果读者对其中的某些观点感兴趣，可以通过查找译著获得整段或整篇的论述。对于其中转引的观点，读者还可以通过译著后面提供的外文参考文献，找到准确的原文文献来源。

《语言政策与规划核心术语》摘录的定义、观点和论述均来自以下14种译著（按照出版年份排序）。

[1]（以）博纳德·斯波斯基. 2011.《语言政策：社会语言学中的重要论题》. 张治国译. 北京：商务印书馆.

[2]（英）苏·赖特. 2012.《语言政策与语言规划：从民族主义到全球化》. 陈新仁译. 北京：商务印书馆.

[3]（英）丹尼斯·埃杰. 2012.《语言规划与语言政策的驱动过程》. 吴志杰译. 北京：外语教学与研究出版社.

[4]（美）罗伯特·卡普兰，（澳）小理查德·巴尔道夫. 2014.《太平洋地区的语言规划和语言教育规划》. 梁道华译. 北京：外语教学与研究出版社.

[5]（美）詹姆斯·托尔夫森. 2014.《语言教育政策：关键问

题（第二版）》. 俞玮奇译. 北京：外语教学与研究出版社.
[6]（匈）米克洛什・孔特劳，（英）罗伯特・菲利普森，（芬）托弗・斯库特纳布-坎加斯，（匈）蒂博尔・瓦劳迪. 2014.《语言：权利和资源——有关语言人权的研究》. 李君，满文静译. 北京：外语教学与研究出版社.
[7]（以）博纳德・斯波斯基. 2016.《语言管理》. 张治国译. 北京：商务印书馆.
[8]（美）戴维・约翰逊. 2016.《语言政策》. 方小兵译. 北京：外语教学与研究出版社.
[9]（英）约翰・约瑟夫. 2017.《语言与政治》. 林元彪译. 北京：外语教学与研究出版社.
[10]（英）吉布森・弗格森. 2018.《语言规划与语言教育》. 张天伟译. 北京：外语教学与研究出版社.
[11]（德）弗洛里安・库尔马斯. 2018.《文字与社会导论》. 阎喜译. 北京：外语教学与研究出版社.
[12]（以）艾拉娜・肖哈米. 2018.《语言政策：隐意图与新方法》. 尹小荣译. 北京：外语教学与研究出版社.
[13]（瑞士）弗朗索瓦・格兰. 2020.《语言政策评估与〈欧洲区域或小族语言宪章〉》. 何山华译. 北京：外语教学与研究出版社.
[14]（加拿大）托马斯・里森托. 2021.《语言政策与政治经济：全球化背景下的英语》. 林洁译. 北京：外语教学与研究出版社.

我们对引文中的术语译名做了必要的调整，以达到统一。此外，楷体引文中方括号里的内容为本书编者所加，以便叙述。

目录

1

第一篇

核心术语

一、核心术语检词表

Z

二、观点摘录

B

本体规划

本体规划（corpus planning）是针对语言文字形式或结构的语言规划，如创制或完善文字，新词培育，语言纯洁化、规范化和标准化。

> 传统意义上的本体规划是社区对语言形式所作的规划，包括“文字化（graphization）、标准化（standardization）、现代化（modernization）及创新化（renovation）”，但有时也会分为现存语言的语码化（codification）及通过增加新词语、新风格和控制新词所实现的语言的完善化（elaboration）和现代化。（埃杰，2012：5—6）[①]
>
> 本体规划指的是为使语言能够发展和维护语言环境，对语言进行定型、规范化、修改或完善必须设定的内在语言目标。
>
> （卡普兰和巴尔道夫，2014：236）
>
> 本体规划培育的目标是通过词汇现代化、语体现代化、革新（语言净化、语言改革、语体简化、术语统一）和国际化使语言的功能更强，使语言更加精致。（卡普兰和巴尔道夫，2014：240）
>
> [语言本体规划的要求是，] 公民需要在语言使用上体现出形式上的最小差异和功能上的最大差异。换句话说，在国家生活的各个领域，需要使交际共同体内发生最少的误解，产生最高的效率。（赖特，2012：51）

① 观点摘录部分标注的来源是中文译本，故作者名均采用中文译名形式。下同。

本体政策则意在确定语言的正确形式，例如颁布官方认可的拼写规则、词法或语法规则或一个新词典等。因此，本体规划用于改变或修正一种既定的语言。（肖哈米，2018：48）

新加坡主要致力于地位规划，其本体规划一直都是以外国的为准——英语的实际标准是英国英语，华语的实际标准是中华人民共和国的汉语普通话，泰米尔语以印度南部语为准，国语马来语则紧跟邻国马来西亚和印尼的马来语的发展变化。这就使得新加坡在语言发展的过程中有可能专注于语言地位规划和语言教育规划。新加坡过去50年的语言地位规划不但引起了语言变化，而且塑造出一个以英语为主导的双语制社会。（卡普兰和巴尔道夫，2014：144，155）

对外来语的净化实现了本体规划的两大目标：一是将语言区别于其他相邻社团的语言；二是加强了团体内部的融合。

（赖特，2012：56）

[南斯拉夫的本体规划属于]“分化性本体规划”。波斯尼亚以及克罗地亚语言学家现今忙于语法编制、词典编撰，以废除1919年到1990年间南斯拉夫方言连续体的单一语言形式的方案。

（赖特，2012：49）

本体规划要解决的则是语言形式或编典标准，并试图设计编典变化，包括图形化（书写系统的发展）、标准化和现代化。

（弗格森，2018：21）

当需要在相互竞争的方言变体中选择一种作为标准，而这些变体又一般被视为同一种语言或属于同一种语言时，本体规划和地位规划的界限常有模糊。（格兰，2020：21）

本土语言

见 土著语言 › P108

标准语

见 **共同语** › P23

濒危语言

濒危语言（endangered language）指使用人口少、语言活力弱、处于消亡边缘的语言。语言濒危（language endangerment）指语言使用大幅度减少，语言传承出现中断，语言面临消亡威胁的一种表现形式或状态。

联合国教科文组织文件《语言活力与语言濒危》（*Language Vitality and Endangerment*）中列出了语言濒危的九个衡量因素。

出现语言濒危现象的一个原因是一些弱势语言群体认为自己的语言没有保留价值，于是抛弃自己的语言和文化，以期摆脱歧视，过上稳定的生活，以及融入全球市场经济。费什曼认为，濒危语言之所以成为濒危语言，是因为缺乏代际传承和日常生活使用的支撑，而不是因为学校里不再教授这些语言。

语言生态论者认为保护濒危语言的理由与保护濒危物种的理由一样，认为语言多样性是对全体人类都有益的"公共利益"，而不是强调使用濒危语言的特定人群的福祉。不应该仅仅为了保护全球语言多样性而把维持濒危语言的责任强加于弱势语言群体身上。

> 一般而言，濒危语言就是指全世界至今所发现的大约 6000 种语言里被认为难以在 21 世纪幸存下来的语言。（斯波斯基，2011：212）
>
> 主张保护和保存"濒危语言"的语言学家，以及宣扬语言对于身份认同之重要性的语言学家，通常多倾向于以沃尔夫的理论作为基础。（约瑟夫，2017：129）
>
> [实际上，] 操持濒危语言的人群往往对于废除自己的社区语言的后果并不知晓，也未能意识到学习主流语言和保持少数民族语言可以并行不悖。（弗格森，2018：83）

大部分濒危语言之所以濒危，很可能就是因为历史上或至今仍有的不公正待遇，因此原则上应采取行动保护这些语言，直至个人语言选择是自愿做出而非迫于内化的羞耻感。（弗格森，2018：83）

语言转用首要的一个原因就是父母认为濒危语言不能提供足够的劳动力市场价值，因而不值得向子女传递。（弗格森，2018：88）

费什曼（Fishman）设计的八段式“语言代际传承断层量表”（GIDS）有两个主要功能：第一，帮助分析语言濒危程度；第二，指导语言复兴，为复兴行动提供参考，指出恢复行动的优先顺序，以及如何协调不同的恢复行动更为有效。[量表有 8 个级别，由低到高排列，其中最低级别（即第 8 级）就是最濒危语言所处的级别。学校的教学语言选择是费什曼量表中的关键一环，可用来检测濒危语言所处的状态。]

（弗格森，2018：84）

极端正统派犹太人的宗教书籍和社区报纸也开始注重培养人们的依地语读写能力。费什曼认为，在他所研究的所有语言中，极端正统派依地语的“胜利”证明了扭转濒危语言转用的活动是有效的，也是可能的。（斯波斯基，2011：230）

假如我们接受美国的“唯英语运动”的观点，那么世界上没有哪种语言不处于濒危的状态。（斯波斯基，2011：234）

对于从事保护语言多样性的人来说，这些项目似乎说明：语言保护只需要在档案中详细记录和保护这些濒危语言的语法、词汇和例句就足够了。毫无疑问，其中有些资助活动可以鼓励濒危语言使用者认识到这些语言的价值，但是这些活动的关注焦点是濒危语言，而不是濒危语言的使用者。（斯波斯基，2011：242）

克里斯托（Crystal）认为有六个因素是语言复活理论的先决条件。这六个先决条件是：强势语言社区中濒危语言使用者日益增加的威望、濒危语言使用者财富的增长、濒危语言使用者日益增强的“合法”权利、濒危语言使用者在教育系统中的强势身份、濒危语言所采纳的书写系统以及通过现代电子技术接触濒危语言的渠道。在上述六个因素中，只有一个因素（即所采纳的语言书写系统）通常被看作属于语言管理活动的范畴，其他各个因素都属于社会、经济、政治和技术方面的内容。

（斯波斯基，2011：243）

如果我们让生态隐喻展现出来，就必须考虑到，生物进化必须确保优胜劣汰，同时，生态系统都是由捕食者与被捕食者双方共同构成。因此，尽管这个隐喻可以解释为什么我们要拯救濒危语言（以便不破坏语言生态平衡），但是将某些语言描绘成更适合于在语言进化中生存，或者作为“捕食者”之类的高等语言，在这种研究路径中是肯定不会受到欢迎的。（约翰逊，2016：53）

对某些土著人的教育系统的研究表明，学校在濒危语言的维持方面能够起到很好的辅助作用。（斯波斯基，2016：151）

人们指望所有的濒危语言使用群体身边都有一位拯救语言的语言学家，以便可以在该语言消亡前记录和分析该语言。当这些人看见自己当地的语言表达方式被认可为一种语言，并且可以用它编写书籍时，这有助于提高这些濒危语言使用者的自尊心，并鼓励他们用该濒危语言与自己的孩子交流。于是，尽管拯救语言的语言学家以及支持这些濒危语言使用者的组织和基金的动机或许纯粹就是出于对濒危语言的考虑，却很少考虑濒危语言的使用者，但这些研究可能对社会有益。

（斯波斯基，2016：274—275）

尽管已有大量的著述探讨了语言濒危和语言复兴，但仍比较缺乏从语言使用者自身的角度所开展的研究，而关注青少年语言使用者的研究则更少。近期的青少年研究显示，尽管年轻人可能是语言濒危的动因，但当他们所处的环境和语言学习机会发生改变时，青少年仍然可能会激活他们的祖传语，并使语言发展到具有能产性的阶段，他们也成为推动祖传语言走向未来的关键作用者。（托尔夫森，2014：274—275）

当代语言规划和语言政策似乎并不能在政策领域真正复兴濒危语言。费什曼认为，尽管教授濒危语言确实有重要的贡献，如提高读写能力、扩大该语言的功能范围、获得更高地位、提高历史和当今的文化价值，但这样做并不总能促进代际传递，因而对语言复兴作用有限。

（弗格森，2018：86）

> 保护全球语言多样性当然是一个很值得努力的目标，但如果这样违背了濒危语言社区大量人群的选择和意愿，或者需要对他们采取可能影响他们的机遇或社会进阶的重大限制措施的话，那么这种做法值得商榷。
>
> （弗格森，2018：83—84）

C

传承语

见 祖传语 › P256

D

单语制

单语制（monolingualism）、双语制（bilingualism）和多语制（multilingualism）也可分别译为“单语现象”“双语现象”和“多语现象”。

单语制是一种语言政策，其中仅有一种语言受官方承认，其地位在其他语言之上，强制民众使用；双语制是政府选择两种法律上平等的语言（实践中不一定平等），供民众选择使用；多语制指政府承认两种以上语言为官方语言或国家语言，共存于社会各个领域。语言生态范式在世界范围内提倡多语制。

单语现象是指群体或个人仅能使用一种语言的现象，也指一个地区仅用一种语言的状态；双语现象指群体或个人能够同时使用两种语言的现象，也指一个地区兼用两种语言的状态；多语现象是群体能够交叉使用多种语言的社会现象（如比利时），也指一个地区兼用几种语言的状态；个人多语现象（plurilingualism）是指个体层面的语言多元化，关注的是个人多语能力。

[民族国家可以分为三种基本类型：单语制国家、双语制国家和多语制国家。] 许多国家在宪法中都声称自己是单语制国家，但是它们却掩盖了本国更加复杂的语言实践和语言意识形态，这种宪法声明未必能成为语言管理活动的基础。（斯波斯基，2011：70）

很多后殖民社会并非转向单语制，通常是走向某种形式的制度化多语制。（埃杰，2012：71）

即使在官方规定的单语制的学校和课堂里，教师也可以将学生的多语资源纳入课堂训练中。（约翰逊，2016：10）

法国通常被视作单语制语言意识形态和语言政策较为典型的国家。法兰西学院是一所语言规划机构，负责制定语言规范，寻求提高法语地位的方法。（约翰逊，2016：67）

多语制的国家语言政策并不一定能转化为多语种的课堂教学实践，其中的原因很多，包括政策制定和政策实施之间的差距、政策的短暂性和多变性，特别是涉及社区居民本身的语言态度。（约翰逊，2016：102）

[单语制强调国家、民族、语言的一致性，并不遗余力地宣传了一种思想：多语制是低效和分裂的潜在因素，需要消除语言社会复杂性。事实上，] 在那些存在民族冲突的国家，其主因通常不是多语制或语言本身，而是严重的民族不平等。（弗格森，2018：70）

比利时解决语言冲突问题的方法不是采取多语主义的态度，而是采取分离主义的观点，这种方法使得布鲁塞尔成了比利时语言斗争的中心。（斯波斯基，2011：183）

不要以为美国语言实践中的“语言多样性”与写进宪法和《民权宣言》里的“个人自由”等概念会自动地促使美国毅然决然地接受多语

制。美国的语言政策在本质上是单语制，美国对英语之外语言的认可度不高。在 20 世纪 60 年代，美国出现了一个全国性的语言政策。总体上说，这个语言政策反对单语制和“熔炉”观，支持多语制和多元文化观。

（斯波斯基，2011：106，48，109）

综观世界各地语言实践的真实情况，没有几个国家能完全称得上是单语制国家。有些国家在语言意识形态上是单语制，而在语言实践中则是多语制。冰岛在语言实践、语言意识形态和语言管理方面都属于单语制。20 世纪后半叶出现的全球化浪潮意味着单语制霸权国家（例如，冰岛和法国）也不得不与英语的全球推广所带来的威胁做斗争。

（斯波斯基，2011：70，72，86—87）

采取语言意识形态单语制的社会里，语言权是个引人注目的问题。在多语制政体中，语言间的竞争极其明显，这迫使政府在法律上或宪法上承认语言使用空间划分的必要性。（斯波斯基，2011：177）

经济政策通常建立在对单语制有效性的理解上：单语国家的单语制是经济高效的。（孔特劳等，2014：82）

语言测试是很多斗争相互竞争的核心，这些斗争包括：……是一种“所有人使用一种语言”的单语主义政策，还是多语包容的政策。

（肖哈米，2018：110）

非洲国家根除多语制的方式之一就是授予被挑选出来的土著语言以官方地位，同时，私下里却偷偷摸摸地确保这些语言不能在诸如教育、议会、政府、行政机关和经济等领域获得重要地位。

（托尔夫森，2014：169）

推行多语制以及语言多元化的国家政策也许并不能改变社会主流话语中对特定语言（尤其是殖民者语言）、单语教育或是僵化过时的语言教育模式的偏好。（托尔夫森，2014：128）

地位规划不可避免地会引发政治问题，而当讨论范围仅限于典型的语言本体问题，如术语创新和拼写时，“政治”的成分可能会相对更小，尽管肯定不是零。（格兰，2020：150）

低变体

见 双言制 › P100

地位规划

地位规划（status planning）指政府或相关机构为不同语言确立相应的社会地位，也称语言配位（language allocation）。地位规划更多的是通过调节语言的使用环境来改变语言功能，其中国语和官方语言的选择是地位规划的重要内容。

豪根（Haugen）将语言规划的进程分为四个阶段，包括选择标准、编制标准、实施标准和扩建标准。克洛斯（Kloss）则把选择标准叫作“地位规划”，把编制标准叫作“本体规划”。地位规划的目标是政府承认一种语言相对于其他语言的重要性。这一术语后来扩展到指为语言分配特定的功能，或在特定环境下限制一种语言的使用范围（功能范围），例如教学媒介、官方语言、大众传播工具。由此，豪根的“选择标准”和“实施标准”可视作地位规划，而“编制标准”和“扩建标准”可视作本体规划。地位规划是对语言使用者的管理，而本体规划是对语言本身的管理。

费什曼注意到地位规划和本体规划之间存在的密切关系：“如果没有伴随的本体规划，地位规划将走进一个死胡同。反之，如果没有地位规划，本体规划就只是一种语言游戏，一项没有社会结果的技术工作。”地位规划和本体规划两项活动确实难以分开。语言特点上的任何变化都可能导致语言使用环境上的变化，反之，任何语言使用环境上的变化也可能引起语言特点上的变化。所有旨在塑造特定语言的用途或社会功能而进行的语言干预，都会对语言形式产生影响，其中既包括特定语言形式的使用频率，也包括赋予这些形式的社会价值。当然，地位规划还为本体规划提供了一个意识形态框架。

地位规划改变语言或语言变体在社会中的地位及声望，通常通过改

变群体或个体对所使用的语码的看法来实现，即“影响一个社区中多种语言的功能分配的特殊努力”。（埃杰，2012：5）

地位规划的主要目标包括语言复活、语言维护、语际交流和语言传播。（卡普兰和巴尔道夫，2014：232）

地位规划解决的是语言在社会中的作用，一般按不同的使用域，如政府和教育，给语言分派不同角色。（弗格森，2018：21）

功能域是语言地位规划的主要关注点。一般来说，一种语言在公共领域使用得越多，它的地位就越高。（托尔夫森，2014：289）

地位规划尤其关注的是国家机构媒介语言的语言变体。

（赖特，2012：41—42）

扭转语言转用是整个地位规划领域的一个组成部分，这一部分致力于提高那些使用者较少、使用域较小的语言的社会生活状况。

（约翰逊，2016：48—49）

地位规划要取得成功，关键在于要赋予语言在语言市场上的社会经济价值。（托尔夫森，2014：178）

对地位规划和本体规划进行区分确实很有益处，但过于强调则大可不必，因为二者不仅相互联系——语言形式的变化通常是分派语言新功能的前提条件——且这两者通常都受政治考虑的驱动，这就远超语言本身的范围了。……本体规划可在事实上为地位变化铺平道路，并在地位变化之后巩固变化。两者实际上也可以同步进行。（弗格森，2018：21）

读写能力

联合国教科文组织将“读写能力”（literacy）定义为“能够识别、理解、解释、创造、交流、计算和使用与不同情形相关的印刷或手写材料的能力”。读写能力有助于个人充分发挥潜力，更广泛地参与到社会中，更好地实现人生目标。

即使一个人会说一种语言并且说得很流利，但是不能读懂这种语言的文字，也不会写这种语言，那么他仍然是文盲，因为他缺乏读写能力。在现代社会，识字对每个人来说都是必需的，是应对各种社会挑战所应具备的基础技能。因此，读写能力是语言素养（language literacy）的核心，二者甚至常常等同。

英国众多读写能力研究机构发现，英国每天阅读的青少年人数在下降，英国整个国家民众的读写能力不如德国。英国的学校也意识到培养读写能力的重要性，重新拟定了提高读写能力的行动方案，以提高其综合素质。

1991 年，澳大利亚政府发布《澳大利亚的语言：澳大利亚语言和读写能力政策》，强调英语读写能力的主体地位及其在经济建设中的重要作用。其中，读写能力的指标规定为：每个学生都应达到与他们年龄相适应的最低可以接受的拼写、阅读和计算能力。

20 世纪 90 年代，美国感觉到国民读写能力和文化知识水平明显下降，故出台了《为了 21 世纪的美国教育》报告，呼吁重视美国中小学生读写能力低下的问题，还规定了所有学生在 21 世纪应具备的读写知识和读写能力。

一些隐性语言政策力图通过设置对语言运用或读写能力的要求，来阻止特定人群参与社会、政治、教育或经济的活动。历史上的例子有对投票人的读写能力提出要求，对试图进入美国的移民提出英语读写能力的要求，这些被用来作为门槛，进而基于种族或民族出身来排除一部分群体。

> 毋庸置疑，读写能力在很大程度上决定了一个人的生活机遇。这一点对整个世界适用，对发达国家而言更是无须辩驳。
>
> （库尔马斯，2018：1）
>
> 在新读写研究（New Literacy Studies）中，读写能力不仅是一种专门技能，更可与社会结构和文化实践进行互动。（库尔马斯，2018：16）
>
> 最近几十年，读写能力的意思已经扩展到掌握各种领域知识的能力，例如“艺术素养”或“政治素养”。（库尔马斯，2018：16）
>
> 读写能力使得公共领域成为可能，但与此同时，读写能力是不平等产生的因素之一，它把文化资本建立为社会区分和控制公共舆论的一种有效方式。（库尔马斯，2018：57）

经济合作与发展组织（简称“经合组织”，OECD）将读写能力定义为：“使用与不同语境相关的印刷和书面材料来鉴别、理解、解释、创造、交际和计算的能力。”（库尔马斯，2018：58）

在当今社会，因为读写能力不平等导致收入、职业地位和进入特定劳动力市场机会上的不平等，所以功能性文盲是一个问题。

（库尔马斯，2018：58）

读写能力和贫困数据紧密相连，识字率与财富、社会地位和权力之间在整体上存在正相关关系。这就是为什么成人读写能力是联合国人类发展指数（HDI）的一部分。这一指数不仅适用于发展中国家，而且适用于所有国家。读写能力最终反映社会不平等：在权力、财富分配和接受教育机会上的不平等。（库尔马斯，2018：59—60）

在19世纪和20世纪的上半叶，人们普遍认为普选权应该根据读写能力来确定。不像税收和财产标准，读写能力的要求是强加给所有公民必须遵守的，所以它看似平等。一段时间以后，人们才意识到读写能力要求和财产标准一样限制了选民。在读写能力测试是所有公民都应满足的一个条件的幌子下，该测试成为剥夺黑人奴隶选举权的一个便捷方式：读写能力测试贴上了公正的虚假外表，这样就允许种族主义的选举做法并欺骗更多无知大众。（库尔马斯，2018：62—63）

在几乎所有的地方，读写能力在两性之间的分布仍然不均衡，正如有关文盲的数据所示：世界上成人文盲中，估计有64%是女性。

（库尔马斯，2018：65）

在其中许多国家里，历史遗留下来的殖民语言成为主要书面语言，这被证明是向大众推广读写能力的一个主要障碍。

（库尔马斯，2018：69）

对读写能力的要求成为控制移民的一种有效工具。这进一步支持了一种观点，即读写能力是社会权力结构中的一个基本组成部分。

（库尔马斯，2018：70）

在现代社会，读写能力并非专家学者独有的专门技术，而是人们获得经济机会和充分参与社会的一个前提条件。（库尔马斯，2018：73）

在不同时代，读写能力的标准均有所不同。在英国斯图亚特王朝，读写能力被定义为有能力在遗嘱和契约等法律文件上签名（而不是做一个记号），读写能力几乎只限于男子。到17世纪，英国人来到北美，殖民者就开办学校培养读写能力——大声朗读《圣经》的能力。当时不要求朗读者理解所读文字，只要求能够正确朗读印刷文字。在当今世界，读写能力的观念已经变得更加复杂，其中包括相当程度的计算能力，而且，不仅要求能正确读出印刷文本，还要求能理解文本并做出推论。

（卡普兰和巴尔道夫，2014：202）

如果毛利人决定仅仅把毛利语作为口语保存下去，那么这个决定显然会打消学校教授毛利语读写能力的打算，还可能使毛利语不再可能成为新西兰人获得读写能力的语言之一。

（卡普兰和巴尔道夫，2014：203）

大量的证据表明，花费在发展第一语言读写能力的时间不会影响英语习得；相反，学生第一语言的发展水平会强烈预示他们的第二语言技能以及他们的最终学业成绩。（弗格森，2018：61）

掌握英语标准变体的读写能力，对于获得高收入的白领工作、高等教育、全球文化和有声望的“中产阶级”身份，虽然不是充分条件，但确实是必要条件。（弗格森，2018：145）

要增强土著语言的声望就需要在重要的公众领域付诸使用，增加以土著语言编写的教材、教育类或娱乐类读物，发展使用这些语言的读写能力和阅读水平。（弗格森，2018：192）

美国费城学区对双语教育项目界定为：“发展并保持第一语言及第二语言的读写能力。双语项目是使用学生的本族语来发展其读写能力，项目的目标是希望学生本族语的读写能力可以迁移到英语学习上。”

（托尔夫森，2014：139）

国际劳工组织（ILO）《第107号公约》授予土著人口及其子女以下权利：有权接受以自己的母语（或自己最常用的语言）为教学媒介语的基础教育（主要是读写能力的教育）；有权享受从本地话“逐渐过渡”

到官方语言作为教学媒介语的教育；有权采取措施以保护本地话。

（斯波斯基，2011：132）

阿拉伯化运动始于20世纪60年代，该运动倡导在培养读写能力方面使用现代标准阿拉伯语，在正式场合使用阿拉伯语的口语体。

（斯波斯基，2011：151）

当加泰罗尼亚地区于1979年获得自治权时，一项有关加泰罗尼亚语的发展计划得以展开：实行加泰罗尼亚语功能的制度化；重新培育加泰罗尼亚语使用者的读写能力。（斯波斯基，2011：220）

犹太人的教育体系很成功。到了中世纪，犹太人的语言读写能力就已经达到了很高的标准。在中世纪的一些小型犹太人社区，各家各户的一家之主都能写读书报告。读写能力也使得这些散居各地的犹太商人能够与其生意伙伴和家庭成员保持联系。（斯波斯基，2016：49）

新西兰的传教活动导致当地人毛利语的读写能力迅速提高，截至1860年，毛利土著人的毛利语普及率可能比1840年开始移居到新西兰的英国定居者的英语普及率还高。（斯波斯基，2016：57）

天主教传教士与新教传教士之间的语言管理也存在着差别，前者很早以前就为当地的语言出版了语法书和词典，后者则把《圣经》翻译成当地语言，这对当地人的语言读写能力的提高产生了较大影响，同时，也有助于该语言的生存。（斯波斯基，2016：60）

多语教育

见 **双语教育** › P103

多语制

见 **单语制** › P11

F

方言连续体

方言连续体 (dialect continuum) 指的是由一系列方言在地理空间上形成的跨越国家和民族边界的变体群，相邻区域之间的方言仅略有不同，但向任何一个方向移动时，方言间的差异累积起来，导致来自连续体两端的说话者不再相互理解。

一些语言学家认为，任何一种语言都是方言连续体的一部分。比如，西非有超过 2500 万人使用属于尼日尔—科尔多瓦语系的方言连续体。尽管地域、社会和功能的限制将它们区分开来，但方言使用者之间是能够形成交际网络的。在一些人看来，方言连续体内缺乏语言凝聚力是一大障碍。

语言差异的一个标记就是字母表。如果一个方言连续体内的某一种方言使用一种字母表，而其相邻的方言使用另一种，就容易分化为不同的语言。在国家政治的支持之下，方言连续体按照政治疆域被切割成一个个民族语言，并通过对语言的精心设计，创造政府用语、教育用语和科学用语中所需要的术语、专用语等，以此推动语言的发展。

有人从克里奥尔语研究中借用术语，使用上层方言（acrolect）、中层方言（mesolect）和下层方言（basilect）来分别指代接受良好教育的、中等程度的和非正式的语言变体。上层方言是最接近标准语言的一种变体，下层方言是声望较低、与标准形式有很大差异的一种变体，而中层方言是介于两者之间的一种语言变体。这实际上是一种社会方言连续体，与地域方言连续体不尽相同。

有学者建议把卡楚的“内圈英语”“扩展圈英语”和“外圈英语”视为一

个方言连续体，其中内圈为上层方言，外圈为下层方言。上层方言是标准英语，用于正式场合的国际交流。由于这一区分既保存了地域差异又体现了社会阶层差异，因而实际上是将英语视作一种社会方言连续体和地域方言连续体构成的混合体。

> 方言连续体并不会因为使用者的政治忠诚问题而被截断。
> （赖特，2012：21）
>
> 鲜有社会力量支持方言连续体之间的语言同化，许多人支持语言分化……原因是人们都来自很小的语言社团。（赖特，2012：24）
>
> 《威斯特伐利亚条约》（Treaty of Westphalia）推崇欧洲国家脱离封建主义以及用国际协约取代同盟关系的做法。……在领土完整与主权独立的原则下，任何外界力量不得侵犯国家边界。这一原则影响了方方面面，尤其是对切断方言连续体的关系有深远的影响。为了维护国家统一，许多社团由于边界分割而失去联系。（赖特，2012：27）
>
> 印刷者主要受商业利益驱使，更关心的是为某一作品寻求更大的市场，因此不会通过改变语体以适应方言差异，而是支持推进方言规范化改革，较之方言连续体内分散的语言景象而言，这能给他们带来更大的市场。（赖特，2012：28）
>
> 在人们看来，方言连续体内缺乏语言凝聚力是一大障碍。
> （赖特，2012：35）
>
> 随着《圣经》翻译版本的流传，北日耳曼方言连续体分裂为各种国家语言。（赖特，2012：48）
>
> 我们是否接受一种不同的方言，一方面取决于方言连续体内的实际语言差异，另一方面也取决于使用者的态度。（赖特，2012：205）
>
> 主要的（书面）罗曼语有西班牙语、葡萄牙语、法语、意大利语、罗马尼亚语和加泰罗尼亚语。此外，许多变体用于口语，主要是在非正式场合。它们一起形成罗曼语方言连续体。除了东部的罗曼语（即罗马尼亚语），这一连续体在地理上相邻，从语言自身进行分类并不容易。
> （库尔马斯，2018：44）

克罗地亚语（Croatian）和塞尔维亚语（Serbian）以及捷克语（Czech）和斯洛伐克语（Slovak）实际上是一个方言连续体，但是各个言语社区的领导人决定增加方言之间的距离，扩展成自己独立的语言，规划文字是这方面的主要工具。（库尔马斯，2018：49）

这些不同的语言都是某些决策的产物，这些决策破坏了语言作为连续体的存在，在非洲的例子里，这些由局外人做出的决策忽视了当地群体的社会语言认同。（弗格森，2018：4）

欧洲民族主义运动的目标之一是把某一族群的语言从同一方言连续体的相关变体中脱离出来，同时将通常认为是族群内部的语言变体融合为一个独立的变体，最终形成一种独立的语言。

（弗格森，2018：18）

借用克洛斯的术语 Ausbau（德语：扩展），包括在一个方言连续体中选择并加以推广其中一个方言变体，该变体与同一方言中的其他变体有所不同。一个经典案例是 19 世纪挪威语从丹麦语中区分出来。

（弗格森，2018：21）

将英语视作一个连续体，即认为各种英语变体与所谓的标准变体有着不同程度的差异，这也许不无益处，但重要的是要记住，在全球范围内，英语连续体对应着优质教育机会的不平等，而这些教育机会是社会流动所必需的。（里森托，2021：224）

非主导语言

见 **弱势语言** › P73

G

高变体

见 双言制 › P100

工具性动机

见 融入性动机 › P71

共同语

共同语（common language）指一个民族绝大多数成员掌握和使用的语言，因而又称民族共同语（ethnic common language）。安德森（Anderson）将“民族”定义为通过一种共同语联系在一起的“想象的社区”。

通用语（lingua franca）是一个国家或地区普遍使用的语言。共同语不一定是通用语。例如，北欧各国虽然有自己的共同语，但是英语实际上已经是北欧的通用语，各个场所都使用英语。通用语一般分为区域通用语、国家通用语和世界通用语。

标准语（standard language）是具有法定标准的口头和书面形式的语言。标准语的语料主要来源于共同语中有声望的语言变体，经过语言规划机构的理想化和同质化处理后，由当权者强制推行。标准语为社会交往和政治参与提供了一个便利的工具，但是标准语的推行有可能扼杀语言多样性。民族共同语和官方标准语的概念产生于欧洲后，很快传播到全世界。一般认为，建立标准语言需要四个步骤：规范的选择、形式的编典、功能的扩展和公众的接受。

如果要把所有公民凝聚为一个民族，要简化政治机器的机构，使其运行更顺利，那么就必须有一种共同语。（弗格森，2018：77）

移民、城市化、职业转型已经侵蚀了保持当地语言变体的社会基础，全球化也破坏了民族共同语的基础。（托尔夫森，2014：29）

社会需要一种能够确保团结统一和有效交流的共同语。但“动态公民身份论”认为，公民可以拥有多元文化和多语言。

（斯波斯基，2011：124）

一种主导的通用语言［常常］被认为是每个人都说的语言，是每个人在学校学习如何写作的语言，是每个人出生证印发和墓碑上雕刻使用的语言，也是大众传媒、高等教育、法律和宗教信仰所使用的语言。

（库尔马斯，2018：39）

很多国家赋予一种或更多语言以国语或官方语言的优越地位，并使其代表国家地位或统治阶级的身份地位、意识形态、忠诚效度或共同历史。考虑到英语在商界、学术界和科技界的世界通用语地位，它们也赋予英语一定的地位。（肖哈米，2018：47）

地区性的通用语有助于形成一种显著的地区身份。它们具有历史的渊源，因而能用来构筑一种民族归属感和继承性。（赖特，2012：72）

被征服的人群中的精英主动让自己的孩子去学会有声望的通用语，以便他们能在新秩序下成为管理人员的一部分，而统治集团自己不必采取任何行动。（赖特，2012：101）

当一个语言社团具有卓越的哲学、文学、科学、技术等时，来自其他社区、渴望获取这种知识的人就会自愿地学习该社团的语言。有影响力的语言在人们普遍习得的地方就成了通用语，并且可能促成思想的传播。（赖特，2012：114—115）

大多数的通用语都有明确的平均生命期。除了宗教语言外，通用语不像母语一样拥有同样深厚的心理控制力，转用别的通用语不是跟身份而是跟实际利益紧密地联系在一起，因而可能会更迅速地发生。

（赖特，2012：115）

通用语是占统治地位社团的语言，那么，接受这种语言一定程度上

也就意味着默许接受这种统治。（赖特，2012：124）

德国语言学家雅各布·格林赞美英语具有“丰富性、逻辑性和结构紧凑性”，使其适合用作全球通用语。[实际上，] 英国政治、经济实力的不断增强才是英语发展成为国际交流通用语言的主要原因。

（赖特，2012：136）

[一门通用语的用处愈大，使用它作为通用语的人数就会愈多；使用的人数愈多，用处就愈大。] 迄今所有的证据显示，政府无法自上而下对通用语的学习问题加以立法。（赖特，2012：164）

[把强势群体的语言强加给弱势群体充当通用语，产生了不公平。] 在理想世界中，通用语是公共福利，所有人都可从中受益。此项普遍性公共福利的成本应更公正地分担。（赖特，2012：168）

英语作为国际通用语使母语使用者受益，而非母语使用者却承担了不成比例的成本，他们需要花费大量的精力与金钱去学习这一语言。

（弗格森，2018：149）

编撰一套有别于如今以母语使用者为基础的标准的国际通用语标准，将有助于英语的“去盎格鲁化”，并使英语作为通用语的使用者拥有自己的认同，成为独立语言变体熟练、权威的使用者，并与英语使用者平起平坐进行交流。（弗格森，2018：150）

英语的母语使用者在数字上已经被第二语言使用者所超越。许多人学习和使用英语，并非为了与英语母语者交流，而是与其他英语第二语言使用者交流。在欧洲，英语已经被高水平的二语使用者作为一种通用语广泛使用，甚至产生了明显的去英语化特征，最终或许能够，并且应该被编纂成一套单独的英语通用语标准。（弗格森，2018：154—155）

卡楚的英语三圈模式模糊了在超国家空间中英语作为国际通用语的作用。应将已给予外圈英语的合法性扩大到扩展圈，扩大到英语作为通用语的初显特征。鉴于宽容度已经不断扩展到了外圈的新英语，以英语为通用语（英语作为外语）的使用者也应该在更大程度上被赋予不同于母语使用者的独立权。（弗格森，2018：156，182）

基于国际可懂度，詹金斯（Jenkins）提出了“通用语核心”（lingua

franca core)，构成面向英语作为国际语言学习者语音教学大纲的核心要素，这不仅打破了普遍坚持的作为第一语言的英式或美式发音规则，而且提出了详细的可替换的通用语核心模式，从而在语音教学中实现了教学创新。一些特征虽然在作为母语的英语中不符合语法，但在作为通用语的英语中是不成问题的。从长远目标看，可以整理编撰一种可供选择的英语作为通用语的标准。（弗格森，2018：172，183）

在中世纪，人们基本上没有“语言少数者”这一概念。当时，农民都说当地方言，而统治阶级由于经常与不同种族、社会等级和宗教信仰的人通婚，所以他们大多数是多语人。英国国教教会全体神职人员也具有国际性，大家都使用拉丁语作为通用语。（斯波斯基，2011：128）

因为任何一种语言被选为国家通用语时，其使用者都会获得巨大的优势，因此官方很难决定哪一种语言为国家的通用语，这就可能导致这类国家干脆将英语作为本国的通用语。英语除了它本身所具有的其他显著价值外，还为当地社区提供了一种中立的通用语。

（斯波斯基，2011：146，192）

在许多拉丁美洲国家，西班牙语或葡萄牙语（仅在巴西）作为官方语言得到了这些国家宪法上的认可，而且，西班牙语或葡萄牙语事实上已经是这些国家的通用语言、官方语言和教学语言。

（斯波斯基，2016：240）

市场是通用语出现的催化剂，语言声望的大小或人们对该语言爱憎的程度决定了人们是使用该语言还是回避该语言。

（斯波斯基，2016：247）

法语是在各种幌子下被强加给喀麦隆人民的，比如，声称法语是一门有助于国家统一的通用语，也是唯一一门能够表达抽象概念的语言。

（约翰逊，2016：127）

标准语的存在是为了避免可变性带来的危险。（肖哈米，2018：64）

一种语言可以有两种标准语，例如挪威语（Norway）就有博克马尔语（Bokmal）和尼诺斯克语（Nynorsk）两种标准语。

（肖哈米，2018：64）

［语言是一种可以在语言市场上进行协商的资本，］社会精英通过了解和使用标准语而获得文化资产。［那些掌握标准语的人拥有了最大的语言资本，因此他们会竭尽全力地维持这种优势。］（赖特，2012：161）

采用标准语言不仅仅是保证国家内部团体交际的行为，也是一种意识形态上的行为。（赖特，2012：52）

标准语是大语言社团形成并维持交际共同体的手段，标准语规范由中央集团确定。大语言社团只是一种想象的共同体，其大多数语言使用者之间永远不会发生交流。（赖特，2012：52）

［在许多国家，］标准语在某一领域的霸权较之以前将更难实现。外来语在许多学术文献中已经被界定为语言活力而非病态的象征。

（赖特，2012：58）

许多语言复活或语言维持运动所面临的问题之一是民族语言作家都越来越倾向于用标准语言写作。（斯波斯基，2016：112）

中小学的教师通常都来自社会中、下层的女性，她们积极向上，而且特别容易接受有关语言准确性和纯洁性的建构标准，这些标准将有利于标准语言的巩固。（斯波斯基，2016：151）

由于受到“一个国家，一种语言”意识形态的影响，19 和 20 世纪新成立的民族国家都普遍面临着遴选或创造一种与众不同的标准语的任务。（斯波斯基，2016：209）

对于政治家来说，标准语言应当代表所有人的共同认同，而语言学家认为标准语言无法反映少数社区的认同。政治家们的观点基于想要实现社会凝聚力的愿望；语言学家的看法基于人类多样性的事实。这是意识形态的差异。（埃杰，2012：175）

没有人生来就会讲标准语。一般说来，标准语脱胎于为了标准化而制定的一整套复杂的规范。标准语可以定义为：一套杂乱的历史文化惯例，一套广为接受的、解决语言问题的共同方案。标准语是民族统一的重要象征，标准语必须经由个人在规范使用中习得，这些规范必须通过教育部门来灌输，当然，还需要典范作品、大众媒体（出版、广播、电子媒体）的强大支持。（卡普兰和巴尔道夫，2014：15）

所谓的标准语纯粹是意识形态的构想。这种构想让人们误以为存在统一的语言，而语言实际上是多种多样的。（卡普兰和巴尔道夫，2014：15）

认为存在标准语，还要通过一个群体推广这个标准语，本身就说明标准语是社会规范。（卡普兰和巴尔道夫，2014：15—16）

［从工业革命开始，标准语的使用范围随着教育的普及而扩大，又因全民教育的实施而到达了高潮。］有些人没有掌握标准语，正是他们最坚信标准语是衡量人的知识和社会价值的唯一正确标准。

（约瑟夫，2017：37）

标准语被教育精英和有权有势的人视为他们专有的商品，只想自己占有而不愿别人染指。（约瑟夫，2017：37）

［民族标准语是文化与政治建构的产物。］标准语是人为建构的，这已成为社会语言学常识。（弗格森，2018：19）

标准语可以视为“头脑中的概念”，或一种柏拉图式的理想形式。标准化会导致标准语意识形态，即由媒体、政府机关或可左右舆论导向的大腕们宣传并被大众广泛接受的一系列信条：把标准语作为全民语言；认为标准语优于其他变体或方言；认为只有一种正确形式的口头语言，其他变体则贬称为“不正确”或“不符合语法的”；把标准语言作为国语，视其为民族认同、民族来源，乃至民族骄傲的象征。

（弗格森，2018：22）

官方语言

见 国语 › P28

国语

国语（national language）指能够代表国家的语言，体现了民族国家的观念，具有国家象征的意义，与国家凝聚力和民族自尊心联系紧密；官方语言（official language）是国家用于行政、司法等管理程序上的语言，即用于政府、法庭和公务上的语言。国语或官方语言都由政府规定，都有政治地位，因此都是较有影响力的语言。

一旦语言和国家联系在一起，并以“国语”的身份而得到使用，那么掌握国语就成了对国忠诚、爱国主义、拥有归属感和合法性的一个标志。

一种语言获得“官方语言”资格后，就同时获得一套“语言维护系统”，具体包括法律、执法机构、学术组织、教育部门等。例如，行政机构、学校、法院、电台电视台等岗位的职员，都需要熟练掌握官方语言。何种语言有资格作为官方语言，与语言本身无关，而与使用语言的群体地位有关。1996 年，联合国教科文组织在西班牙巴塞罗那发表《世界语言权利宣言》（Universal Declaration of Linguistic Rights），强调全世界所有语言都有资格成为官方语言。

许多国际组织都有自己的官方语言和工作语言（working language）。官方语言的地位大多是象征性的，工作语言的地位则是实实在在的。

> 对前殖民地国家而言，国语指具有重要意义的本土语言，而且被赋予了一定的象征意义，而官方语言往往是指前殖民语言。
>
> （斯波斯基，2016：204）
>
> 语言国语化与国家的概念有关，是指民族国家把特定的语言用于代表国家的语言意识形态。当某一种语言被确定成为国语，也就意味着它的使用者比其他群体享有了更高的地位，因为他们已经变成了民族国家的公认代表。（肖哈米，2018：65）
>
> 印度拥有印地语和英语两种官方语言，由于各地的教育系统都教授英语，所以印度公民预计至少掌握其中的一种语言，有时甚至是两种。
>
> （埃杰，2012：29）
>
> ［印度］某些邦的语言群体希望看到他们的语言成为该邦的官方语言。（埃杰，2012：29）
>
> 德语虽然不是联合国官方语言，但德语不只是一个国家的语言。它既是德国、奥地利、列支敦士登的官方语言，也是瑞士和卢森堡的官方

语言之一，同时还是比利时和意大利的地区语言之一。

（埃杰，2012：57—58）

在美国，西班牙语使用范围之广，促使大多数州（50个州中的48个）曾考虑立法以强调该州的官方语言为英语，而实际上在很多州不懂西班牙语就不可能完成日常事务（购物、与地方当局打交道等）。

（埃杰，2012：107）

阿尔及利亚宣布古典阿拉伯语为其官方语言，但事实上古典阿拉伯语和阿拉伯口语之间差异巨大，这一政策直接导致无法掌握这种差异的人群在国内无法获取权力。（埃杰，2012：168）

日本占领期间实行的语言政策已经彻底改变了印尼的语言格局，荷兰人意识到他们不得不宣布印尼语为荷兰语之后的第二官方语言。

（卡普兰和巴尔道夫，2014：107）

依据新加坡的宪法，马来语是新加坡的国语，英语、华语、马来语、泰米尔语是官方语言。可以说，这四种官方语言的组合方案忽视了新加坡口头使用的语言多种多样这个事实，也忽视了扩大交流范围后可能需要的其他语言。（卡普兰和巴尔道夫，2014：143，158）

近代以来，新西兰基本是个英语国家。后来国家承认毛利语岌岌可危，并指定毛利语为新西兰的官方语言。

（卡普兰和巴尔道夫，2014：193—194）

胡适率先提出两个口号："文学革命"和"统一国语"。研究会向教育部呈递倡议书，敦促教育部加快国语的标准化工作，尽快采用并推广注音字母。1920年，教育部将小学一、二年级必学的"国文"改成"国语"。

（卡普兰和巴尔道夫，2014：60—61）

在欧洲国家，出身和血统不重要，只要讲本国语言就会为国家所接纳，法国尤其如此。（约瑟夫，2017：26）

要推广"我们是同一个国家国民"的信念、强化与邻国及敌国的差别意识，"本国语言"显然是一个非常顺手、得力的概念。

（约瑟夫，2017：39）

作为一个存在已久的地方通用语，斯瓦希里语拥有相对较少的母语使用者居民，该语言在高度异质化的坦桑尼亚却很适合作为一种国家官方语言，因为这种角色，其很快被选为官方语言。

（弗格森，2018：3）

2004 年 5 月，欧盟接收了 10 个新成员国，成员国总数增加到 25 个国家，欧盟官方认可并被欧盟机构和公民用作交流的官方语言数量从 11 种增加到 20 种。

（弗格森，2018：8）

语言政策和规划倾向于限制官方语言的数量，以减少社会语言的复杂性，这样既便于管理，又能提高效能和民族融合。

（弗格森，2018：10）

从历史的角度看，对保留前殖民地语言作为官方语言较常见的一种解释是：这些语言在种族上是中立的，因此更有利于促进而非阻碍国家建设和民族团结。（弗格森，2018：190）

豪根在描述 1814 年挪威从丹麦独立后制定新的标准国语规划中首次使用了“语言规划”这一术语。（弗格森，2018：1）

“民族主义”以培养国家认同（正统性）为目的，超越“民族和文化特殊主义”，支持将某一土著语言定为国语，使之成为国家认同的象征。（弗格森，2018：2）

赫尔德认为国语如果包含太过明显或太多数量的外来成分，那么它就不能真正成为国语。（弗格森，2018：32）

国语形成与国家建设同步进行。传授语言的一种特定形式对促进智力和道德的融合，以及建立“国家共同意识”发挥着重要作用。

（库尔马斯，2018：68）

除了极个别国家，现代国家都是多语的，但国语享有优先权。它是肩负建设国家和维护统一任务的政府和教育的语言。（库尔马斯，2018：68）

几乎在所有地方，以国语为授课语言的读写教育比以母语为授课语言的读写教育更享有优先权。这些国家以融入移民国为名义，要求移民通过国语测试。（库尔马斯，2018：70）

在国际上，比较各国的识字率很难操作，但毫无疑问的是，首先推

行国语意识形态的欧洲在引领其他国家和地区。（库尔马斯，2018：93）

官方语言被认为是“更好的”语言，并往往被冠以“优良的”“正确的”“标准的”和“纯洁的”的称号。（肖哈米，2018：8）

在南非，尽管有11种语言享有官方语言的地位，但它们仍然只代表了一部分人的语言，而其他语言和语言变体则被排除在外了。

（肖哈米，2018：10）

确定官方语言这种做法的主要益处就在于它在法律上具有合法性。当主体人群宣布他们自己的语言为官方语言时，他们是想隔离那些与他们不同的人。（肖哈米，2018：62）

官方语言在操纵政治的斗争中起到了重要作用；在保持或重建同质性国家的过程中，也成了表现国家忠诚的指标。官方语言还可以成为一种政治宣传的工具，因为大部分人都会赞同这样一种观点：官方语言象征着我们有必要维持一种身份，即使你并不理解这种身份的真正含义。

（肖哈米，2018：63）

在某些地方，这类说明书上只使用官方语言。因此就像语言景观标识一样，药品说明书也被当作推行语言政策的一种机制。

（肖哈米，2018：130）

移民及其子女都需要学习“标准的”“正确的”和“无口音的”国语，因为这与国家认同、爱国主义和归属感紧密相连。

（肖哈米，2018：28）

土库曼斯坦绝大部分居民说土库曼斯坦的国语——土库曼语。不过，他们还是习惯使用俄语作为通用语。（斯波斯基，2011：165）

语言测试的引入常常伴随着不可告人的动机，一般是关于如何进一步实现当权者的政策意图，而国语测试和公民资格的语言测试对这种意图体现得尤为明显。（肖哈米，2018：111）

通过指定一种语言为官方语言而赋予这种语言权势和声望，可能还不足以扭转其衰落的趋势。爱尔兰语复兴的相对失败就证明通过官方提升语言的做法需要得到家庭的支持，因为家庭可以承担起代与代之间语言传递的义务，可以确保该语言在私人场合得到使用。（赖特，2012：226）

在西班牙，巴斯克语被认可为巴斯克自治地区的官方语言，而在法国，巴斯克语主要是作为一种口头语言被人们所使用。

（斯波斯基，2011：79）

“法语国家组织”是一个国际性的语言运动组织，它包含30多个国家的政府和非政府部门的精英，法语是这些国家的官方语言，并且被广泛使用。该组织倡导的语言运动的第一个目的是保持法语在这些国家的官方语言地位。（斯波斯基，2011：80）

在尼日尔，70%的人都会说豪萨语（Hausa），而大家对于官方语言法语的使用水平要差得多。（斯波斯基，2011：155）

在以色列，三种语言（希伯来语、英语和阿拉伯语）都被宣布是官方语言，但也存在着明显的主次之分：希伯来语第一，英语第二，阿拉伯语排名最后。（约翰逊，2016：124）

世界上存在着大约6000种语言，其中大约100种语言得到了国家政府（如宪法、基本法或一些其他政府行为）的认可，被列为国家的官方语言。（斯波斯基，2016：203）

宏观语言规划

宏观语言规划（macro language planning）通常指国家层面和国际层面的语言规划，中观语言规划（meso language planning）通常指某个区域或某个领域的语言规划，微观语言规划（micro language planning）通常指特定社区、家庭、学校的语言规划。所谓“自上而下”的语言规划和“自下而上”的语言规划就是针对语言规划的这三个层次而言的。

语言政策民族志方法强调微观规划，试图揭示国家语言政策的复杂性和多层次性；语言规划批评范式认为国家政策忽视弱势语言权利，宏观规划边缘化弱势群体的利益。这些都激发了微观层面的规划研究。此外，人文社会科学中的后现代主义转向导致了对宏大叙事的解构。人们对微观语言规划、地方机构和家庭语言规划主体越来越感兴趣，出现了“分散式语言规划”“自下而上的规划”和“计划外规划”（unplanned planning）等表述。巴尔道夫（Baldauf）是微观语言规划的主要倡导者，他和卡普兰（Kaplan）共同编辑的《语言规划的当前问题》国际期刊是微观语言规划研究的重要平台。

斯波斯基的语言管理模式倡导社区、家庭、学校、教堂、机构、军队等语域的语言政策研究，这一思路契合当前从宏观语言规划向微观语言规划转换的思潮。

不过，当前的微观语言规划还存在一些问题：第一，微观的范围在空间层面难以确定。尽管微观可以被理解为单个实体（城市、社区、学校、家庭、企业、法院等），但实体的大小和规模没有确定的标准。比如，像上海这样的城市出台方言保护措施，这属于微观语言规划吗？其实，上海的面积和人口数都比亚洲一些国家（如新加坡、文莱）和欧洲一些国家（如摩纳哥、安道尔）还要大。第二，微观规划所解决的语言问题必须是在当地发现的，具有地方性的表现。这种规划不是某些更大的宏观政策的直接结果，而是对自身需求、语言问题或语言管理要求的回应。换言之，微观层面的规划被视为没有宏观根源的局部活动，是自身的规划。但实际上，地方性的问题常常与全国甚至全球有关，微观问题的独立性难以保证，微观规划所解决的语言问题的范围可能无法界定。第三，微观规划中“规划”一词的性质不够清楚。在宏观政策的微观实施过程中，基层不具备规划者的资格，其角色是政策的实施者、援用者和阐释者，尽管可以表现出一定的能动性。一般认为，在微观语言规划中，规划必须由微观层面的力量推动，是地方启动的政策。容易产生争议的是：当宏观政策被视为不够充分，无法产生预期的政策结果时，地方机构采取干预的形式，发挥规划主体的能动性，是否可以视为微观语言规划？

也许使用“语言治理”（language governance）术语可以摆脱“微观语言规划”这个有争议的标签。

尽管大多数对语言规划和语言政策的研究都是从国家层面上开展的，但是国家所做的语言决定，与包括教堂和学校这样的机构所做出的语言决定，在道理上似乎是一样的，也就是说，宏观语言规划和微观语言规划在操作过程方面是相同的。（斯波斯基，2011：51）

可以让研究人员考察宏观语言政策是如何与地方的教育实践互动的，了解地方语言政策是如何制定和修订的。尽管威尔士的宏观语言政策支持威尔士语，但是研究者的一个重要发现是，教育工作者在提供双语教育时面临威尔士语教学材料短缺的挑战。（约翰逊，2016：61，87）

本领域面临的主要挑战：如何在宏观语言政策的文本、话语与多层面的语言实践（如政策的制定、阐释和援用）之间建立联系，从而将语言政策实例化（或使语言政策脱离实例）？（约翰逊，2016：87）

语言政策的批判性研究方法突出宏观语言政策在边缘化少数族群及其语言方面的权力，而另一种研究方法，即以学校和社区为单位的民族志和话语分析研究方法，则重视交际规范、多语课堂实践，或者是个人在抵制宏观语言政策文本和话语的边缘化效应方面的能动性。

（约翰逊，2016：97）

尽管由宏观语言政策创建的意识形态空间是限制性的单语政策，教育者也可以充分利用当地少数族群语言资源的实施空间。

（约翰逊，2016：98—99）

如果当地的语言态度并不能反映宏观语言政策的意图，要实施多语制的国家语言政策是很困难的。（约翰逊，2016：102）

我们可能会问教师是如何解释和援用一些宏观语言政策的，但是他们可能只是略微知道真正的官方政策是什么，或者说他们可能更关心的是地区性的语言政策，他们认为那就是“宏观政策”。

（约翰逊，2016：146）

采用民族志研究方法，有助于了解政策参与者如何解释和援用宏观语言政策文本和话语，以及他们如何创建自己的语言政策；而采用互文性和互语性分析方法，可以揭示地方性的语言政策行为如何与宏观政策文本和话语相关联。（约翰逊，2016：155）

在地方层面制定的微观语言政策，可能会以意想不到的方式，与中观和宏观的语言政策互动，而了解这种互动的本质是非常重要的。例如，在政策的语言表述上，可以借鉴其他中观和宏观语言政策；这些有目的的互文性联系有助于向上层决策者佐证政策的可信度。

（约翰逊，2016：196）

学校在援用宏观语言教育政策时，在哪些方面受到这些语言政策仲裁者的影响？不同的解释是否导致了不同的政策援用结果？

（约翰逊，2016：223）

［语言政策的批评视角］以宏观语言政策边缘化了少数族群语言及其使用者的现象为研究重点。（托尔夫森，2014：127）

宏观语言政策与社会实践的关系并非是线性的，也不是可以直接预测的。首先，国家语言政策在意识形态上并非必然保持着前后一致，它可能在语言使用及语言教育上有着不同甚至矛盾的观点。其次，只对宏观语言政策进行分析，也许并不能准确地预测出该政策实际会被解读和实施成何种情形。（托尔夫森，2014：128）

后殖民语言政策

有学者对全球化背景下后殖民语言意识形态进行了深入分析，并用经济学理论研究分析了后殖民语言政策（postcolonial language policy）持续存在的缘由。殖民地宗主国从来没有制定语言政策去鼓励后殖民地国家本民族语言的发展，而是强迫和诱导这些国家的精英服务于欧洲语言的传播。

在后殖民时代的非洲，语言政策和语言规划更像是一场利益驱动的博弈，其中的利益相关者（尤其是精英阶层）总是试图通过那些符合自身利益的规划以获取胜利。

与许多其他后殖民国家相比，坦桑尼亚一直相对稳定，这在一定程度上表明了该国的国家建构政策，包括国家语言的传播，在很大程度上是成功的。这主要是因为东非地区通用语斯瓦希里语在促进国家凝聚力和稳定性方面起到了关键作用，它能让更多的人参与进来。

在很多后殖民非洲国家经济独立后的几十年来，语言规划先是停滞不前，之后在 20 世纪 80 年代全面崩溃。（弗格森，2018：3）

［一些］多元语言的后殖民地社会（如马来西亚、印度、坦桑尼亚、南非、肯尼亚），教学媒介语的选择很明显既是一个教育问题，也是一个政治问题。（弗格森，2018：36）

推广一种语言，甚至强迫接受未能导致广泛使用的案例是有目共睹的。一个例子就是后殖民时期印度政府推广印地语的努力。（弗格森，2018：119）

在许多非洲和亚洲的后殖民国家，英语作为一种教学语言在教育上是无效的，结果是阻碍而非促进了人类发展。为此，最常被提出的补救措施（特别是针对后殖民的非洲）包括限制英语的作用，提升土著语言的地位，从而赋予一直以来被排除在外的和被边缘化了的群体以权力。（弗格森，2018：129，150）

在许多后殖民环境中，一些机构使用殖民语言，并以此表现它们的语言身份。（库尔马斯，2018：75）

“新英语”这个术语通常被理解为来自后殖民社会（如印度、巴基斯坦、马来西亚、加纳）的英语变体，其形式特征，如语音、词汇、语法、语篇等，显示了与英式或美式标准英语一定程度的背离。（弗格森，2018：156—157）

在后殖民社会的交际中，经常出现在语码、语言或语言变体中自由转换的现象，在这些人眼里根本没有语言边界的固定概念。而且，在后殖民社会的交际中，语码混用是政治统治的产物，多语言交际是家常便饭。（肖哈米，2018：12）

国界的划分在一定程度上往往具有任意性，而后殖民时期的国界则完全是任意的，将不同的社团按照经纬线而不是自然边界和长期存在的种族边界组合在一起。（赖特，2012：9）

沿用殖民语言就是让人继续保持以前的隶属他人的感觉。尽管如此，许多后殖民国家的政府还是沿用了以前的殖民语言，但大多数国家则处于进退两难的境地：一方面，由于新国家内部的异质性，他们似乎不得不沿用以前的殖民语言，因为正是殖民语言使他们走到了一起；另一方面，由于拥护民族主义思想，他们又不得不面对非常大的压力去寻找单一的国家语言。（赖特，2012：71）

印尼的后殖民经验也表明，仅仅有语言政策和规划是不可能有效果的，只有当它与促进民族团结的其他因素相吻合时，才会与这些因素共同作用，使统一变得可能并促进统一。（赖特，2012：85）

帝国统治常常宣称推动文明和救赎。后殖民时期的许多学者探讨了体现殖民思想的傲慢话语，还曾分析了大英帝国的理论家主张的“文明进程和英语传播密不可分”的论断。（赖特，2012：135）

菲利普森（Phillipson）将后殖民主义描述为这样的一个过程：在该过程中，基于语言的虚拟殖民主义取代了现实的殖民主义。

（赖特，2012：161）

从殖民时代的根基到后殖民时期释放出的新力量，英语已经成功地在严肃的讨论中有效地巩固了自身的地位，排除了在教育中选择其他语言的可能性。（托尔夫森，2014：164）

［西方宣传的］“国际化”指的是采用一种非土著语作为官方语言，比如后殖民时代的非洲前殖民语言（像英语、法语、葡萄牙语）。

（托尔夫森，2014：168）

民族融合是大多数后殖民国家教育政策的主要内容，也是印度基于内部以及世界范围内的市场融合形势做出的选择。在这一融合的过程中，英语有着不可或缺的重要地位。（托尔夫森，2014：200）

经济、政治、文化和社会力量等都可能成为影响语言教育政策的因素，诸如民族主义、经济不平等、全球化、种族冲突、由于不同的语言权观念而引发的紧张、后殖民国家的经济压力、精英竞争和文化复兴。

（托尔夫森，2014：312）

若语言政策旨在创造一个人们都能够认同的欧洲形象，那么只有两种可能的结果：重复法国、英国或德国的单语方案，在欧洲层面上接受或强制推行一种共同语言；或者，向后殖民时期印度的多元语言政策靠近。

（埃杰，2012：71）

就像在内圈国家里对英语的讨论是关于语法、词汇、语音和语用等方面的规范和变异一样，世界英语领域的学者不得不处理外圈（主要是后殖民地）国家和扩张圈（非殖民地）国家的英语规范问题。

（里森托，2021：222）

互文性分析

见 政策文本分析 › P246

话语规划

话语规划（discourse planning）是通过媒体对语言问题的选择性报道来影响人们的语言理念，并最终影响语言政策的一种规划行为。在话语规划中，某些机构和利益团体建构起单向话语，用以塑造、指导和影响大众的语言实践。

话语规划是语言规划类型的新发展，与本体规划、地位规划、习得规划和声望规划一道，丰富了人们对语言规划进程的理解。有人认为声望规划是一种特殊形式的地位规划，但实际上语言声望更多依赖于话语规划。

话语规划可以理解为通过说服性的谈话和写作改变或强化某种语言观念。从其最糟糕的意义上说，意味着宣传或“洗脑”。媒体在语言生态中发挥着重要作用，因为它会推广某些语言而忽略其他一些语言，从而宣扬语言意识形态和话语。

规划的话语可以通过设置议题、确立问题框架的方式，突出框架中的利益群体需求，排除替代框架的可能性。由于这类话语将哲学、政治学、经济学、社会学、语言学等背景的学者的见解综合起来，其主题导向性和意识形态的运作就不显得那么突兀。

语言政策既依靠政策文本，又依靠政策话语。话语规划可以通过诸如语言在公共话语中呈现的方式来实现。用真实的语料可以了解语言政策的产生过程（如国会辩论的记录）、传播效果（如报纸、电视等媒体对当前语言政策的解读和宣传情况）、执行情况（如教育部门或学校领导根据某项语言政策制定的规章制度）。媒体还可以基于自己的利益，从不同视角对政策文本进行多重阐释。

> 民族志研究法与语言政策批评研究法并不是互相排斥的：二者都致力于反对主流政策话语对少数族群语言及其使用者的压制。
>
> （托尔夫森，2014：129）
>
> 《不让一个孩子掉队法》所要求的绩效责任制受到了越来越多的重视，同时中心行政管理层发生了人事变动，这两个因素一齐促成了政策话语和政策文本的转变。（托尔夫森，2014：135）
>
> 批评性语言政策研究和民族志语言政策研究都致力于社会正义的各种事项，抵抗那些压制少数民族语言及其使用者的强势语言政策话语。语言政策民族志研究把批判重点既放在导致边缘化的政策话语上，也放在政策参与者身上。（约翰逊，2016：42—43）
>
> 如果要挑战语言帝国主义，支持在学校和社会实行语言多样性，那么就必须转变国家、学校的话语方式。也就是说，如果在研究中专注于自上而下的语言政策中的各种蓄意、恶意和不公正现象，就会让教育现实中的霸权政策话语更加具体化。（约翰逊，2016：51）
>
> 政策文本是政策话语的书面或口头表征。它们包括所有与政策制定、政策阐释、政策援用和政策实施相关的书面文本和口头资料的转录。政策文本因政策话语而生，同时也造就了政策话语。语言政策话语被赋予了语言意识形态，从而让特定的言语习惯、行为方式和教育模式显得正常和自然。政策话语对人们的言行方式进行约束，并以一种霸权的方式抹黑其他言行方式，由此塑造出一种权力关系。（约翰逊，2016：105）
>
> 很多语言政策分析实质上是话语分析，因为它涉及审视各种政策文

本（包括口头的和书面的），并分析围绕政策文本实施的政策话语以及由政策文本所激发的话语。（约翰逊，2016：144）

媒体会对语言政策进行解读，从而传播那些占主导地位的关于语言、语言使用者和语言教育的意识形态和政策话语，或者也会偶尔出现另类意识形态和话语的媒体传播，这些都是社会文化语境的一部分，语言政策就在其中运行。（约翰逊，2016：221）

边缘化人民缺少或没有政治权力和获得权力的途径，因此，在学习何种语言和被迫放弃何种语言的问题上没有话语权，无法自主选择。

（里森托，2021：15）

英语作为全球语，其出现是支持经济秩序重组话语的结果。

（里森托，2021：73）

混合语

见 克里奥尔语 › P51

J

家庭语言规划

家庭语言规划（family language planning）是指家庭成员对家庭语言使用和家庭读写实践活动所做的安排与规划。儿童刚一出生，父母也许就要考虑是让孩子学习国家通用语、方言，还是民族语，考虑何时让孩子接触外语，并开始制定家庭语言规划。对家庭语言规划的研究，主要热点是家庭语言规划对移民祖传语（heritage language）的影响。在长期的语言维持和语言转用研究中，特别是在最近兴起的家庭语言规划研究中，许许多多的案例都是以移民家庭为研究对象的。

许多学者呼吁全社会重视家庭语言规划，认为家庭是传承母语的最佳场所，而指望通过官方（如宣布某语言为官方语言）或学校（如指定某语言为教学媒介语）等途径来保证语言传承，是完全行不通的。家庭是人类语言生活的起点与终点，国家和社会中存在的各种语言竞争和语言冲突现象常常会在家庭层面生动地呈现出来。因此，家庭可以成为观察政府濒危语言保护、语言权利保障等规划措施实际落实情况的有效场所。

家庭语言规划已成为国际政策规划研究的热点领域，因为即使是微观的家庭语言规划，其背后也必然存在某种语言意识形态的支撑。目前，家庭语言规划研究主要采用长期观察和深度访谈的方式，掌握不同家庭成员的语言实践与语言意识形态以及父母的语言规划措施，对于理解家庭的语言变迁、语言选择、语言习得、语言忠诚非常重要。

由于跨种族、跨阶层、跨宗教等形式的通婚，移居海外或被外国征服等原因，家庭语言政策情况变得更复杂了。在移民家庭里，尽管家庭的语言构成预示着父母对语言的选择，但是最终决定全家人家庭语言的通常是孩子。

改变民众的家庭语言实践是倡导扭转语言转用的一个关键措施目标。在很多情况下，家庭语言的管理取决于家长的权威和语言的地位。影响家庭语言选择的因素有家庭内外的社会语言生态状况，以及父母亲对最佳语言学习策略的信仰。儿童家庭语言的影响主要来自同龄人，隔壁邻居小孩或同住一条街道的小孩其实都是家庭语言管理域的参与者。对所居住的小区以及所接受教育的学校的选择是家庭语言管理的一个关键内容。

家庭并非一个自给自足的独立机构，在观察家庭语言时，既要考虑来自社会政治经济方面的压力，也要重视体现在语言文化中的社会语言意识形态的影响。家庭语言规划不是孤立的行为，不是在真空中发展或实践的，而是在顺应更广泛的社会、政治、经济、文化、教育等外部社会力量的过程中制定的。对于大多数家庭来说，尽管父母在进行语言规划时可以表现出主观能动性，但这些外部因素太强大了，家庭往往只能向外部势力投降。

家庭语言管理的一个发展趋势是，家长会竭尽全力要孩子使用家长认为是标准的或正确的语言。（斯波斯基，2016：20）

公众会支持那些为维持强势语言而制定的教育政策，并反对保持家庭语言或社区语言的政策，他们把这些非强势语言看得一文不值。

（肖哈米，2018：144）

在语言保持最糟糕的情况下，第二语言会穿透并渗入私人圈，还因此发生了个人语言转用和家庭语言转用。（赖特，2012：219）

随着新的职业种类在服务行业、商业、政府官僚机构和国际援助机构中的增多，家庭语言变体消失，并通常迅速地被中心城市、地区或者是国际商务语言代替。多语化的新形式变得司空见惯，这些新形式包括新的变体，诸如皮钦语、英语的当地变体或者是地区通用语的变体以及普遍使用的语码混合和语码转换。（托尔夫森，2014：29）

[康明斯试图用阈限假说解释为什么] 在美国家庭语言与学校语言之间的转换降低了语言少数民族学生的学业成绩，而在加拿大却提高了大部分参加沉浸式项目学生的学业成绩。（弗格森，2018：60）

美国一方面强调对主流学生进行双语教育的经济和社会价值，另一方面却忽视了母语为少数民族语言的家庭语言技能的本土培养。

（弗格森，2018：61）

许多印度教育家都认为只有已经发展了书面形式的语言才能被界定为母语。然而，印度的语言少数民族设法给出一个更加准确的解释：母语就是儿童的家庭语言。（斯波斯基，2011：199）

某些语言仅仅是中小学的教学媒介语，而不是高等教育的教学媒介语。在这种情况下，孩子在接受高等教育时使用的语言不是他们的家庭语言，而是强势语言。（肖哈米，2018：91）

对欧洲许多儿童来说，家庭语言和学校语言依然不同。这种差距有其社会性，中产家庭孩子的口语比工人家庭孩子的口语更接近学校语言，而区域方言也与学校语言大不相同。（库尔马斯，2018：69）

一百多年来，许多关于非洲教育的委员会和报告都主张使用第一语言或家庭语言作为教学媒介语和学习科目，[但这些主张并未能影响国家语言政策]。（里森托，2021：215）

家庭语言政策

见 家庭语言规划 › P41

教学媒介语

见 教学用语 › P44

教学用语

教学用语（language of instruction 或 teaching language）指用于直接指导各类教学活动的语言，而不是作为特定科目来学习的课程语言（subject language）。近些年，在西方学者的推动下，英语作为教学媒介语（English as Medium of Instruction, EMI）成为语言政策研究的热点话题，也带动了教学媒介语的研究热潮。教学媒介语（medium of instruction）就是教师进行课堂教学所使用的语言，与“教学用语”同义。

在术语的具体使用上，教学媒介语更多关注语种选择，而教学用语既强调授课语言的社会功能，又关注其作用与效果，如授课语言使用的规范、简练，符合学生的认知水平。

由于语言在教育中具有核心的地位，所以学校经常遇到用什么语言作为教学媒介语的问题。这一问题在许多国家长期受关注，并常引发各种争议。在多语国家，如东非的坦桑尼亚和肯尼亚、东南亚的印度尼西亚以及南亚的印度，国家权力机关必须就有关课堂教学媒介语、学校教科书和统一考试所使用的语言做出决定。

虽然将英语作为教学媒介语在民族意义上是中立的，但它们在社会经济层面却远非如此，因为更富裕的城市阶层的子女更易于获得书籍、卫星电视和私教英语课，而农村地区贫穷人家的孩子根本接触不到这些。在很多非洲国家，英语是小学高年级和中学阶段的教学媒介语，但出了教室就失去了英语语境，尤其是在农村地区。

> 19 世纪 80 年代，大量的移民开始涌入美国，这使得美国对语言多样性的容忍度开始变得更小。此时，以德语作为教学媒介语的教育再也得不到任何支持了。这批移民的主要来源地不再是北欧，而是南欧和东欧。美国的许多移民是天主教徒或犹太人。他们移美后继续去用他们的母语作为教学媒介语的教区学校上学。这些语言实践遭到仇外人士的阻碍，其结果就是导致美国通过了唯英语教育的立法，该法实施了将近 30 年。在这期间，许多州都把英语作为公立学校的唯一教学媒介语。《美国土著语言法》规定联邦政府有责任“保持、保护和推动美国土著人使用、运用和发展”美国土著语言的“权利和自由”，其中包括将这些语言作为学校教学媒介语。 （托尔夫森，2014：273）
>
> 美西战后，美国立即宣布英语是波多黎各学校的正式教学媒介语。直到 1948 年，美国才恢复西班牙语在波多黎各的地位。1853 年，英语作为教学媒介语被引进了夏威夷，1896 年英语则成了当地公立学校的唯一教学媒介语。 （斯波斯基，2011：111）
>
> 首先，学校要解决的是教学媒介语问题：教师到底该用学生的家庭语言授课，还是用学校提倡的语言授课？同样，教师该期望学生用哪种语言来回答问题，是学生自己的家庭语言还是学校提倡的语言？
> （斯波斯基，2011：56）
>
> 印度出台了一套“三语方案”（The Three Language Formula），旨在通过语言多样性来促进国家的团结。该方案同意把家庭语言作为小学和初中的教学媒介语。不过，在这些年间，学生还要学习印地语。印地语以官方语言、交际广泛语言以及维持国家团结语言的角色出现在印度。
> （斯波斯基，2011：198—199）
>
> 当政体规定本社会某一种或几种语言具有特殊的优越地位时，这个语言政策就会通过该政体的教育系统很好地体现出来。这就可能意味着学校会选择某一具体语言来承担教学媒介语角色，而这一语言往往是该

政体中有声望的语言，它通常是该政体的“官方语言”。

（肖哈米，2018：78）

教学媒介语政策的出现是随着国家、殖民地及后殖民时期当局的民族主义计划而出现的。（托尔夫森，2014：23）

一战期间及一战后美国限制德语、波兰语及其他语言作为教学媒介语；德国纳粹对其统治下的奥地利南部斯拉夫语区强制推行德语；二战后南斯拉夫南部地区对马其顿语实行标准化，并把它作为官方的教学媒介语来使用；1957 年马来西亚独立后正式采用马来语为教学媒介语；肯尼亚和坦桑尼亚两国脱离英国实现独立后分别确立英语和斯瓦希里语为官方语言；1965 年新加坡独立后英语作为教学媒介语的作用日趋明显，造就了一个蓬勃发展的懂英语的双语社会。

（托尔夫森，2014：25）

聚集在城市而非农村地区的区域通用语及前殖民语言的新变体对于多语化城市中群体间的交流日益重要，也逐渐成为城市学校的教学媒介语。（托尔夫森，2014：29）

将英语作为教学媒介语或是用于投票选举，这一现象几乎总是伴随着对其他语言使用的限制。（托尔夫森，2014：76）

有人会辩解说，原先的殖民语言必须被当作教学媒介语运用到整个教育体系中，因为它们是中立的，在一个国家中不属于任何民族。因此，作为“语言问题论”基础的单语减少成本的论据从根本上来说是属于语言简化论。（托尔夫森，2014：169）

英语和土著语言有着较大的功能差异，以至于除了课堂和其他正式场合以外，其实根本不需要使用英语。然而，由于塞索托语和斯瓦特语在当地语言市场上都没有任何经济价值，在这两个国家家长们反对在小学低年级教育时把这两种语言用作教学媒介语。尽管其更容易学习，更具包容性，但由于精英阶层的封闭性和英语的排他性，市场力量将持续驱使学校提供人们想要的教育——主要是英语为教学媒介语的教育。

（托尔夫森，2014：172，178）

坦桑尼亚一直以提高斯瓦希里语地位的“本土化”政策为骄傲。虽然自独立以来人们就对这一政策充满热情，但是至今坦桑尼亚并没有成功地使斯瓦希里语取代英语成为中等教育和高等教育的教学媒介语。（托尔夫森，2014：174）

教学媒介语选择错误，会成为导致一些人今后社会经济地位被剥夺的主要因素。（托尔夫森，2014：203）

对所有人而言，以英语为媒介语的政策和基础教育普及的政策都会面临失败的危险。然而，各方面的决策者仍旧认为，发展英语熟练程度的教育才是让所有人获得优质教育的唯一途径。这中间的悖论就是，试图通过英语教育来获得全球化经济机会的政策从根本上损害了教育机会普及化的政策。（托尔夫森，2014：207）

在殖民时代，比利时人开办了以法语为教学媒介语的学校，以此来教育主要是图西族人的卢旺达官僚精英集团。在卢旺达独立之后，法语因其语言声望和政治权力而被保留下来。而卢旺达语仍然没有得到很好的发展，因为其并不是小学以上阶段的教学媒介语。（托尔夫森，2014：223）

早期的教会学校，尽管有着要通过一切可能的方式来传播基督教的强烈目的，但还是经常提供用土著语作为教学媒介语的教育，但寄宿制学校却强行禁止说土著语言。（托尔夫森，2014：265—266）

德斯旺（de Swaan）估计，在全球语言系统中，大约有 100 种语言占据中心地位。这些中心语言的使用人口共占世界人口的 95%。而且，这些语言一般都是小学的教学媒介语，有些还是更高年级的教学媒介语。（斯波斯基，2011：101）

1957 年，国际劳工组织（ILO）《第 107 号公约》涉及土著人口和其他部落人口的保护问题。该公约授予这些人口及其子女以下权利：有权接受以自己的母语（或自己最常用的语言）为教学媒介语的基础教育（主要是读写能力的教育）；有权享受从本地话“逐渐过渡”到官方语言作为教学媒介语的教育；有权采取措施以保护本地话。（斯波斯基，2011：132）

20 世纪 80 年代，越来越多的人认识到，应该把手语当作教学媒介语的一种。（斯波斯基，2011：176）

1948年至1976年间，南非实施“大种族隔离政策”，英语的强势地位被逐渐地削弱。有些非洲语言（只作为课程教授而非作为教学媒介语）的教学也受到鼓励。（斯波斯基，2011：191）

由于菲律宾政府决定把菲律宾语定为本国的官方语言和学校的教学媒介语，因此，菲律宾语将变得更加丰富和实用。英语也是菲律宾的官方语言和教学媒介语，它可以用于菲律宾的许多领域，但菲律宾法律明确指定的领域除外。（斯波斯基，2011：205）

［保持土著运动］往往是从社区教育这类举措开始的。其中一个例子是新西兰以毛利语（Maori）为教学媒介语言的教育运动，并通常被认为是一个成功的语言复兴项目。（约翰逊，2016：48）

到1997年为止，新西兰已经有54所这种学校得到了政府的认可。在这54所学校中不乏实施毛利语学习项目的中学，这些学校严格地采用毛利语作为教学媒介语，英语只是作为学校的一门课程，而且每周的教学时间限制在几个小时以内。（斯波斯基，2011：225）

威尔士语常常被援引为成功语言复兴的典范。［威尔士语言］运动起始于20世纪50年代，当时以英语为教学媒介语的教育占统治地位，而语言政策保住了威尔士语在本土的地位。（约翰逊，2016：59）

［英国占领马来西亚后，在］农村地区设立了以马来语为教学媒介语的学校，但不教英语，因为英国人担心学会英文的马来农村人接触上层社会的思想以后，可能动摇殖民统治的根基。这样做的结果之一是保护了马来语的地位，但同时也意味着会使大多数马来人接触不到英语。

（卡普兰和巴尔道夫，2014：128）

用土著语言替代英语作为教学媒介语就是一个明显的措施，但是由于一系列的原因，这一措施难以实施。其中最强烈的反对来自那些在英语作为教学媒介语中损失最多的群体，这可以说是一个悖论。

（弗格森，2018：146）

从历史的角度看，对保留前殖民地国家语言作为官方语言和教学媒介语较常见的一种解释或原因是：这些语言在种族上是中立的，因此更有利于促进而非阻碍国家建设和民族团结。（弗格森，2018：190）

在中小学教育阶段，从一系列不同的土著语言中选择一个或一些作为教学媒介语，可能会引发种族之间的厚此薄彼，造成政治混乱或更糟糕的局面。在斯里兰卡，使用何种教学媒介语的决策在加剧民族冲突中起了重要作用。（弗格森，2018：190）

使用非洲土著语言作为教学媒介语，其中最常被引述来讨论的，甚至常被夸张的问题是，非洲语言缺乏能表现如下功能的语言资源：图形化、标准化、编典化、科学和技术术语以及大量高级词汇。

（弗格森，2018：194）

［许多］政府的焦虑不无道理，即一旦英语不再是中学教育的教学媒介语，这个国家就有可能从国际社会中脱离，从而影响北部富裕国家在国内的投资，更重要的是会阻碍这个国家接触科学和技术，从而降低经济竞争力。（弗格森，2018：194）

语言的发展和声望的提高，是采用该语言作为教学媒介语的结果，而非一个必要的条件。（弗格森，2018：195）

双语教育，即用两种教学媒介语进行教学——不管是什么学科或时间段——是应用语言学家们可以提供给政策决策者的另一个可选项。

（弗格森，2018：199）

在政策层面还有另一个问题值得注意：从一种教学媒介语向另一种教学媒介语的过渡。循序渐进地实现从一种教学媒介语向另一种教学媒介语的转换，这可能需要经过几年的时间。（弗格森，2018：200）

没有教材，任何教学媒介语都发挥不了作用，也只有在教材足够的情况下，我们讨论教学媒介语才有意义。（弗格森，2018：202）

浸没教育

浸没教育（immersion education）就是使用母语之外的语言作为教学语言。小学生在家使用家庭语言，但他们在学校就“浸没”在一种新的语言环境中。最早的浸没教学项目出现在加拿大蒙特利尔的法语教学中，即在家使用英语的儿童浸没在学校的法语环境中。如果浸没教学的目标是为了让学生掌握双语，使他们能够用家庭语言和官方语言表达学术问题，那这种浸没项目是“添加型的”（additive）。如果浸没教学的目标是为了让学生从一种语言转用另一种语言，那这种浸没项目是“缩减型的”（subtractive）。

浸没教育通常采用沉浸式教学模式，不提供母语教学，而是直接采用第二语言进行教学。

在新西兰一般的公立学校也有涉及毛利语的浸没式教学。到1998年，新西兰有3万多儿童在学校接受某种形式的以毛利语为教学媒介语的教育。语言巢运动效果更好，影响更大，正是那些参与了语言巢运动的家长们协同学校教师以及一些社区的语言活动者共同创办了毛利语浸没学校，这些学校成了毛利语复活项目的核心。一些部落制订了语言复兴计划，把传统的语言叙述内容用录像带记录下来，包括短期的语言浸没营。

1997年，法国官方认可了首家布列塔尼语浸没学校。许多小学生在其他类型的学校里接受一些用布列塔尼语作为教学媒介语的教育。在西班牙，越来越多的巴斯克学生是在公立的双语学校进行巴斯克语半浸没学习。对于这些儿童中的大多数人来说，西班牙语依然是强势语言。

> 2000年11月，美国亚利桑那州投票通过了《203号提案》，这是根据加利福尼亚州早些时候用英语浸没法教育（immersion English education）代替双语教育计划而提出来的。该模式的观点是，学生在简单的浸没式环境中就可以学会学校语言。（斯波斯基，2011：4）
>
> 以色列政府鼓励那些对希伯来语一无所知的新移民学习希伯来语，并且为有专业技术背景的移民提供为期五个月的全日制希伯来语强化学习班，移民儿童则浸没在希伯来语的学校中。（斯波斯基，2011：217）
>
> 在小学低年级引入英语作为教学媒介语事实上阻碍了学科知识和英语能力的提高，因此对大部分参加“纯英语”沉浸式教学的学生来说，是减少而不是增加了他们的社会流动机会。（里森托，2021：10）
>
> ［让孩子尽可能早地沉浸在国际语言中，］乍看起来这一主张似乎更方便，更具成本效益，特别是当学校为这些语言提供了唯一的学习环境

时，情况更是如此。[但是,] 更多使用母语进行教学很有可能使第二门语言的学习更高效，并且有助于减少留级率和辍学率，从而为教育预算节省一大笔费用。（里森托，2021：209）

克里奥尔语

混合语（mixed language）指由不同语言的成分混合而成的语言。混合居住的不同族群会创造和使用各种语言的融合体，也培养出了复杂的语言忠诚和身份认同。常见的混合语类型有皮钦语和克里奥尔语。

皮钦语（pidgin），又名“洋泾浜语”，是指在语言接触过程中，由一种语言的词汇和其他语言的语法结构混杂而成的混合语。一般采用母语语法和外来字音，通常词汇贫乏、语法结构简单，主要用于贸易场所。

克里奥尔语（creole）是由皮钦语发展而成的一种语言，是儿童在语言习得过程中，将皮钦语转化为母语时产生的语言。由说皮钦语者的后代作为母语使用而形成的克里奥尔语，如果被更广泛运用，有可能成为某个地区的通用语言或民族语言。

取得母语地位的克里奥尔语有可能会向标准语靠拢，其中与标准语接近的叫上层方言，与皮钦语接近的变体叫下层方言，介于这两种变体之间的叫中层方言，从而形成一个连续体。

有些人可以在不同语体、语域、语码和语种之间自由流畅地穿梭和交织，他们跨越了固定的语言边界。很多情况下，人们用一种语言获得信息，却用另一种语言展开有关该信息的讨论，导致语言和语码不断地混合，从而形成超语实践（translanguaging）。

毛里求斯官方使用语言是英语和法语，毛里求斯人的母语是克里奥尔语，这种语言基本与法语发音相同，但没有自己的文字；海地的官方语言是克里奥尔语和法语，两者是双言制关系，其中克里奥尔语为低层语言，是日常交谈的语言，而标准法语为高层语言，用于教育、行政等领域；在加勒比地区，使用英语被看作受过教育、有文化和有地位的象征，而克里奥尔语则被视为“坏的英语”，是没文化的人说的。虽然如此，在学校之外，人们仍然将克里奥尔语视为克里奥尔族群身份的主要标记，并带着热忱使用它。克里奥尔人开始推动他们语言的书面化，以此来证明克里奥尔语是一种恰当的语言。

有人从克里奥尔语研究中借用术语，使用上层方言、中层方言和下层方言来分别指代接受良好教育的、中等程度的和非正式的变体。

（弗格森，2018：157）

皮钦语一旦成为某个社团的第一语言，就成了克里奥尔语。当克里奥尔语成为整个社区的主要或唯一语言时，其语义和句法就会变得更复杂了。殖民化导致许多社会中的人背井离乡，许多皮钦语因此变成克里奥尔语，成为许多人群的主要语言，而其祖先的语言逐步被他们淡忘。背景各异的奴隶社区唯一可以使用的语言是皮钦语，这些语言后来发展成克里奥尔语。（赖特，2012：105）

澳大利亚的两种克里奥尔语都被广泛地应用于当地学校的教学，并成了当地人的共同语。（斯波斯基，2011：233）

拉丁美洲除了西班牙语和葡萄牙语两大语言外，还有各种洋泾浜语和克里奥尔语。（斯波斯基，2011：163—164）

［洋泾浜语英语］存在的唯一理由就是让以贸易往来为目标的基本沟通和交流成为可能。（埃杰，2012：106）

皮钦语和克里奥尔语在用途以及受其他语言影响的程度两方面都有所不同。克里奥尔语是多数使用者的第一语言，不那么受到原来的上层语言或下层语言的影响。（卡普兰和巴尔道夫，2014：213）

在新加坡或尼日利亚，各种接近英式标准英语的变体使用者与其他使用者共存于一个言语库，包括接受过教育的当地英语变体的母语使用者、洋泾浜或集市英语使用者和非母语使用者。（弗格森，2018：155—156）

有人认为美国黑人英语是一种方言、克里奥尔语或语言，它与美国标准英语如此不同，以至于以美国标准英语为授课语言的读写教育使非裔美国学生处于严重不利的地位。（库尔马斯，2018：64）

混合语的使用消除了语言在不同类型和固定边界方面的封闭状态，这说明我们有必要用现实生活中早已确定的动态理念来替换这些语言学的分类术语。这些动态理念同时还为人们跨越方言、变体和语言的行为提供合理的依据，因为混合语以自然有机的方式出现，而且还出现在语言的各个方面和成分上。混合语现象证明了语言具有流动性、进化性和创造性的特点。（肖哈米，2018：14）

对那些英语国家的居民来说，英语是民族主义的象征；但对其他英语使用者来说，英语是一种附加语言或是一种混合语。

（肖哈米，2018：43）

对混合语的合法性进行否认，是体现语言纯洁主义的教育意识形态的行为。这种做法已经给移民造成了消极的影响。同时使用各种语言和混合语的行为，是教育领域所不能接受的言语交际方式。

（肖哈米，2018：85）

几乎没有语言测试会把混合语码看作“合法的”或可接受的语言使用方式。（肖哈米，2018：166）

尽管英语语言作为一种世界通用语在不断地发展，但是，无数新的混合文化和混合语还是不断地出现在各种时空中，如一些有共同兴趣或共同实践的社区，一些在地理上相邻的社区或城市等。

（肖哈米，2018：162）

无论再过多少年，混合语最终还是会战胜同质化语言的。

（肖哈米，2018：162）

在肯尼亚，一种基于英语和斯瓦希里语的混合语“英格语”（Engsh），发展成为一种城市富裕青年的标志语言，其中英语成分较多。一种斯瓦希里语和英语的混合语“申恩语”（Sheng），是城市较穷的人群的身份语言，其中斯瓦希里语占优势并与其他的肯尼亚语混在一起。

（赖特，2012：106）

贸易中使用的通用语和皮钦语，以及开拓殖民地中使用的克里奥尔语，从来不是教育体制关注的焦点。它们既没有用文献记载下来，也没有人刻意地教授过它们。（赖特，2012：100）

研究语言政策和规划，要注意的关键一点是：像语言混杂、皮钦语和克里奥尔语这些现象都是有机地发展起来的。它们通常在没有读写能力的人群中产生。（赖特，2012：106）

混合语言库在多语地区或语言接触区以及社会语言生态中都是常见的，社会上对语言的普遍观念以及许多对语言概念的学术分析都没有充分理解众多家庭和社区环境中语言异质的本质。

（托尔夫森，2014：22—23）

学校通过语言方针将实质上的种族歧视制度化，从而成功地限制了克里奥尔语的使用者，使他们与英语使用者之间的距离一直维持到第二次世界大战结束。（托尔夫森，2014：82）

口语

见 **书面语** › P91

跨境语言

狭义的跨境语言（cross-border language，偶作 trans-border language）指相邻接壤国家边境居民共同使用的、大致能相互通话的语言。广义的跨境语言是指分布在不同国度的同一语言，这种语言因为处于不同的社会环境，可能会出现不同的使用状况。

半个世纪之前，欧美学者开始用“多中心语言”（pluricentric language、

polycentric language 或 shared community language）这个术语，指称一种语言在几个国家具有不同标准的现象。西方的“多中心语言”是一种广布跨境语言（extensive cross-border language），中国学者大多使用局部跨境语言（limited cross-border language）的概念。

跨境语言的使用群体可分两大类：一类是世居的原住民，如中蒙两国的蒙古族；另一类是跨境迁入的移居民族，如中国东北的朝鲜族。

2020 年 2 月 21 日，联合国教科文组织以“语言无国界”为主题庆祝 2020 年国际母语日，在其官方网站发布了题为《赞颂跨境语言，推动和平对话》（Celebrating Cross-border Languages for Peaceful Dialogue）的专文，指出跨境语言是促进邻国之间和平的有力工具，认为许多跨境语言，如新西兰和库克群岛的毛利语和北欧各国的萨米语均呈现振兴之势。

教科文组织指出，世界上许多地方的国界都是人为强加的，是在谈判中被划定的，这些国界粗暴地分割了拥有数百年历史的社区。跨境语言研究专家指出，跨境语言具有天然的活力，跨国界语言具有在仅一条国界之隔的相邻社区之间形成强大的情感和文化联系的潜力，国界两边的社区仍然继续开展贸易、遵守共同的文化习俗并用共同的地方语言进行交流。跨境语言的活力意味着它们能够为土著文化和传统提供空间。在适当的条件下，它们还可以成为促进邻国之间和平的有力工具。跨国界语言是邻国间和同一地区内若干国家之间的情感和共同遗产纽带，能够加强邻国人民之间的团结，并使人们能够享受其丰富多彩的身份。

非洲的斯瓦希里语（Swahili）是一个典型的跨境语言，通行于撒哈拉以南，有 1.5 亿使用者。今天，它既是撒哈拉以南非洲最重要的通用语言，也是促进非洲团结和外交的强大动力。它是坦桑尼亚的一门全国性和官方语言，是肯尼亚和刚果民主共和国的一门全国性语言，也是乌干达、卢旺达、布隆迪、莫桑比克北部和索马里南部的跨国界通用语，还在马拉维、赞比亚和苏丹南部被小范围地使用。

克丘亚语（Quechua）是古印加帝国的语言，现在已经演变成一个紧密联系的土著语系，在秘鲁、玻利维亚、厄瓜多尔、智利、哥伦比亚和阿根廷约有 800 万至 1000 万人使用这门语言，是地区性的跨境语言。另外，中东地区的库尔德语（Kurdish）、印度和巴基斯坦的旁遮普语（Punjabi）、印度和斯里兰卡等地的泰米尔语（Tamil），都是受关注较多的跨境语言。

跨境语言研究，涉及语言本体、语言使用、语言适应、语言传承、语言认同、语言能力、语言教育、语言标准、语言识别、语言政策等诸多方面，有着重要的理论价值和应用价值，有助于解决跨境民族文字的使用、规范和统一问题。跨境语言研究的理论价值在于它从国度差异的独特角度分析语言客观存在的特点和演变规律。跨境语言产生的变异是语言的客观存在，所以成为人们认识语言演变规律不可缺少的内容。

跨境语言具有国际交际、跨境文化传播、边防信息收集、跨境民族认同等非跨境语言所不具有的特殊的社会功能。跨境语言的国内变体与对应的国外变体多有相通之处，这些相近语言人才的培养应该就地取材，充分利用跨境语言人才的自然语言习得条件。

跨境语言研究有助于促进跨境两国的互利和交融，有利于边境的安全和边疆的巩固，有利于跨境国家制定跨境语言的政策，解决跨境语言使用中出现的问题。跨境语言的生态安全不仅与文化安全相联系，而且也涉及当地的教育问题、经济发展问题、民族问题、边疆安全问题。

跨境地方语是西欧犹太人所使用的语言，他们渴望融入当地社会，也被允许融入当地社会。（斯波斯基，2016：249）

马来西亚、菲律宾和印度尼西亚做了不少工作来发展马菲印联盟，以便把三国的语言连接起来。不过，比这些还更成功的案例要算是实现跨境统一化的佛兰芒语和荷兰语。（斯波斯基，2016：322）

对英语或其他少数跨境语言而言，以何种语言变体为教学模板或规范……不仅仅是教育方面的问题，而且很明显有更广泛的社会和政治影响。（弗格森，2018：36）

《欧洲区域或少数民族语言宪章》中涉及跨境交流还有一个具体的政治考虑。一方面，与《宪章》精神一致，此类交流，特别是文化领域的交流，可以加强相互理解。另一方面，在有些国家，“跨境少数民族”具有地缘政治意义。（格兰，2020：35）

两个拥有共同边界的相邻国家，可以签署一项协议，共同提供资源，用于区域或小族语言教材的开发或电视节目的制作。因此，跨境交流并不是直接创造“能力、机会和意向（或意愿）”，而是为这一目标的实现创造条件。（格兰，2020：75—76）

如有多个国家以相同或相似方式使用同一语言，各方在履行现有双边和多边协定时，其履约方式应能促进有关国家同一语言使用者之间在文化、教育、信息、职业培训和终身教育领域的交流，必要时可寻求缔结这种协定。（格兰，2020：167）

宽容性语言政策

语言政策具有既相互联系又相互对立的四对特征：民族性与普遍性、宽容性（弹性）与规范性（刚性）、现实性与预测性、稳定性与传承性。

宽容性语言政策（tolerance-oriented language policy），可以将其定义为缺乏实际的语言政策，既不为多语言教育创造空间，也不主动消除多语言教育的空间，一切都留给公民个人来自主决定。宽容性语言政策允许社区发展私立语言学校之类的设施，不去干涉。

威利（Wiley）在克洛斯提出的宽容性和促进性语言政策基础上进行了扩展，提出一个新的语言政策的分析框架，包括促进性语言政策、权宜性语言政策、宽容性语言政策、限制性语言政策、空白性语言政策、压制性语言政策。在克洛斯的概念框架中，权宜性语言政策（expediency-oriented policy）是促进性政策的一个子类，但在威利的分析框架中成为一个单独的类别。权宜性语言政策旨在满足政府的需求，而不是少数民族语言的要求。

克洛斯把宽容性少数民族权利（tolerance-oriented minority right）与促进性少数民族权利（promotion-oriented minority right）进行了对比，后者对公共机构如何使用和培育少数民族语言文化进行调节，并承诺国家机关认可和使用少数民族语言。（约翰逊，2016：33）

> "限制"（restriction）和"压制"（repression）之间的区别似乎在于：在官方机构和各种情景中是采取积极措施来杜绝一种语言（压制性语言政策），还是采取措施来减少一种语言的使用（限制性语言政策）。无论如何，人们似乎有理由将世界各地土著语言和少数民族语言的系统性大规模消亡归结为压制性和限制性语言政策的后果。（约翰逊，2016：34）

M

母语

母语（mother tongue）有三种经典定义，分别从语言习得、民族归属和语言使用三个维度进行界定，将母语等同于第一语言（first language）、本族语（native language）或优势语言（dominant language）。然而在当今普遍的双语和多语环境下，这些界定都面临着各种困境。母语作为一个具有自身独立内涵的概念，是主客观因素共同作用的产物。它既有儿童语言习得的客观基础，又包含个体和社区的语言认同。由于双认同的存在，有的双语人会拥有双母语。

母语是个人或群体通过早期言语互动建构起的身份认同语言。母语认同既包括个体的自我认同，也包括社区层面的他者认同。母语识别需要充分考虑社区的"集体心理"，考察讲话人的语言能力和使用规范是否达到言语社区认可的范畴，不能完全基于个人语言态度、价值取向和情感因素。

母语具有二重性。母语是个体性与群体性的统一，也是客观性与主观性的统一。母语具有共生性。如果一个双语人的两种语言同时符合"早期同步习得"和"语言双重认同"的标准，则该双语人就是双母语人。双母语概念有利于多种语言资源的并存，可避免语言身份认同中进退两难的窘境和因心理因素而放弃弱势母语的情形，是和谐语言生活的支柱。

母语是建构的，因而是可以规划的。早期语言习得的中断和语言认同的消解可能会引发母语磨蚀和母语解构。我们应倡导母语意识，坚守母语平等理念，重视家庭母语教育，注重母语声望规划，发展母语经济以提高母语活力，保证母语安全。

母语已经成为语言规划的核心概念。1957 年，国际劳工组织《第 107 号公约》规定：人们有权接受以自己的母语为教学媒介语的基础教育。1991 年，《在民族或族裔、宗教和语言上属于少数群体的人的权利宣言》第 4 条指出，“各国应采取适当措施，在可能的情况下，使在民族或族裔、宗教和语言上属于少数群体的人有充分的机会学习其母语或在教学中使用母语”。1996 年发布的《关于少数民族教育权利的海牙建议书》（Hague Recommendations Regarding the Education Rights of National Minorities）明确了国家应当履行的使命：满足父母选择用儿童的母语进行教学的托儿所和幼儿园的愿望。联合国教科文组织将每年的 2 月 21 日设立为“世界母语日”，认为振兴和维持土著语言功能域的最有力、最有效的药方是母语的代际传承。

母语者（native speaker）是按照语言使用者来定义的一个术语。把某种语言作为第一语言来使用的人是“母语者”，相应地，将其作为第二语言或者外语来使用的人是“非母语者”。也有人称为“本族语者”和“非本族语者”。人们通常用“语言扩散指数”来说明一种语言的母语者人数和非母语者人数的关系。在二语习得范式中，成功的习得被看作不断接近目标语标准的过程，即通常被认为具有像母语者一样的语言能力。

> 目前，世界上的许多地方也都接受了这样的语言教育政策，即小学教育使用母语，中学和高等教育则使用一种更强势的语言。人们将执行这一语言教育政策看作实施基本人权。（斯波斯基，2011：96）
>
> 2000 年 1 月发布的《非洲语言和文化宣言》呼吁非洲各国加强对各自地方语言资源的保护，消除殖民主义以及殖民主义残留对本国的影响。宣言还指出：“所有的非洲儿童都有不可剥夺的受教育权利以及用自己的母语进行学习的权利。”（斯波斯基，2011：145—146）

过渡性双语教育政策以学生的母语为桥梁，过渡到最终以强势语言为教学语言的教育。（约翰逊，2016：34）

“语言作为权利”取向体现在保障世界各地语言人权的各种措施中，以单向发展的双语教育为特征，其中少数民族学生既学习强势语言，也保持自己的母语。“语言作为资源”取向将语言多样性和多语种教育理解为母语者和非母语者的资源，因而以双向添加性双语教育（有时也称双向沉浸式教育或双语教育）为特点，其中英语母语者和非母语者都要学习两种语言。（约翰逊，2016：35）

土著语言或少数民族语言使用者可能会怀疑政府关于母语教育的政策动机，他们希望自己的孩子学习更有权势的和占主流地位的语言，认为在现代世界没有必要说他们自己的母语。（约翰逊，2016：102）

1974 年，美国最高法院就“刘氏诉尼克尔斯案”（Lau v. Nichols）做出判决：让英语二语学习者与英语母语者接受同样的英语教学，其实是一种不平等的教学，因为英语能力的欠缺使得这些学生无法接受相同的教学内容，实际上，就被剥夺了这些学生接受平等教育的机会。

（约翰逊，2016：122）

国际人权认为与母语相关的语言人权是母语认定自身的权利，是使用母语进行教育与公共服务的媒介，而母语在这里被定义为“一个人最早学会并认同的语言”。（孔特劳等，2014：87）

[在印度，] 以未列入宪法附则的某种语言为母语的使用者们纷纷以把自己的母语列入附则作为追求目标，不过这些人往往还没能攒够对中央政府施加压力的力量，而且邦政府一般出于花费考虑都会抵制这类要求。（埃杰 2012：30）

如今，印地语是印度的两种官方语言之一，同时也是六个邦的官方语言，是印度国内外至少两亿人的母语。（埃杰 2012：30）

自殖民时代起，新加坡的英语教育就是照搬英国学校的教育传统，而且不给母语非英语的学生提供任何帮助，使用的是引进的书籍、材料和教师，后来则发展到课程规划和开发的完全本地化，20 世纪 80 年代以来尤其如此。（卡普兰和巴尔道夫，2014：157）

承认一种语言具有真正的国际语言地位，将导致以该语言为第二语言的人数超过以之为母语的人数，继而导致母语使用者失去对该语言的发展和成长的控制。（卡普兰和巴尔道夫，2014：201）

教师作为整间教室里唯一的英语母语者或者至少是英语高手，居高临下地站着，而一屋子的学生毕恭毕敬地端坐着（因而处于较低的地位），他们的母语非但没有被视为他们的财富，反而被当成他们学习“更有价值的”语言的障碍。（约瑟夫，2017：56）

发展学生的母语不但不会阻碍反而会促进学生习得英语，而且，把学生的母语融入教学过程会肯定其母语文化的价值，培养他们的自信心，从而在未来取得更优秀的教育成绩，达到最佳教育目标。

（弗格森，2018：68）

重要的不是语言的存在和分布，而是特定语言交际能力的可用性、可及性与分布，比如在标准变体和读写变体方面的语言能力。赋予一位少数族群成员在公众场合说其母语的权利，这本身并不会让其变得更为强大。（弗格森，2018：134）

由于英语在全球占据主导地位，英语母语使用者获得了他们本不应得到的优势。用经济学术语来说，[英语] 母语者在享受“地租”，非母语使用者却承担了不成比例的成本，他们需要花费大量的精力与金钱去学习这一语言。（弗格森，2018：141，149）

[在全球化背景下，世界上有大量英语]“准母语使用者”，即具有接近母语使用者语言熟练程度的二语使用者，而不是英国或美国的母语使用者。（弗格森，2018：142）

呼吁英美期刊的编辑和审稿人员对英语标准语的偏离现象持更宽容的态度，支持非母语作者的“语言独特性”权利。

（弗格森，2018：144）

如果获得政治支持，编撰一套有别于如今以母语使用者为基础的标准的国际通用语标准，那就将有助于英语的“去盎格鲁化”，并使英语作为通用语的使用者拥有自己的认同，成为独立语言变体熟练、权威的使用者，并与英语使用者平起平坐进行交流。（弗格森，2018：150）

英语为非母语的双语使用者必须能够以本国变体熟练、权威使用者的身份进行自我认同和被认同，而不是被认为是英式或美式标准英语不完美的、有缺陷的使用者。（弗格森，2018：151）

根据各种估计，母语使用者在数字上不再是人口最多的使用者群体：他们即将或已经被第二语言使用者所超越，其中许多人学习和使用英语，并非为了与母语使用者而是与其他说双语的第二语言使用者或在国内作为一种国际通用语展开交流。（弗格森，2018：154）

如果英语要成为一种国际语言，那么母语使用者需要接受一个事实，即他们已经失去了控制其标准的专属特权。以英语为通用语（英语作为外语）的使用者也应该在更大程度上被赋予不同于母语使用者的独立权。（弗格森，2018：168，182）

新英语的使用对象更多是本言语社区成员，而非内圈母语使用者，试图向很少有可能与英语母语（特别是标准发音）使用者进行交际的学习者灌输母语发音标准就不再恰当了。（弗格森，2018：180）

作为通用语的英语使用的显著的共同特征，即使在标准的作为母语的英语中不符合语法，但在英语作为通用语交际中是不成问题的。

（弗格森，2018：183）

联合国教科文组织长期推广儿童应该接受以其母语为授课语言的读写教育理念，如果一个国家同意这一理念，并接受全民义务教育的原则，那么由此是否可以断定，该国应该在其领土上用每个孩子的母语来向他们传授读写能力？（库尔马斯，2018：70）

尽管1953年联合国教科文组织宣言推荐母语读写能力，但是国家语言的读写教育常常指的是以第二语言或外语为授课语言学习读写。

（库尔马斯，2018：92）

“母语”这个术语反映了语言和生物之间的紧密联系。若一个小孩的“母语”和“本族语”相同，则说明该小孩天生就属于某个社区，并与该社区具有一种有机的纽带联系。“母语”（mother tongue）与“父语”（father tongue）不同，后者是指经文语言，如希伯来语或拉丁语。

（肖哈米，2018：32）

公众会支持那些为维持强势语言而制定的教育政策，并反对保持家庭语言或社区语言的政策，他们把这些非强势语言看得一文不值。即使是移民和原住民群体也会相信这种理念，他们也把母语当成阻碍子女学习强势语言，或阻碍子女将来在学业和社会上取得成功的不利因素。

（肖哈米，2018：144）

相对于毫无权利的移民来说，国家一般都会承认原住民保持母语的权利，例如，新西兰的毛利语、西班牙的巴斯克语和加泰罗尼亚语以及以色列的阿拉伯语等都得到了承认。（肖哈米，2018：150）

如果我们不采取一些措施来消除对语言这个概念的错误理解，那么我们在探讨语言权利、母语教育和语码转换等概念时，或者在行使语言权利时就会形成同样错误的理解，而且这些错误的观念会成为所有主流语言观念的基础。（肖哈米，2018：160）

为每一种母语编写教学材料是一项巨大的工程。（赖特，2012：70）

除了宗教语言外，通用语不像母语一样拥有同样深厚的心理控制力，转用别的通用语不是跟身份而是跟实际利益紧密地联系在一起，因而可能会更迅速地发生。（赖特，2012：115）

土著居民在英国人的屠杀中幸存下来，他们被赶入居留地的畜栏中或者是被排斥在中心地带之外，只能眼睁睁地看着自己的母语和其他文化及社会结构一起遭到侵蚀。这是北美洲和大洋洲的模式。

（赖特，2012：133）

《哥本哈根建议书》（Copenhagen Recommendations）重申少数民族有自由表达，保留与发展其身份，使用母语，建立自己的教育、文化、宗教机构，承认与实践宗教信仰，用母语传播信息，建立与维持组织或者机构等权利。（赖特，2012：190）

殖民主义政策主张通过英语向少数人（大多数是社会上层精英）提供英语教育和所谓“有用的”（欧洲的）知识，然后让他们用母语将这些知识传递给其他人。（托尔夫森，2014：203）

母语者

见 母语 › P58

P

批评性语言政策

语言学及社会语言学中的批判思潮最终影响了语言规划领域，并在 20 世纪 90 年代被实实在在地整合为批评性语言政策（critical language policy, CLP）。它既是对早期语言规划工作的一种回应，也是批判理论在语言学和社会语言学领域日益盛行而带来的一个副产品。

批评性语言政策受到批判理论的影响，寻求发展更加民主的语言政策，减少社会不平等和促进少数民族语言维持。不再采取远离政治的语言政策与语言规划路径，相反，承认语言政策往往创造和维持各种形式的社会不平等，而且政策制定者通常会通过语言政策来促进占主导地位的社会群体的利益。

托尔夫森（Tollefson）在其《规划语言，消除不平等：社区中的语言政策》（*Planning Language, Planning Inequality: Language Policy in the Community*）一书中详细探讨了批评性语言政策，认为语言政策通过某些方式创建了不平等的体制，同时语言政策也会通过某些方式抵制这种不平等。该书的一些批判性思想早在瑞兹（Ruiz）1984 年的那篇文章中就已初见端倪。瑞兹认为，语言政策的话语能够以霸权方式使某些特定的理念、现状和教育形式标准化和正规化，当然随之而来也划定了他者，这一思路成为批评性语言政策一个重要的思考内容。

里森托（Ricento）将语言政策与规划学术思想史分为三个阶段：（1）传统语言规划理论；（2）批评性语言政策；（3）中间反思阶段，从 20 世纪 70

年代初期持续到20世纪80年代后期。

> 批评性语言政策将语言政策描绘成一个能够诱发不对等权力的机制，这在渗透着各种意识形态、建构着社会等级秩序、每天都在运行的语言调节机制中表现得十分明显。（约翰逊，2016：5）
>
> 彭尼库克（Pennycook）将"治理术"概念应用到语言政策与规划的工作中，这为开始实施托尔夫森批评性语言政策框架中第一方面的内容提供了一项技术手段，他在揭示政策如何创造不平等这一问题上，建议人们把关注重点从国家层面移开，"国家自然是试图将其意愿强加于民众的机构，但那些更加本地化的且往往相互对立的权力运行，实际上更值得人们关注"。（约翰逊，2016：40）
>
> 批评性语言政策已经启示人们注意影响语言政策的意识形态，并且为语言政策发展呈现了一个丰富的画面……但是，就像其所依赖的批判理论一样，批评性语言政策也因存在过于武断和过于低估行为者的能动性等问题而广受诟病；同时，由于它仅仅关注了语言规划的某个方面，而没有关注其整个进程，也常常受到人们的指责。（约翰逊，2016：41）
>
> 批评性语言政策研究需要考虑自身的话语权力。尽管阐明权力关系和机制是一项重要任务——这通常是通过专注于语言政策的权威性和征服力，消解语言政策参与者的能动性来实现的，但是，如果坚持认为语言政策一定是铁板一块，是事先蓄意谋划好的，甚至类似法西斯主义的，就会存在一定的危险。这会使人们将批判概念具体理解为对社会现实的权力消解。当然，批评性语言政策确实是一个非常值得关注的问题。批评性研究路径与其他一些专注于基层语言运动和语言政策机构的研究路径是非常兼容的，比如，语言政策的民族志研究，因为两者都致力于社会正义的各种事项，抵抗那些压制少数民族语言及其使用者的强势语言政策话语。（约翰逊，2016：42）
>
> 将［批评性语言政策和民族志语言政策］两种研究路径结合起来，就会为政策文本的研究和政策行动的研究带来一种重要的平衡，因为批评性路径关注语言政策本身的权力，而民族志研究关注语言政策实施者

的能动性，这种平衡是目前该领域迫切需要的。语言政策民族志有助于对语言政策的制定、阐释和实施等各个层面进行考察，还可以在关注话语权力的批评性语言政策和关注个体能动性的民族志研究之间取得平衡，后者可以通过创造性的和不可预知的方式来处理语言政策。

（约翰逊，2016：42，87）

批评性语言政策受到了社会理论和福柯的话语概念的影响，尝试在文本的微观分析及其产生的社会文化背景之间建立联系，或者说在文本和语境的关系之间做策划分析和递归分析，致力于社会正义等哲学理念，都对话语和权力之间的关系感兴趣。（约翰逊，2016：150）

批评性话语分析将批评语言学与福柯（Foucault）和布迪厄（Bourdieu）的观点嫁接起来，通过揭露文本内的霸权结构来捕获权力关系和文本生成的“动态”本质。批评性话语分析对政治话语的分析使统治者常作的慷慨陈词与花言巧语原形毕露，这对于非政治官员的我们来说是一场耳目一新的体验。（约瑟夫，2017：144，147）

对批评性语言政策的批判有一个核心论点：批评性话语分析本身拥有稳固的政治立场，所以无法对文本展开任何“客观的”分析，只能做出具有政治利害关系的分析。（约瑟夫，2017：147—148）

批评性话语分析的关键是通过如下方法创建一个更好的社会——曝光权力在话语上的表现途径和再现途径；以及一切限制移民或削减平权措施的立法中，多数群体运用权力压制历史上曾被它压迫过的少数群体的行为。（约瑟夫，2017：148）

如果某种形式的批评性话语分析，其效用只是使得人们在明知理想主义的历史结局情况下，却仍然在语言政策领域信奉理想主义、不采取务实的方法，那么此种批评性话语分析形式就需要修改。

（约瑟夫，2017：149）

皮钦语

见 克里奥尔语 › P51

强势语言

强势语言（prestige language），也称主导语言（dominant language; major language），指的是在人口数量、社会地位和声望上处于相对优势位置的语言。

强势语言具有较大的建构现实的能力，这种能力源于强势文化的权力。当一种语言的势能经法律途径得到人为的巩固和加强，语言关系便失去了平等基础，强势语言必然对其他语言形成压迫和挤压态势。

一般而言，强势语言在语言景观中会占主导地位。这样的语言景观反过来向社会传递这样的信息：该语言是有价值、有地位的，从而影响人们的语言感知和态度，最终强化强势语言族群的身份、文化地位的认同。

一种语言要成为各国首选外语，要成为世界强势语言，取决于多方面的因素，其中最重要的因素是两个：第一是国家强盛，特别是在经济、政治和综合国力上能居世界前列；第二个因素是国家科技、教育事业高度发展，这是在具备前一个因素条件下的关键点，特别是在经济、科技、教育上能居世界前列。

长远看，世界语言发展格局并非一成不变，随着国际人口移动、经济发展、文化交融和社会变迁，英语作为国际强势语言的地位并非不可动摇。

处于弱势地位的语言使用者通过向强势语言的迁就，能快速融入主流社会，因此，语言的选择与使用也深刻反映出社会结构及其所蕴含的权力关系。

在众多语言中，某一种语言被选为强势语言，那么这种语言的使用者在社会中也会建立并维持一种强势的感觉。很多国家的做法是，同时选择两个或三个民族的强势语言作为通用语，以避免产生民族矛盾。

> 语言推广与民族主义意识形态相关联，因此强势语言已然成了国家意图中不可或缺的一部分，同时其他语言则遭到边缘化和污名化。
>
> （肖哈米，2018：28）

当很多民族国家在划分人民和群体时，凌驾于其他语言之上的一两种强势语言就变成了压制和歧视行为的工具。（肖哈米，2018：30）

在大部分民族国家，强势语言的使用者在获取和享用公民文化和国家服务方面能够立即拥有优势。原因之一是，那些声望语言和强势语言的使用者同时也是国家行政、政治、教育和经济等方面资源的控制者。（肖哈米，2018：30）

在政体内人们会广泛接受某种强势语言及其所谓正确的、纯洁的语法形式和得体的发音。（肖哈米，2018：44）

尽管在非官方的情况下英语已然成了权力语言和强势语言，美国［还是有部分人士］为了确定英语的官方地位而发生了“唯英语运动”。这种语言运动背后的动机就是要排斥或拒绝移民，并维持主体人群的权力。（肖哈米，2018：62）

如今，在跨国和全球化的世界里，人们总是不断地在政体之间和区域之间来回穿梭，并在这样的环境下不断变换使用不同的语码和语言。然而，尽管这已经成为显而易见的语言事实，但是语言和语码的混合使用还没有得到政府的认可和合法的地位，政府依然要求移民遵守强势语言的规则。（肖哈米，2018：85）

研究发现并证明，只使用强势语言进行测试和学习以及只用新语言学习所有的专业科目都是不现实的，而且都应该被认为是侵犯学生语言权利和个人权利的行为。（肖哈米，2018：91）

人们因为没有掌握强势语言，而遭到驱逐和否认居住的合法性，这是对语言权利的另一种侵犯：事实上，无论是强势语言的知识还是任何一种其他语言的知识，都不应当被当成一个人“生存”的条件。

（肖哈米，2018：109—110）

在东耶路撒冷地区，阿拉伯语是所有语言景观标识上的强势语言。

（肖哈米，2018：125）

在一些没有把英语定为国语的国家，掌握了英语这种全球性的语言（或者掌握任何一种其他区域性的强势语言），就意味着具备了成为权力阶级的条件；那些没有掌握世界性语言的人就成了新的语言受害者和新的底层阶级，他们的参与权和代表权就被最大限度地剥夺了。这样，这些国家的人就被分成了两类：一类是使用强势语言拥有控制权的人，而另一类则是使用其他语言被边缘化和被排挤的人。（肖哈米，2018：150—151）

从语言政策来看，民主国家正在迫使移民和那些他们眼中的“其他人”进入同一种模式。国家要改造他们，使他们像本国主体人群一样，以绝对相同的方式使用“相同的”强势语言。（肖哈米，2018：154）

父母或教育者为孩子选择强势语言进行社会化和接受教育，之所以做出这样的决定是因为他们曾经被剥夺过选择权、遭受排斥以及有过丧失决定权的经历。（赖特，2012：220）

一些关于语言权的文献就把那些成为讲双语的人或那些从讲一种弱小语言转为讲一种强势语言的人看作全球化或资本主义经济化进程中的急先锋或民族主义的盲从者。（赖特，2012：223）

对极端分子的支持（即右翼政治运动）导致了大范围的反移民政策，其中包括重申强势语言在教育中的作用（如在法国、英国、澳大利亚和美国）。（托尔夫森，2014：17）

学习强势语言的权利是基于能在广大社会中获得机会并主动参与的需要。（托尔夫森，2014：70）

权宜型政策是为了帮助那些不能充分理解英语或强势语言的人，或是由于政府自身出于某些原因试图改善与少数族群语言使用者之间的关系而出台的调节性政策。（托尔夫森，2014：80）

语言工具主义认为保持多语或双语是重要的，因此可以学习除英语或其他强势语言以外具有经济价值的语言，而绝不是用该语言来取代英语。（托尔夫森，2014：175）

有人认为，英语的威胁是法国在20世纪后半叶制定强势语言政策的主要内在动力，这并非无稽之谈。（斯波斯基，2011：88）

历史上许多语言的成功传播都是依靠军事征服来实现的。[然而，]在最近的30年，人们也很难发现任何有关推动英语成为全球强势语言的运动。（斯波斯基，2011：88）

任何国家都需要发展一种强势语言，其动力是因为强势语言是国家

团结和国家身份的基础。（斯波斯基，2011：177）

印度一般有两类个人多语现象：一类是社会精英阶层的多语现象，他们通过教育一般能掌握英语和一门或几门印度语言；另一类是更加普及的民众多语现象，他们往往会使用一门地区强势语言以及一门家庭语言或民族语言。（斯波斯基，2011：196）

濒危语言就是指全世界至今所发现的大约6000种语言里被认为难以在21世纪幸存下来的语言。假如我们道听途说，那么我们当中有些人也许就会有这种担忧，即甚至一些强势语言也处在濒危之中。

（斯波斯基，2011：212）

正如爱尔兰语的复兴可以联系到19世纪晚期的爱尔兰民族运动一样，希伯来语的复兴也与犹太人于19世纪晚期在犹太人聚集区举行的民族主义运动的核心特点有关。然而，它们的结果却是大相径庭：爱尔兰语的使用状况日益萎缩，爱尔兰共和国基本上变成了以英语为主导的国家。而现代希伯来语却复活了，它具有贴近生活口语化的特点，建立自己的新标准，并发展成为一种脱离宗教特点的现代化语言。现在，希伯来语是以色列的强势语言。（斯波斯基，2011：215）

西班牙语不光是美国最大的少数族群语言，而且，也是美国境内一些老牌强势语言（例如，法语和德语）的一个代表。

（斯波斯基，2011：227）

"[语言]接触"这个词看起来并没有什么不好，但接触常常是由征服和殖民引发的，结果往往导致强势语言的传播和随之而来的弱势语言的被破坏。（约翰逊，2016：12）

语言帝国主义方面的研究工作已经做出了许多重要贡献，有利于我们理解殖民语言传播的冲击，理解霸权主义语言政策的影响，这些政策一方面推动强势语言发展，一方面边缘化土著语言和少数民族语言。

（约翰逊，2016：51）

自愿的语言同化思想比被迫的语言同化思想通常更加有力。这往往是受到一种强烈的语言信仰的影响，即认为一个人只有通过提高家庭外部的强势语言的水平才能取得较大的经济成功。（斯波斯基，2016：37）

全球英语

见 新英语 › P115

R

融入性动机

美国心理学家加德纳（Gardner）和兰伯特（Lambert）基于社会语言学理论，把英语学习动机分为工具性动机（instrumental motivation）和融入性动机（integrative motivation）。工具性动机一般称为外在动机，融入性动机则称为内在动机。

工具性动机突出的是语言作为交际工具的性能，是为了能够找到一份好工作，或者是通过某项语言考试的动机。融入性动机突出的是对目标语的兴趣，喜欢并欣赏这种语言以及它所代表的文化，希望自己能成为该群体的成员。

从学习策略上看，工具性动机学习者特别关注语言知识和应试技巧；融入性动机学习者对纯粹的言语交际技能训练不感兴趣，而对该语言的文学作品、电影、歌曲、演讲等课程特别感兴趣，表现出对融入该言语社区的向往态度和文化认同。

工具性和融入性不可避免地总是交织在一起，工具性动机很少是纯粹的，对语言的使用或许也会附带有一定的文化意义。早期的工具性动机有可能会带来语言的认同和融合的愿望，而融合性动机学习者在面临语言测试和求职压力时，也会求助于工具性动机。

工具性动机假设个体感兴趣的只是习得足够的交流能力以实现自身特定的目标，通常是与经济指标有关的目标，直接与职业和个人发展相关。而融入性动机实质是一种社交动机，促使个体为了能够融入某一特定社区而学习语言。（埃杰，2012：9，105）

因为经济原因而移民的动因是一个经济富裕、资源充足的社会的“拉进来”因素，这类移民更可能采用宿主语言，但此举的目的只是把语言作为改善生活的工具。对所有类型的移民而言，改变语言行为的动机可能基本上都是工具性的，首要目标就是增加改善生活的机会、促进个人的职业发展、提高个人经济成功的程度。（埃杰，2012：106）

语言习得的工具性动因适用于两个不同的群体：需要用英语处理大部分日常事务的移民；由于社区雇工的特点而需要掌握足够的西班牙语进行购物、与当地政府及水电气等公用事业部门打交道的宿主社区。（埃杰，2012：108）

就业前景（是一种工具性动机）经常成为向美国移民的一个主要驱动性因素。工具性的决策，即为了追求事业和社会机遇而改变自己的语言技能，对个人来说尤其重要。这些决策对他者语言特别重要：学习哪门语言？提高哪种技巧？（埃杰，2012：110，187）

在官方层次，民族的建构、身份认同的塑造以及对不公平的纠正可能是语言规划者重要的动机，但个体语言行为的动机似乎主要是工具性的：想要生存，就必须能够操用某些语言或语言变体来应对特殊的目的。（埃杰，2012：113）

虽然个人在很多情况下需要使用多种语言来实现一些工具性的目的，比如维持生计、发展事业、发出或接受指令、完成工作或只是单纯地进行信息咨询，但语言仍然保持了它们在其他方面的含义和象征性价值。（埃杰，2012：114）

入籍语言测试

见 语言测试 › P137

弱势语言

弱势语言（non-prestige language），也称非主导语言（non-dominant language; minor language），指的是在人口数量、社会地位和声望上处于相对劣势位置的语言。

“强势语言”与“弱势语言”属于语言社会学的概念，目的是为了区分语言功能的大小，这与语言结构特点的差异无关，并不含轻视弱势语言的意味。

特定交际空间内的多种语言接触必然产生强势语言与弱势语言之间的竞争。语言竞争免不了导致语言冲突和社会矛盾。例如，多语区的语言景观凸显了强势语言群体的权势，因此常常成为弱势语言群体抗议的目标。

豪根在其专著《美国的双语机制》中指出，语言接触过程中，语言借用往往发生在弱势语言向强势语言的借用。强势语言的特征会扩散到弱势语言中，在一定程度上干扰弱势语言自身的发展过程，弱势语言在短时间内会发生较大的改变，形成诸多变异现象。

在语言市场中，弱势语言处于边缘地位，拥有的文化资本较少，在场域中占据被动的位置，强势语言常常利用自身地位实施“符号暴力”。

方言岛的形成可以是弱势语言群体基于语言忠诚排斥强势语言，形成语言维持，也可以是强势语言基于社会偏见排斥弱势语言，形成语言隔离。

随着全球经济一体化、交通及传媒的现代化，以及各国城市化步伐的加快，弱势语言陆续走向濒危已是不争的事实。必须树立语言生态观，让强势语言和弱势语言和谐共存。随着世界上很多弱势语言的消失，众多的文明也不复存在了。应该建立弱势语言资源库，以保存丰富多彩的地方语言和特定语言使用者所拥有的共同文化记忆。

强势语言占据了政治、经济、教育、公共服务等所有重要领域。随着信息和传媒技术的发展，弱势语言的传统核心领域也在不断被侵入和挤占。互联网虽然为弱势语言提供了虚拟的交流空间，但是长期而言，互联网的发展将加速弱势语言的濒危化。

斯古纳伯-康格斯和菲利普森（Skutnabb-Kangas & Phillipson）提出了“语言主义”（linguicism）的概念，并称语言主义就是强势语言对弱势语言的蓄意毁灭。（斯波斯基，2011：91）

“接触”这个词看起来并没有什么不好，但接触常常是由征服和殖民引发的，结果往往导致强势语言的传播和随之而来的弱势语言的被破坏。（约翰逊，2016：12）

许多弱势语言之所以能幸存，是因为它们的使用者与外界隔绝。（赖特，2012：228）

宣布某种语言的官方地位，同时也意味着排斥其他语言，特别是这个社会中的弱势语言。在大多数情况下，我们应当给予弱势语言一定的官方地位，并把这个作为迈向保护语言权利的一步。语言官方化可以使得弱势语言的使用者拥有一些权力。这对弱势群体有利，因为如果他们的语言不是官方语言，他们就无法得到法律（如惩罚和制裁）的保障。（肖哈米，2018：63）

大多数土著语言都没有书写形式，不能提供有影响力的选择。没有明显主导地位的土著语言就会造成弱势语言民族主义，而且这也解释了为什么非洲国家将以前殖民大国的语言作为其官方语言。（赖特，2012：252）

明确的功能区分，以及对弱势语言的经济支持，都是最必要的。（赖特，2012：182）

S

上层方言

见 方言连续体 › P20

少数民族语言

英文中的 minority language 或 languages of ethnic minorities，一般译为“少数民族语言”。有学者建议采用“小族语言”这一较为中性的译法，试图覆盖所有相关人群。狭义的“少数民族语言”仅指获得国家认可的世居民族语言，而广义的“少数民族语言”则覆盖所有弱势语言，包括外来少数族群的语言，如（已入籍）移民语言、侨居族群语言、难民群体语言、客工群体语言、流动族群（如吉卜赛人）语言，等等。到底是用“少数民族语言”还是“小族语言”，或是“少数人语言”，需要根据不同语境进行判断。

> 欧洲较少使用语言管理局（European Bureau for Lesser-Used Languages）只给遴选出来的欧洲少数民族语言提供部分支持。而且，这些少数民族语言尚未享有官方语言或工作语言的地位。（斯波斯基，2011：137）
>
> 最近，语言权的享有范围已经扩大到少数民族，乃至许多国家都存在的移民聚居社区，这就增加了语言权的复杂性，并使移民社区的语言权问题更具争议性。（斯波斯基，2011：134）
>
> 欧共体的老成员国在选择和界定什么语言才是他们认可的少数民族语言或地区语言时，表现出谨慎的态度；它们对移民语言被认可为本国少数民族语言的做法持反对态度。（斯波斯基，2011：137）
>
> 以前，地区语言或少数民族语言是指在某一国家的领土范围内被该

国的国民长期所使用的语言，使用这些语言的国民形成了族群，这些族群在人口数量上比该国的其他人口要少，并且这些语言也不同于该国的官方语言。地区语言或少数民族语言既不包括官方语言的各种方言，也不包括移民语言。 （斯波斯基，2011：138）

《关于少数民族教育权利的海牙建议书》提出，少数民族成员在习得国语的同时，也应该最大程度上享有学习各自母语的权利；要维护少数民族建立自己独立的教育体系的权利。该建议书还呼吁少数民族的小学生最好接受用自己的少数民族语言作为教学媒介语的教育，即使不能实现这个目标，起码也要在此阶段实施少数民族语言和国语并行教育的方针。 （斯波斯基，2011：142）

《关于少数民族语言权利的奥斯陆建议书》（Oslo Recommendations Regarding the Linguistic Rights of National Minorities）专门处理少数民族在以下方面享有母语使用权的问题：个人名字的选择、宗教活动的举办、组织机构的建立、媒体的运作、私企的运行等。该建议书指出，在少数民族语言的使用者达到一定数量的地区，应当提供用该少数民族语言进行的行政服务和公共服务。该建议书赞同少数民族持自己的语言参与独立国家机构的活动（例如，人权委员会和专门调查官员舞弊情况的政府组织）和司法活动，并支持少数民族对刑法机构所提出的合理要求：刑法机构必须招募能够用少数民族语言处理少数民族刑事犯罪案件的工作人员。 （斯波斯基，2011：142）

因此，如果社区开设双语课程或双语学校，宽容性取向的语言政策可能会将当地语言视作一种资源或者一种人权；然而，如果社区旨在通过学校教育根除他们孩子的少数民族语言，这一做法就使其转变为“语言属于一种问题”的态度取向。 （约翰逊，2016：37）

地方对于教育工作者和社区成员如何制定本地语言政策以及如何阐释和援用宏观语言政策都有自己的理解，这些都可以给少数民族语言及其使用者赋予一定的权力。 （约翰逊，2016：51）

欧洲议会通过了《欧洲区域或少数民族语言宪章》，以便在教育中促进少数民族语言的使用，而法国宪法委员会却根据宪法第一条禁止在

法国通过该宪章。（约翰逊，2016：67）

对少数民族语言的政治挑战是，主体民族语言历来被看作实现现代化的一种工具，而少数民族语言则被视作文化和传统的载体。

（约翰逊，2016：125–126）

宽容性语言政策允许社区发展私立语言学校之类的设施，不去干涉。宽容导向的语言政策也可能表明对少数民族语言和土著语言传播与使用的隐性接受。（约翰逊，2016：232）

在捷克斯洛伐克时期，斯洛伐克语长期被作为少数民族语言对待，尽管与捷克语基本没有多大差别。（埃杰，2012：78）

很多国家接受了1992年《欧洲区域或少数民族语言宪章》，签署国被要求保护和发展这些语言。（弗格森，2018：10）

康明斯（Cummins）的假说认为：以少数民族语言授课可以有效发展对该语言的掌握能力。在充分接触和有动机驱动的条件下，这种语言掌握能力能够转移至主流语言。（弗格森，2018：62）

"英语+"（English Plus）是一个支持多元主义的联盟，它呼吁给予少数民族语言群体权利，主张维护和学习少数民族语言及英语，因而称为"英语+"。（弗格森，2018：67）

这时就出现了个人选择与集体选择的问题，其心理模式如下：如果一个人出于文化和认同考虑决定把这种少数民族语言传递给其子女，而同社区的其他人传递的却是主流的、更具经济优势的语言，那么他的子女将可能成为一个双重失败者。（弗格森，2018：76）

操持濒危语言的人群往往对于废除自己的社区语言的后果并不知晓，也未能意识到学习主流语言和保持少数民族语言可以并行不悖。

（弗格森，2018：83）

少数民族语言越是与就业、晋职、财富相联系，它的价值就越有可能被认可。（弗格森，2018：88）

在欧洲语言衰落和语言复兴的其他一些例子中人们常常会遇到相同的因素：有的少数民族语言使用者强烈依恋祖辈的语言并因此愿意支持使用这一语言；有的少数民族语言使用者与祖辈的语言没有强烈的认同

感，因此更可能转用另一种更有优势的语言。 （弗格森，2018：109）

现代国家支持单语主义思想，并通过合法语言把读写能力传授给平民百姓，但少数民族语言主要被看作国家统一和政治和谐的威胁。国语是进步的标志和工具，而地区方言和少数民族语言被看作过去残留下来的，因此也被变成了过去残留下来的。它们被描述成粗野、野蛮，比古典语言和现代文学语言低一等。 （库尔马斯，2018：68—69）

《欧洲区域或少数民族语言宪章》声明其目的是：尽可能合理地确保区域或少数民族语言在教育和传媒领域的使用，并允许它们在司法和行政领域、经济和社会生活以及文化活动中使用。（库尔马斯，2018：69）

为什么政府回避或拒绝用少数民族语言作为授课语言的读写教育？原因有缺少资金、缺少教学材料和师资以及意识形态等。

（库尔马斯，2018：70）

母语读写能力除了它所宣称的教学上的优势，还被许多人看作对面临压力时少数民族语言的一种保护。 （库尔马斯，2018：71）

瑞典、德国和欧洲其他国家的库尔德语是一个移民少数民族语言，没有统一书面标准的例子。 （库尔马斯，2018：72）

同一种语言，有时候在某一民族国家是享有很高地位的国语，但在其他国家很可能却是根本无身份可言的少数民族语言。

（肖哈米，2018：36）

确定某些官方语言的过程往往是专制的；有时又体现了各种政治、社会和经济方面的意图：当人们把少数民族语言看成一种威胁的时候，甚至是当主体人群宣布他们自己的语言为官方语言时，他们是想隔离那些与他们不同的人。 （肖哈米，2018：62）

语言从业者（尤其是关注少数民族语言权利的学者）除了使自己变成语言行动者之外，别无选择。语言研究者和语言实践者总会试图规避那些政治的因素，这一点可以理解。但是，当今从事少数民族语言教育的工作者却不能避开政治的影响。 （肖哈米，2018：165）

在民族主义意识之下，人们对使用其他语言的人可能采用从嘲讽到惩戒等多种制裁方式，这制约了少数民族语言的发展。（赖特，2012：43）

由于旧的国家民族具有中央集权和民族同化的传统，政府并不可能鼓励其区域内不同族群的独立发展，所以在他们的国家教育体系中并没有少数民族语言的发展空间。（赖特，2012：64）

有意思的是，在国际社会中，法国政府是多样性最热烈的拥护者之一，却决定不批准《欧洲区域或少数民族语言宪章》。

（赖特，2012：127）

国家政府可能拒绝用少数民族语言提供国民教育，那样做意味着在行使一种社团权利，而这种权利，无论少数民族成员愿意与否，都会制约他们的教育。（赖特，2012：178）

善意的忽略政策以及伴随而来的对社团差异的忽略，实际上就是在支持使用统治阶级的语言——如果这种语言不能为人们接受，就会出现对少数民族语言的一些保护做法。（赖特，2012：181）

语言自由权很大程度上是象征性的，这些权利包括使用自己的名字，在公开场合显示自己的私人信息和用少数民族语言设置路标。在公共场所如在行政或者教育场所使用少数民族语言被奉为理想，但是却没有具体的实施计划。（赖特，2012：186）

《欧洲区域或少数民族语言宪章》鼓励在教育和媒体领域使用地区或者少数民族语言，也敦促在司法与行政、经济与社会生活以及文化活动中使用这些语言。签署《宪章》的国家必须同意在这些领域使用少数民族语言并且使用它们行使起码的职能。在使用少数民族语言方面，《宪章》是立法上的显著进步，因为它不仅包含了反歧视的条款，而且还开始积极鼓励引入、使用和维护这些语言。（赖特，2012：186）

欧盟在促进少数民族语言权利方面已经初见成效，从起初温和地表态支持少数民族文化遗产到如今在反歧视方面采取强有力的政治支持，已经发生了重大的态度转变。（赖特，2012：189）

如果少数民族语言能够用于商务和产业，该语言就是一种经济资产，成为其他语言使用者想要学习的一种语言。（赖特，2012：227）

少数民族语言和通用语的竞争从本质上不同于国家语言和少数民族语言之间的竞争，理由是前两种语言的功能比后两种语言的功能界限更

> 清楚。学习和使用更为广泛的交际语言不同于学习和使用国家语言。两者或许都是超越的行为表现，可以让其个体跨出原有的民族。
>
> （赖特，2012：240）
>
> 在 78 个确定了一种官方语言或国语的国家中，有 32 个国家修改了本国宪法中原先措辞强硬的申明，增加了保护本国其他少数民族语言、原住民语言或土著语言的条款。（斯波斯基，2011：15）
>
> 由于法语的霸权地位被写进了法国宪法，并通过法律得到实施，所以法国不愿在《欧洲地区语言或少数民族语言宪章》上签字。法国政府对此行为的解释非常明确：法国不同意把集体权授予少数语言使用者，或者说，法国不想弱化法语在宪法中的地位。（斯波斯基，2011：76）

（参见：土著语言）

社区语言

“社区语言”（community language）与“母语”（mother language）概念相当，主要用于澳大利亚。有学者指出，只有所针对的是单语类型的单一民族乡村社区，社区语言才具备了“母语”含义。“母语”是欧洲各国普遍采用的一个术语，联合国教科文组织也将每年的 2 月 21 日设立为“国际母语日”（International Day of Mother Language），但使用“母语”一词在美国却是“政治不正确”。在美国这个由移民组成的国家里，只有“双语教育”和“英语教育”，但没有“母语教育”。在北美，与“母语”概念相当的是“祖传语”，亦译为“传承语”。

> 当代民族国家的一个重要特征就是对不同群体的认可，尤其是认可那些生于本国，但家庭语言和社区语言不是国语的人。
>
> （肖哈米，2018：36）
>
> 这些社区语言表达意义的独特方式所呈现的洞察力，如果伴随语言一同丧失，对整个人类而言都是一种损失。（赖特，2012：66）

即使是以英语为母语的人也有非常明确的精通两种方言的需求，以便在第一语言复杂性方面保持他们自己的社区语言，同时也能学会使用国际英语进行有效的交流。（赖特，2012：241）

就像我们不把语言的书写形式看作对口语形式的威胁一样，如果语言的角色具有明显的分工，通用语就不应该侵犯社区语言。

（赖特，2012：243）

［美国］一些德裔人口众多的州（如俄亥俄州和宾夕法尼亚州）一度允许公立教育使用德语或德英双语进行教学，但是就大部分而言，用社区语言开展教育主要是靠当地和私人来进行。（托尔夫森，2014：80）

“效用最大化”原则就是考虑用社区民族语言教育孩子所付出的代价和所获得的收益。事实上，问题也就变成了与使用像英语这样交际范围更广泛的语言教育孩子相比，用社区语言教育孩子是否在实质上更有收益。（托尔夫森，2014：175）

全球化一方面会威胁到社区语言的生存，另一方面，它也有可能通过与自身相关的新技术，来提供这些语言保持的手段。

（托尔夫森，2014：313）

双言制通常是在社区语言无法与强势群体所说语言变体相竞争的领域，以提供明确的有区分的社会功能形式来保护各种社区语言。

（托尔夫森，2014：314）

当某些语言变体的经济价值表现得非常有限时，该社区的语言使用域就会受到持续的侵蚀，特别是当双言制限制了这些社区语言，以至于学习这些语言的机会也随之变得十分有限时，侵蚀情况更加严重。

（托尔夫森，2014：315）

社区语言规划

社区是连接家庭和整个社会的纽带，为孩子的语言发展提供了实践环境，为语言复兴提供了社会经济基础，为语言传承提供了社会网络，为语言活力的保持提供了社会场所，在语言规划中具有其他主体所无法替代的作用。

为了更好地体现语言规划的实践性、整体性和系统性，语言规划必须基于社区，进行社区语言规划（community language planning），不能因为只关注狭小的家庭空间而忽视了对整个社区语言生态和语言生活特征的研究。语言规划应关注到更大层面的社会行动者的活动，即试图影响整个社区语言环境的那些活动。

社区具有层次性。语言规划就是面向不同层次的社区规划，目的是为了解决社区语言生活的所有问题，包括语言生态、语言传承和语言权利等。保障语言权利必须依赖社区的力量，因为单个家庭很难争取到其所诉求的语言权利。

儿童社会化过程中，在家庭内部和在社区有着不同的双语使用情形，而家庭外部环境对儿童语言发展的影响比家庭内部环境更为重要。例如，如果社区内存在语言歧视，则会严重妨碍儿童的双语发展。这时候，尽管儿童在家庭里表现出学习母语的愿望，但由于在社区经常因语言问题而受到嘲笑，他们便会对该语言产生恐惧心理，敬而远之。相反，如果社区是一个和谐的多语环境，则儿童可以借助社区语言资源，自主塑造语言学习环境，积极展现家庭言语互动方式。

家庭对祖传语维持尽管有很大影响力，但是没有社区的支持，无论家长多么努力，儿童的语言维持都难以成功。移民社区尤其如此。

社区综合了语言互动、语言认同、语言声望、语言资源等有效因素，具有实践性和整体性，能够映射社会语言冲突，反映国家语言政策，影响家庭语言规划，因此，应该大力倡导基于社区的语言规划研究。当前的家庭语言规划研究应该考虑家庭—社区之间的联系和互动，因为脱离社区的家庭语言规划研究，肯定是不完整不全面的，既缺乏广度又缺乏深度。

“自上而下的语言政策”和“自下而上的语言政策”之间的区别通常被描绘成“国家语言政策”和“社区语言政策”之间的区别，这其实未能反映影响语言政策决策的多重情形。

> 学校域对于言语社区语言政策的发展至关重要。
>
> （斯波斯基，2016：339）

瑞安和贾尔斯（Ryan & Giles）提出了多数社区语言行为的两种主要“动力性态度”。他们把其称为地位（status）和凝聚（solidarity）。

（埃杰，2012：10）

这些权利也许不会妨碍该语言群体或个人与宿主语言社区（host language community）之间的互动或者阻碍他们融入宿主语言社区，也不会限制宿主语言社区及其成员在该语言社区领域内的公共场合完全使用该社区语言的权利。（埃杰，2012：37）

仇外派、精英派和人种学派语言纯洁主义的动机也被加以利用，依此制定相应策略来保持社区语言不受外来因素的侵蚀、防止语言因被低等社会阶层使用而降格以及防止语言遭受城市方言的污染。

（埃杰，2012：154）

事实上，少数族群社区语言规划的一个主要动机，就是纠正或者至少减少这些社区在国内所遭遇的不公平、不公正或者不平等。

（埃杰，2012：158）

该动机由负面评估引起，这种评估不是针对社区语言和多数或周边有权群体语言比较的结果，而是针对社区语言在各个领域的使用情况做出的评估。由此产生了相关的判断，即如果能够采取一定措施，社区语言可以和多数语言一样好。这就激发了一系列举措试图去控制、改进或者完善新词以及语言表达新生社会现象的能力。（埃杰，2012：162）

然而，联邦为语言规划所提供的资金的的确确显著拓宽了澳大利亚语言教学的选择面，保证几乎每个学生都学过一段时间其他语言，支持了教师发展和课程资料的编写，尤其是那四种亚洲语言获利良多，当然，对其他语言和社区语言教学的支持也未间断。

（卡普兰和巴尔道夫，2014：169）

[澳大利亚的] 社区语言（北美称为“祖传语”）是最先得到联邦政府专款资助的语言之一。民族学校项目的首要目标是维持非英语背景学生的语言和文化，次要目标是提高所有学生对不同社区语言和文化的意识，增进他们的理解。曾经以此为名开展的许多语言活动如今通过民族学校开展。1992 年，社区语言项目（代替了民族学校项目）以州为单位，

通过一揽子拨款强制实施。（卡普兰和巴尔道夫，2014：177—178）

批评人士一方面承认确实需要在课内外开展社区语言教学，另一方面，对于这些项目显现的教育缺陷（没有正式的课程安排，没有合适的教学材料，教师也没有经过正规培训）也深表忧虑。

（卡普兰和巴尔道夫，2014：178）

立法文件定义的“社区语言”通常被理解为包含原住民语言，但原住民语言并没有因此得到一分钱。（卡普兰和巴尔道夫，2014：178）

目前，仅仅受过培训部培训的社区语言教师不能在公立学校教书，这项政策对这些教师非常不利，主流学校也没有提供社区语言教育。

（卡普兰和巴尔道夫，2014：178）

公共场合存在社区语言，当有非英语使用者在场时，代际传授、父母子女之间使用社区语言交流变得更加合理应当。过去 20 年，人们一直使用社区语言，使用者不为此感到歉意，其他人也不会对此提出批评，这就是澳大利亚主要变化之一。（卡普兰和巴尔道夫，2014：188）

教会希腊语、希伯来语和古阿拉伯语，无疑对于现代希腊语、希伯来语和阿拉伯语作为社区语言起到支撑作用。

（卡普兰和巴尔道夫，2014：190）

这一案例对语言复兴规划有明显的启示：如果社区语言使用模式有其社会经济基础的话，那么复兴工作就应该与社会和经济政策领域联系起来。（弗格森，2018：88）

如果学校教育不与家庭传递这一关键纽带联结，或不与校外社区语言使用联系的话，双语教育就不一定能保证语言复兴。

（弗格森，2018：110）

如果政策规定以学生入校时不说的第二语言为教学媒介语，这一情形可能导致教师设计的课堂教学不以官方政策为标准。这些教学方法的选择出于教师自己对课堂和社区语言使用的理解和偏好以及对学生语言需求的感知，还有相对于学生的教师身份表现。

（约翰逊，2016：72）

声望规划

哈尔曼（Haarmann）提出了语言规划中的“声望规划”（prestige planning），指为了提高某种语言的社会声誉和知名度而进行的规划。他指出，地位规划和本体规划的失败常常是因为对声望规划的忽视。

埃杰（Ager）进一步区分形象规划（image planning）和声望规划（prestige planning），认为前者是身份建构和巩固的一个阶段，更具长期性和理想化，后者是对语言态度的变革，是以短期的政策为导向的。

> 声望规划指的是有关形象（或声望）的目标，为促进语言发展、使之易于思考而创造和维持稳定的语言环境（或语言生态）所需的地位必须达到这样的目标。声望规划包括鼓励使用特定的语言形式，[通过政府、机构和名人树立语言的形象，包括在关键语言区域推广语言的使用，] 以便该语言在重大而庄严的场合得到充分发挥。声望规划范围广泛，可能涉及本体规划、促进语言功能发展以及向政府建言献策。
>
> （卡普兰和巴尔道夫，2014：248—250）
>
> 在商业生活中增加该语言的显现度，或以官方形式使用该语言，不仅为使用该语言提供了机会，也使语言重新获得权威，增加声望。
>
> （格兰，2020：75）

世界英语

见 新英语 › P115

世界语

世界语（Esperanto）是波兰的柴门霍夫博士在印欧语系基础上发明的一

种人造语言，旨在为不同语言人群之间的交流提供便利，促进国际联系。世界语和伊多语（Ido）都是近代的人造语言，历史都只有100多年。

世界语虽然是一种国际辅助语言，也是一种最不具民族主义色彩的国际辅助语言，但从现实来看世界语对解决国际组织的语言问题也无济于事。

世界语经常在科学会议上被使用进行话题的讨论。由于其具有规则性和高产出性，与其他语言相比，学习世界语要快得多。尽管它主要来源于欧洲的基本词汇，但由于具有系统性，跟其他欧洲语言相比，非欧洲人学习世界语更容易。精通世界语可以让其使用者认识各种不同文化和语言背景的人。

> 国际组织几乎没有认真考虑过规划一种语言，一种不和特殊力量联系的中立语言，一种任何人都容易学会的语言。因为世界语没有被认真考虑过为什么能够代替“自然”语言，所以它有可能遭受否决。
>
> （孔特劳等，2014：25）
>
> 如今人工语言，如世界语，完全得不到认同，其拥护者多次请求欧盟接纳它为工作语言，却总是遭到拒绝。
>
> （赖特，2012：167）
>
> 但在国家的层面上，在争论世界人口命运的政治机构中，缺乏政治影响力无疑是世界语的主要缺陷。只有强大的国家才能要求他们的语言具有“官方”地位。
>
> （孔特劳等，2014：26）
>
> 世界语提倡者认为人工制造的语言有一个优点，即作为一项理性的发明产物，它不会像自然语言那样随时变化，后者不过是些古板的不理性产物。（约瑟夫，2017：40）
>
> [世界语的拥护者]倡导某种“全球”或世界性的政治活动可以使用某种通用语，但“忽略了人们用母语进行表达的兴趣。语言是人类身份认同的基本标志之一，因此人们把任何对母语公共地位的否认都视为对其身份的攻击”。（里森托，2021：29）
>
> [世界语]能够保证在相对公平的基础上进行直接国际交流（因为它是一种所有人都不懂的语言）。（里森托，2021：97）

尽管世界语的教授和学习已长达一个多世纪，而且无疑比任何其他的人工构造语言更受欢迎，但是世界语全球言语社区的人口结构却颇为失衡：全世界大约有 300 万世界语使用者，其中四分之三在欧洲；世界语使用者往往是年龄偏大、受过高等教育的男性，他们已经掌握了许多其他语言。（里森托，2021：223）

手语

手语（sign language) 是一种结构化的具有象征特性的各类手势动作的集合，是聋人进行交流的主要手段。手语通过使用手的指式、动作、位置和朝向，配合以面部表情，在三维空间中按照一定的语法来表达思想。

进入 21 世纪以来，手语获得较广泛的承认，涉及或针对手语的语言政策逐渐展开，由习得规划到本体规划，直至地位规划的最高阶段（即手语立法）等。手语政策和该国的总体语言政策及国情是相适应的，即手语立法是在该国总体的语言政策框架下考虑的，立法情况的差异主要受各国总体语言政策大框架以及对手语认知进步程度的影响。

按照瑞兹提出的三种语言规划路径，手语语言政策也可以分为三类：把手语看作障碍、把手语看作权利和把手语看作资源。1987 年，第 10 届世界失聪人群联盟大会通过了一个决议，要求各国认可“本国失聪人群所使用的各种手语”，并把这些手语作为失聪人群“享受直接交流权利的一种自然语言”。现在，世界各国失聪人群所使用的手语都逐渐地获得了本国政府的认可。美国许多州立大学都把美国手语作为一门外语来对待，新西兰以及一些其他国家把手语作为一种官方语言来看待。1991 年，《澳大利亚的语言：澳大利亚语言和读写政策》承认澳大利亚手语（Auslan）为英语以外的一种语言，拥有独特的亚文化和独特身份。

手语研究，除了涉及手语的地区变异和社会变异、手语测试、手语翻译、手语识别，探讨手语的认知本质和社会心理因素以外，还十分关注手语的语言态度，以及手语语言政策与规划，包括手语的标准化、手语词典的开发和手语术语的精细化。最新开展的手语识别研究旨在提供一种准确而有效的识别机制，能够将手语翻译成文本或者语音，使得聋哑人和健听人之间可以交流。

人们已发展出各种手语文字系统，但目前手语文字未取得很大进展，这是因为聋人社区并没有对此表现出很大兴趣，也因为没有很多文献资料，还因为推动任何新标记法都很不容易。（库尔马斯，2018：125）

根据《民族语》（*Ethnologue*）杂志资料统计，冰岛有 1.6 万名听力障碍者，这些人或许都懂得根据丹麦手语创建的冰岛手语。另外，英语和丹麦语（Danish）在冰岛的使用范围也很广泛。（斯波斯基，2011：71）

哥伦比亚于 2000 年要求教授失聪学生的教师应该懂双语——西班牙语和哥伦比亚手语。（斯波斯基，2011：163）

失聪人群与手语教育通常难以成为人们在处理语言政策问题时所考虑的内容。失聪人群的教育始于 18 世纪晚期的法国。第一所聋哑学校是由托马斯·高乐戴（Thomas Gallaudet）建成的，时间是 1817 年，当时学校只教授法国手语。美国开设了许多聋哑学校，而且随着美国手语（ASL）的发展，这些学校都开始使用和教授美国手语。然而，20 世纪末，国际聋哑学校教师大会要求各国对本国的语言政策进行修改——增加为失聪人群提供口头语言教育的内容。手语以前都是难登大雅之堂的东西，只是到了 20 世纪 60 年代聋哑学校的教师才再次认识到手语是人类所有交流方法中的一个组成部分，它结合了手势和口头语言。20 世纪 80 年代，越来越多的人认识到，应该把手语当作教学媒介语的一种。欧洲委员会目前已经拒绝了把手语作为少数者语言来看待的建议。

（斯波斯基，2011：176）

失聪儿童的教育问题是一个关键的政策问题，人们对该问题一直争论不休的关键在于：学校是为失聪儿童提供手语教学，还是为失聪儿童提供其他技能的教学，例如，唇读（lipreading），以使他们能够看懂当地的标准语言。自 20 世纪 70 年代起，人们采用的方法一直是口语与手语相结合。但是，在世界许多地方，人们把手语作为教学媒介语来使用还只是最近的事情。开始认可失聪人群权利的机构和国家，有时也为失

聪人群提供翻译服务。（斯波斯基，2011：176）

手语标准化的工作往往是由听力正常的人来进行，其结果是导致各种带有地方特点的自然的手语变体丧失殆尽。澳大利亚创造了一套全国统一的手语——澳大利亚手语以供本国所有的外来失聪人群（不管他们原先使用什么手语）学习和使用。同样，南非也正在开发一种全国统一的南非手语以供南非 12 个不同手语社区的成员习得和使用。上述例子说明，正如追求全国语言同质性的压力影响着各种口语变体一样，它也同样影响着各种手语变体。（斯波斯基，2011：177）

新西兰 1987 年颁布《毛利语言法》（Maori Language Act），宣布毛利语、英语、新西兰手语一道成为新西兰的三种官方语言。

（约翰逊，2016：48）

政府和教育部认识到，我们的文化多样性是一种宝贵的国家资产，因此政府和教育部的任务之一就是倡导多语性的政策，促进各种官方语言的发展，提倡尊重国内所有语言，包括南非手语和南非宪法中提到的语言。（约翰逊，2016：172）

今天，[人类] 有大约 7000 种口语和数以万计的手语。此外，世界上大约还有过半的语言和大部分的手语有一万左右的使用者，而且这些语言大部分仅在一个国家中使用。（孔特劳等，2014：140）

1880 年，世界失聪者的听觉教育家们在米兰会议上得出结论，教育失聪儿童最有效的方式是通过口语，不使用手语。这一“专业”的决定阻碍了手语的使用。失聪群体被告知为了他们的利益而不使用他们的手语。因此有很长一段时间，使用手语被认为是一件令人羞耻的事。但是，失聪者仍然在他们群体中间使用手语，但只是偷偷使用。大约 70 年后，一位杰出的美国语言学家比尔·斯托科（Bill Stokoe）和他的同事第一次尝试重新恢复手语的社会地位。从那时起，手语使用的恢复以及公众对手语和失聪者的接受在世界范围内取得了很大的进展。

（孔特劳等，2014：209）

甚至在 1998 年，匈牙利宣布独立的八年之后，认可手语的教学理念仍没有改变失聪者教育家们（大多数人本身是听力正常的人）坚定的立场。我没见过在世界任何其他自由国家，失聪者会如此容易地被少数听力正常的教育者作为少数族群来控制和对待。因此在匈牙利，手语获得官方的认可具有特殊的意义。

（孔特劳等，2014：210）

在习得手语前开始教失聪儿童学习口语是毫无意义的。推迟手语的习得过程也会耽误他们最初的社会化过程和其他的早期发展过程。

（孔特劳等，2014：211）

手语是一个非常有用的媒介，任何的语言输入都可以通过它转达给失聪儿童，尤其是 5 岁以下的儿童。手语可以在年幼时通过视觉习得。与之相比，我们不能期望如此年幼的儿童能专注于长时间的嘴唇运动。

（孔特劳等，2014：212）

因为语言和它的使用者是紧密相连的，对手语持有否定态度的老师反映了他们对失聪者的态度。如果老师坚持认为仅仅通过听觉和话语才能实现人的全部潜能，这种态度必定会对失聪儿童的个性发展产生负面效应。（孔特劳等，2014：213）

在最初几年，只有手语可以让失聪儿童获得可衔接的语言输入，它是语言能力发展的基础，是促进心智发展的前提。

（孔特劳等，2014：214）

高等教育阶段的语言权利也可以通过对手语译者的适当培训得到支持。（孔特劳等，2014：218）

对手语的认可并不会成为一种威胁，而是为聋哑人的双语教育做好了准备，这将会减少聋哑学生与听力正常的老师及其他人之间的文化冲突。（孔特劳等，2014：218）

南非正在考虑把南非手语提升为它的第 12 种宪法语言（constitutional language）。现在人们普遍认为政府民政部门应该为失聪人群提供手语翻译的服务。（斯波斯基，2016：10—11）

虽然学校教育在聋哑孩子的语言社会化过程中依然起着重要作用，然而，听觉专家强烈反对手语，20 世纪 60 年代末，他们建议家长不要将孩子送入聋人俱乐部。（卡普兰和巴尔道夫，2014：183）

> ［人们］发明单手或双手手指拼写的系统，使其能够表达人名、地名及科技术语，这些发明创造也被吸收进每一种手语中，这一点和其他语言吸收专门用语是一个道理。（卡普兰和巴尔道夫，2014：183—184）

> 澳大利亚手语 20 世纪 30 年代实行标准化，以便开展口译员的培训（以伦敦手语公约为基础）。（卡普兰和巴尔道夫，2014：184）

> 澳大利亚手语实行了标准化。手势英语不再那么受到关注，奠定了澳大利亚手语双语教育的基础，口语教学法被取消。和非英语背景的移民学生一样，以澳大利亚手语为第一语言的聋人学生也开始学习书面英语，以便后来能够学习专为他们改造的正常学校课程。
>
> （卡普兰和巴尔道夫，2014：184）

> 一般来说，手语不仅仅是再现现存语言的一种技术。新西兰手语不是英语的另一种再现形式，它是一种与英语迥然不同的具有独立完整性且功能齐全的语言。新西兰手语的教学未能纳入教育系统（一些特殊的高校专业除外），聋人群体极端受孤立。
>
> （卡普兰和巴尔道夫，2014：200）

书面语

书面语（written language）指的是言语社区出于非即时交际目的，以文字符号为载体的语言。在语言本体规划中，通过用固定的形式替代可选语言变体，创立统一的书面语言变体，其终极目的，借用豪根的经典名言，就是用最小的形式变化达到最大的功能变化。

安德森认为，书面语言和由它带来的产品，如报纸、小说等，在民族意识的形成中极为关键。在各种文化当中，无论口语有多大的差异，只要书面语相同，人们就认为他们使用的是同一种语言。即便在书面语历史十分悠久的国家，如果该书面语传统倾向保守——这正是书面语的本质特点——那么随着时间推移，语言变化也将会导致言文脱节的双言制现象的出现，只不过人们依然将两者视作同一语种。

两种方言如果因为语言距离近而不能成为独立的语言，那么可以通过在书面语中有意培养形式差别来弥补。例如，塞尔维亚语和克罗地亚语原来都是南斯拉夫的内部语言，彼此互通，两者的差异程度接近英语中的不同方言，小于汉语的方言。但南斯拉夫分裂后，它们成为不同国家的语言，并在书面语发展过程中，均刻意拉开相互之间的形式差距。朝鲜一直致力于净化其朝鲜语和书面语（训民正音），主要是从朝鲜文字中清除汉字，创造朝鲜语词取代中朝（Sino-Korean）语词。

> 书面语的发展总会带来差距的扩大，有时候还会创造差距，不只是与其他相近方言越来越不同，甚至还会与其基础母方言渐行渐远。
>
> （约瑟夫，2017：29）
>
> 金日成要求，今后的词典编写工作要本着独立的原则，不到万不得已，不使用外来词，而用“母语”词汇代替，以便实现口语、书面语的统一，推广易懂易记的词汇，代替佶屈聱牙的外来语词汇。
>
> （卡普兰和巴尔道夫，2014：50—51）
>
> 语言缺少书面形式可能会导致濒临消亡，而创造书面语则可以有效预防这一灾难。但书面语的创造是带有政治性的，因为书写系统代表着一种文化借用，有时会被视为一种文化入侵、文化殖民。
>
> （约瑟夫，2017：30）
>
> 对文盲而言，书面语成为一道难以逾越的障碍。因此现在人们主张，读写是人们都应享有的一项人权。（库尔马斯，2018：1）
>
> 在日本，有关书面语的语言政策至今仍带有民族主义、保守主义的观点，这些观点试图保留日语复杂的两套音节表（假名）、越来越多的汉语表意文字（汉字，这些文字一般对应一种以上的日语发音）、拼音文字（即罗马字）以及数量渐增的西方外来词（比如英语词汇，大都只用罗马字拼写）。（埃杰，2012：60）
>
> 在明治维新之初，日本人对语言问题还是很关心的，原因有两条：书面语内部存在巨大的文体差异，越来越多的学术文章大量使用汉字，导致大部分日本人看不懂书面语（朝鲜和韩国也有类似的问题）；口

头语存在巨大的方言变异，而且，书面语和口语之间也存在巨大差距。

（卡普兰和巴尔道夫，2014：27）

发展标准毛利书面语是发展标准毛利语的一部分。但有些毛利语使用者认为毛利语是一种口语，不该具有书面形式。

（卡普兰和巴尔道夫，2014：197）

书面语言在消除口头语言变体的种种要素方面存在着持续的影响——特别是口音，但也包括音质、语调等，而这些对于信息传递和身份解读十分重要。（约瑟夫，2017：50）

贵族和工人都不需要教育来保持自己的地位；两者都不需要像中产阶层那样不得不担心自己的语言，特别是那些因掌握标准书面语和口语而谋得地位的中产阶层。（约瑟夫，2017：53）

少数族语言的表现形式可能纯粹是地方性的，也可能是少数族语言的标准形式，两方面均包括口语和书面语。（约瑟夫，2017：65）

[起初，] 大家普遍认为不存在标准发音，有的是享有或多或少声望的口音；当转为书面语，特别是印刷英语时，标准的概念才最为清晰。

（弗格森，2018：175）

家庭使用的语言通常都是口语化的，而几乎所有学校的语言教育都旨在提高学生书面语言的读写能力。母语教育的提倡者很少考虑到这一事实。他们认为，家庭语言的变体既然与书面语言具有同样的名称，它们事实上就是一样的。（斯波斯基，2011：55）

在决定选择书面语而非当地口头语作为本国官方语言的国家中，埃及是先行者。20 世纪初，埃及教育部试图用阿拉伯语来取代英语作为学校的教学媒介语。（斯波斯基，2011：158）

公共标识只反映了书面语言，而未能体现口语的使用特色，因此，公共标识提供的有关社会语言现实的图画具有很大的狭隘性。

（斯波斯基，2016：107，338）

布龙菲尔德指出，文字发明的历史并不长，只在几个言语社区使用了较长时间，而且限于少部分人；在整个历史时期，所有语言几乎都是文盲使用的。所以，他坚持语言分析对象首先应该是口语而非书面语，但是不能忽视文字对口语的影响。与索绪尔一样，布龙菲尔德讨论了口语和书面语之间的差异，认为在过去几个世纪里，大概由于识字率的提升，人们可能会认为还存在一个更好地与书面形式相匹配的变式。

（库尔马斯，2018：4）

将文字排除在研究对象之外几乎成了语言学的本质特征。如今，语言学界普遍接受口语优先于书面语的观点，这就可以理解了。

（库尔马斯，2018：5）

莱昂斯提到，拉丁文在欧洲中世纪和文艺复兴时期特殊的地位，倾向于证明书面语第一位的原则，但这并没有使学者们放弃或修正口语第一位的原则。（库尔马斯，2018：5）

俗话说"眼见为实"，可证实的证据令人信服。在我们所有的感官中，视觉是我们最信赖的，这或许也使得我们更加重视书面语而非口语。

（库尔马斯，2018：7）

一般的语言使用者倾向于把书面语中经过规划的变体，看作去除了方言和地方特色的产物，因此是真正的语言。（库尔马斯，2018：14）

对于来自不同地区的人们来说，书面语是教育的工具。人们倾向于把书面语看作语言的原型，而方言口语不过是低层次的无序偏离。

（库尔马斯，2018：15）

历史告诉我们，书面语曾经并将继续对口语产生影响。所有语言都随着时间的流逝而变化和发展，但是只有书面语承载着它们过去历史的记录。（库尔马斯，2018：21）

即使当文字只是一种专业技能，而且识字率尚不高的时候，书面语的展示标志着人类栖息地的一个根本性变化。它改变了人们看待世界的方式，改变了他们的世界观，也改变了他们对语言的态度和认识，并在多方面改变了社会的组织形式。（库尔马斯，2018：21）

电子媒介革命已经改变了，并将继续改变语言景观和公共领域。书面语是这场革命的核心。（库尔马斯，2018：35）

世界上大部分语言从未有过书面语形式，但是世界上大部分人口通过学习获得读写能力。这意味着，差不多在所有地方，口语和书面语之间交际的分工与把不同语言赋予不同功能的社会语言布局是一致的。

（库尔马斯，2018：36）

在“选词”和“文体”上明显的差异没有被忽视或看作偏离，而被理解为一种高度培育的语言在功能上的具体表现。其中隐含口语和书面语一致的思想，这种思想具有很强的意识形态，反映了“你手写你口”的原则。（库尔马斯，2018：39—40）

对于一个想要争取更高地位的变体而言，拥有书面规范虽不是一个充分条件，但却是一个不可缺少的条件。（库尔马斯，2018：42）

不把书面语引入研究，我们注定会弄错任何语言的社会和历史。首先，没有文字就没有语言。事实上，我们可以从以下角度来看方言和土语之间的根本差别：方言没有书面形式，因为它不需要，它的书面形式是（书面）语言。伦敦东区的人讲的是伦敦东区话（即英语方言），但写的是（标准）英语。（库尔马斯，2018：43）

布龙菲尔德面对的是北美大陆许多社区使用的口语形式。它们没有书面形式，但从结构多样性、相互交际性和社会语言布局的角度来看，这些语言不能称为彼此的方言或任何书面语言的方言。因此，他贬低文字的重要性，并称之为语言分析的障碍。

（库尔马斯，2018：43—44）

许多语言学家支持20世纪80年代首先提出的口语和书面语连续体概念。连续体模式表明，我们可以按照不同标准来评价口语和书面语的例子，这些标准包括亲密—正式，参与—分离，个人—公众等。因为口语和书面语都存在正式程度的分级，所以以电脑为媒介的交际很可能进一步模糊口语和文字之间的分界线，使其更加复杂。但是，现在还不清楚，放弃口语和书面语典型例子之间的区分是否有助于我们深入理解文字对语言和社会的影响。（库尔马斯，2018：46）

在前现代社会，文化精英与没文化的大众之间存在社会差异，尽管这种社会差异是书面语和非书面语之间语言差异产生的肥沃土壤，但是识字率高的言语社区有时仍保留一种社会语言布局，其中高变体和低变体在语法和地位上存在区别。（库尔马斯，2018：51）

现代社会的机构依赖文字，许多机构与书面语的一种特定形式相联系。（库尔马斯，2018：75）

在欧洲中世纪时期，因为人们把口语和书面语之间日益扩大的差异看作一个问题，所以查理大帝在位时期的语言文字改革旨在统一口语和书面语。这种差异最终被缩小，这主要是通过废除拉丁文唯一书面语的地位，并把文盲说的话（即罗曼语、日耳曼语和斯拉夫语的口语形式）变成书面语，而不是通过强制实施拉丁语发音的统一标准来实现的。

（库尔马斯，2018：92）

义务教育是国家建设的工具，这是因为学生学习的是不允许违反的国语拼写规则，而不是一般的写作和书面语原则。（库尔马斯，2018：93）

如今，一些发展使人们对读写能力的单语模式产生怀疑。这些发展一方面支持英语在许多非英语国家作为一种额外的通用书面语使用，另一方面允许少数民族语言进入文字领域。（库尔马斯，2018：93）

在社会语言学中，研究者从不同角度解释口语风格的异质性，如说话人对自己口语不同程度的注意、认为说话人根据听众进行调整的听众设计理论、认为语体转换是因为说话人互相顺应的顺应理论。这些理论并未应用到书面语中的文体异质性。尽管一些写作行为更加自然，可以像口语一样，考虑将自然和正式作为书面语文体变异的一个维度，但是提高注意力的程度不足以制作经文或法律文献。

（库尔马斯，2018：94—95）

掌握书面语并非只是一种专业技能，它一直并继续是社会区分的一种标记。书面语是权力的一种属性，而文字可能是一种赋予权力的方式。工业时代要求更严格的管理、一致性和标准化，要求将书面语变成一种公共物品，即一种交际方式逐渐被看作在集体活动（即国家活动）中获得成功的一个先决条件。（库尔马斯，2018：96）

书面语的使用不是消费耗竭性资源，而增加书面语的使用者会增加它的实用性，所以它被理解成公共物品。（库尔马斯，2018：97）

在 20 世纪前几十年，人们提出了各种汉字罗马化方案，例如 1918 年颁布的“注音字母”，1928 年颁布的“国语罗马字”和 1929 年在苏联颁布的“拉丁化新文字”，这些方案的作者和中国政府官员一致认为需要一种可以管理的书面语言。（库尔马斯，2018：102—103）

书面语形式是身份认同的一个标记，这使得它很容易变成政治工具。（库尔马斯，2018：104）

由于人们学习和使用书面语的机会增多，所以文字处理软件和以电脑为媒介的交际对社会中书面语的使用产生了长久影响。

（库尔马斯，2018：122—123）

书面语作为社会标记的功能以及文体与社会阶级之间的相关性都不会消失，但是越来越多的人掌握了读写能力，这将改变社会等级和语言使用之间的整体关系。（库尔马斯，2018：123）

正式的书面语言之所以保存得更好，是因为人类以下行为的结果："语言纯洁化运动"（如语言"标准化"运动）以及由中央机构或团体（如语言研究院、学校和其他权威群体）强制推行严格的语言规则和条例——他们强行颁布语言使用规则，告诉大众什么是"允许的"，什么是"不允许的"。但是即便如此，当今可以通过电子媒体来实现交际的书面语言也设法规避了这些严格的语言规则，创造出了新的、与众不同的书面风格，同时还借用不同语言的口头和书面语码，进而丰富了自己的语言流动模式和变化模式。（肖哈米，2018：11）

尽管国家，尤其是学校，总是在倡导使用书面语，但由于口语有无数的变体，所以根本不可能找到一种口语和书面语完全相同的语言。

（肖哈米，2018：34—35）

大部分标准化的过程都是强迫人们以书面语的形式来进行口语交流的过程，因而忽视了口语丰富的创造性和变体的多样性。

（肖哈米，2018：64）

口语与书面语之间的差异，以及大部分人在口头使用书面语的能力不足等问题，都恰好证明了语言标准化只是一种政治理念，它与现实中的语言使用无关。（肖哈米，2018：65）

大部分语言测试都有自己具体的规范和标准，以便用来判断考生的语言正确与否，这些测试的特点都倾向于书面语言，且大多数的测试

都忽视了言语的口语形式，这就造成了正常的口语特征也遭到污名化的结果。（肖哈米，2018：98）

如今电子媒体已经带来了一些新的书面语（如手机短信和电子邮件），这些新语言证明，即使是书面语，也在不断创造新的表现形式。（肖哈米，2018：159）

书面语言和文学传统在国家地位和国家荣誉上发挥了一定作用，同样也为政府和行政管理提供了一种媒介。（赖特，2012：35）

国家建构的中介主要体现在以下方面：培育民族主义感，将读者看作一个统一凝聚的社团，促进标准语的发展等。其读者群日益庞大，表明国家民众中的大部分人已经习惯阅读标准书面语，并在日常生活中广泛使用。（赖特，2012：39）

要使语言使用者成为社团的一部分，仅认可法语为国家语言尚不足够，还必须学会正确的口语和书面语表达。（赖特，2012：54）

国家领土内的标准推广与文化传播相互伴随，因为较之口头交际，书面语言更容易规范化，也更容易监管。（赖特，2012：60）

学习一种语言的动机也受到读写能力和书面形式信息传播的影响。知识一旦可以通过书面语传播，那么，学习该语言便可接触到神圣的文本和思想著作，汲取新技术和由语言本身承载的文化。（赖特，2012：100）

属地原则

尽管语言人权被认为具有普遍性，但是对侵犯人权的救济总是受到属地原则（principle of territoriality）和属人原则（principle of personality）的限制，即国家不对其管辖范围之外的个人负有明确的责任。地方单语制的底层理念是语言属地原则。基于属地原则制定的语言政策，会使该地区偏爱某一种语言，更多地倾向于单语制。

语言属地原则将语言权利授予在一特定地域使用语言的人，而属人原则却将语言权利赋予一个规定的政治单位内的法人或自然人。

属地原则是各国政府为了缓解来自本国少数民族的压力而经常使用的一种方法，即把某一属地的管理权下放给管理这一属地的地区政府，以便这些地区政府在某些领域（其中包括语言管理领域）实行自治。

> 比利时和瑞士在制定本国的语言政策时都采用了属地原则，而加拿大的联邦立法则是以属人原则为基础。属人原则意味着语言规则的制定将取决于相关个人或人群的语言地位；遵循属地原则是解决语言间紧张关系的方法之一。（斯波斯基，2011：183）
>
> 中华人民共和国对少数民族持积极态度，少数民族的权利获得立法。这些权利都是基于属地原则，其结果就是少数民族自治区、自治州和自治县的成立。（赖特，2012：228）
>
> 属地原则作为解决语言问题的一个方法，它不是政治分裂的缘由，而是政治分裂的结果，而且，属地原则通常促进而不是抑制语言多样性的发展，例如，印度和巴尔干半岛就出现过这类现象。因此，除印度外，我们很难寻找到因语言多样性而导致国家分裂的例子。
>
> （斯波斯基，2016：343）
>
> 在小学义务教育阶段，假如要设置任何限制的话，学校通常都采用属地原则。该原则的实施取决于人口群体的居住发展趋势，有些人口群体（如移民或宗教社区的成员）喜欢聚居在城市的同一地方。
>
> （斯波斯基，2016：154）
>
> 假如一个国家有两种或两种以上的官方语言，人们就会希望政府能够就这些语言的使用差别问题制定出具体的使用规则——是按照属地原则来使用，还是按照功能原则来使用。（斯波斯基，2016：205）
>
> 属地原则减轻了民族国家的中央政府在处理地区语言时所遇到的困难。但是，语言政策的实施取决于语言管理域中重要的参与者以及一线的政府官员对该语言政策的接受程度。（斯波斯基，2016：220—221）
>
> 属地原则之所以应运而生，是因为它可能有利于解决大多数民族国家中由多语现象而带来的语言问题。（斯波斯基，2016：236）

属人原则

见 属地原则 › P98

双言制

弗格森（Ferguson）最早关注到双言制（diglossia），他把双言制解释为：同一种语言的两种不同语体（即高级语体和低级语体）不均衡地分担该语言的社会功能。弗格森发现了四个双言制的典型案例：阿拉伯语、希腊语、瑞士德语以及海地的法语和克里奥尔语，其中都有用于写作和正式演讲的“高变体”和用于普通会话的“低变体”。

在阿拉伯语世界，《古兰经》语言被固定为古典阿拉伯语，它是世代相传而没有多大变化的高变体，而作为低变体的方言口语则继续演化，产生越来越多的差异。

费什曼扩展了“双言制”的内涵：两种截然不同的语言体系共存于同一言语社区，其中一种语言专门用于高级语用场合。例如，巴拉圭（Paraguay）境内的西班牙语和瓜拉尼语（Guarani）。

费什曼在对双言制所做的经典分析中指出，从长远来看，如果没有双言制，多语社区的语言功能分化系统从根本上来说将是一个不稳定的、只支持优势语言的系统。

低位语言变体，例如新加坡英语也可以通过明显与标准英式英语不同的语法特征标识独特的新加坡认同，但是该变体决不会作为一种教学模式，因为它是一种非标准的、未编典的交际变体，在功能上是受限的。

双言理论发展先后经历“古典双言制”“过渡双言制”“扩展双言制”“连续双言制”“后双言制”等阶段。

> 语言扩展的结果未必是一种经过培育的统一语言代替各种方言。事实上，更为常见的是扩展语言出现后与方言并存。如果两者之间存在明

显差异而且功能语域分工明显，那么该语言呈现双言制。

（库尔马斯，2018：49）

在任何双言制例子里，高变体和低变体之间的分工受到社会语域结构、社会分层（社会阶级和等级制度）、读写能力和教育水平的调节。因为人们都说低变体，所以它并不是没文化的人使用的变体，而高变体则是书面交际语言。（库尔马斯，2018：52—53）

双言制是阿拉伯语言文化中一个重要组成部分，它包括一套复杂观念，即高变体受规则管辖，它更复杂，更有逻辑性；低变体被认为不受规则管辖，但是令人感到亲切。在印度独立时印度斯坦语被选为印度国语，当时许多知识分子认为这个方言太过粗俗，他们借助梵文文学来发展一种高变体。尽管瑞士识字率较高，但是瑞士人世代维持着一个传统：标准德语作为高变体，方言作为低变体。

（库尔马斯，2018：50—51）

与低变体不同，高变体是一种受到监督和培育的标准变体。高变体词汇的创新自发性不及低变体强，而且常利用古典文学语言资源，例如古梵文、古希腊文和古汉语，它们有着较长的文学传统和大量文学作品。在高变体语境中，人们通常不赞成从其他语言借词，这是因为高变体与一种理想的古代语言形式相联系，而且倾向于与一种语言纯洁主义意识形态相联系。（库尔马斯，2018：52）

费什曼的定义囊括了所有多语种或多方言社区，其中每一变体都拥有不同的功能领域和不同等级的声望。从这个定义看，一切语言社区都存在“双言制”现象，“独语社区”只是一种假想。

（约瑟夫，2017：49）

[征服和殖民化通常会导致双言现象。] 在殖民地环境中，当地土著语与英语并存，在双言格局中属于低层语言。（赖特，2012：133）

莱索托和斯威士兰这两个国家事实上仍旧是双言制——英语和作为官方语言的土著语言，英语被认为是高层语言，塞索托语或斯瓦特语被认为是低层语言。（托尔夫森，2014：171—172）

任何两种语言或语言变体都不可能在使用领域上完全重叠。它们的真正差别可能在于人口的结构情况（例如，影响人口的因素，包括出生地或居住地、性别或年龄、教育水平或职业、社会地位或经济地位、宗教信仰或所属民族）、语言地域（例如，语言的某种变异产生了方言地理）、语言功能或话题（这是弗格森提出双方言概念的基础）以及如费什曼所提出的根据实证来决定的语言使用域。

（斯波斯基，2011：179—180）

［双言制］为地区的语言保存与语言丰富化做出了重要贡献，因为迄今为止，双言现象仍留存在说西班牙语的人群身上。

（托尔夫森，2014：293）

相对于优势语言变体，社区语言只有很少的经济价值，因此双言制可能是唯一的保护社区语言的语言功能分化系统。

（托尔夫森，2014：314）

泰米尔语是双言语言——日常使用的泰米尔语口语与教育和媒体使用的泰米尔古典文学语言相互之间不能沟通。

（卡普兰和巴尔道夫，2014：147）

在使用双言的环境中，比如在印度东南部的泰米尔纳德邦，如果在“高层次的”正式场合中——比如官方典礼上，使用“低层次的”泰米尔语，就会被认为是完全不合时宜的。（约瑟夫，2017：12）

新加坡英语是双言的，标准新加坡英语代表教育和阶级地位，而新加坡英语口语反映社会团结和族群取向。

（卡普兰和巴尔道夫，2014：158）

即便在书面语历史十分悠久的国家，如果该书面语传统倾向保守——这正是书面语的本质特点——那么随着时间推移，语言变化也将会导致言文脱节的双言制现象的出现，只不过人们依然将两者视作同一语种。（约瑟夫，2017：30）

阿拉伯语国家的语言多样性通过方言变异和标准语言与地方语言之间的双方言模式保留下来。（斯波斯基，2011：158）

沙特阿拉伯在过去半个世纪已成为一个现代国家，但双言制依然存在。它并没有衰退，也没有处在衰退状态。（库尔马斯，2018：51）

双言制不是一个自然现象，而是文字引入人类交际后的产物。尽管口语和文字之间的差异仍然表现为文体上的差异，但是学校教育实现了读写能力的普及，从而导致双言制从欧洲许多言语社区消失。

（库尔马斯，2018：51，92）

有人认为直到20世纪初，纯正希腊语和白话希腊语的分离与双言制的讨论相关。从那时起，人们可以通过使用其他途径来分析希腊社会语言格局，例如伯恩斯坦的象征性语码。（库尔马斯，2018：52）

即使双言制能成为语言文化的一部分，并能长时间存在，但它是人造的。学者们提出各种方法来描述双言制的动态性，最终产生“双言制连续体”（diglossia continuum）概念，恰当地处理了双言制主题下讨论的各种社会语言格局。（库尔马斯，2018：52）

以电脑为媒介的交际技术为聋人提供了新的可能性，这也使一个问题更加突出，即用哪种语言来写。最常见的做法是使用主导口语来写，即英语、法语、韩语等。但是这个解决方法相当于产生一个极端的双言制形式：用一种语言打手势，而用另一种语言书写。

（库尔马斯，2018：125）

一方面要保护原初的交际共同体，另一方面要发展更大规模的交际共同体，要协调二者之间的矛盾需求好像没有比双语或双言制更好的办法。（赖特，2012：182）

双语教育

见 双语制 › P103

双语制

双语制（bilingualism）是国家或地区使用两种语言的法定制度。在多语生活成为世界语言生活主流的大环境下，双语人或多语人的数量超越单语人。狭义上的双语人是指完美掌握了两种语言的人，然而两种语言能力对等的完美双语人纯属理想层次的概念，在现实生活中几乎不太可能存在。

在全世界，英语母语者在人口数字上已经被英语第二语言使用者超越。同时，在英语内圈国家也产生了这样的社区，其主导成员是以英语为第二语言的双语使用者。这些双语使用者自我认同（和被认同）为本国语言变体的熟练使用者，而不是不完美的、有缺陷的标准英语使用者。

到第一次世界大战末期，人们以前对双语制的积极态度已经被一种广为流传的语言信仰所取代，即双语制毫无作用，学校教授外语是件糟糕透顶的事情，因为它会怂恿移民去维持各自的语言遗产。

双语教育（bilingual education）指在教学过程中运用两种语言进行知识性科目的教学情境，其支持者们基于实际证据和理论认为，对于第一语言的支持会极为有益于学习学校课程内容和第二语言的习得。

> “双语”这个单词既可指个人的双语，也可指社会的双语。双语通常指一个人所掌握的两种语言在水平或使用上都旗鼓相当。从这个意思上说，掌握双语的个人非常罕见。（斯波斯基，2011：179）
>
> 双语人并非两种语言之和的单语人，事实上，他们形成了双语人自己所特有的语言空间。双语人并不采用单语人所使用的方法来使用语言。他们拒绝把自己所掌握的两种（或多种）语言看作不同的、毫无联系的两个或多个系统。（肖哈米，2018：9）
>
> “世界性语言”的使用者有一个关键特征，那就是他们大多都是双语人或多语人；[另外，]“世界性语言”不同于国语，它不会代替其他语言。（肖哈米，2018：13）
>
> 双语者的语言可能是语言学里最政治化的体现。因为当双语者在私人领域选择用何种语言表达自我时，他们的自由受到各机构、政策制定者和教育者的严重干预。（肖哈米，2018：42）
>
> 群体成员会感受到来自双语者的威胁，会认为双语者违背了对本群体的忠诚。（肖哈米，2018：178）

当今的全球化也意味着越来越多的人发现自己需要与其他语言社团的人交往或是从他们那里获取信息。这就导致越来越多的人成为功能上的双语者，而作为他们社团身份标志的语言往往并不是他们多数交际活动中所需要的语言。（赖特，2012：8）

在语言边界，双语使用者成了保证相邻语言社团能够取得联系和实现交流的必要条件。贵族的子嗣在统治精英阶层家庭接受教育，成为双语使用者，确保了从中央到周边地区以及各阶层之间的交际通畅。在统治阶层与被统治阶层缺少交际媒介的情况下，这样的双语使用者维持着交际的畅通。（赖特，2012：21，24）

许多自愿双语者可能会说，实际上他们在是否要学会某个第二语言这个问题上几乎没有选择的余地。（赖特，2012：111）

[在一些关于语言权的文献中，双语人或那些从讲弱小语言转为讲强势语言的人被看作全球化进程中的急先锋。] 越来越多的就业机会都取决于一个人是否具有双语能力，讲双语者逐渐发现他们处于有利的经济地位。（赖特，2012：227）

移民的动态本质以及“通勤民族”频繁的往返旅程产生了相反的作用力，更可能导致目标社区的双语化，也会导致源社区（source community）一定程度的双语化。（埃杰，2012：111）

新西兰毛利语学前班和全毛利语小学大量增加了以毛利语为第二语言的使用者，其中有些人已经形成毛利语和英语几乎均衡发展的双语水平。（卡普兰和巴尔道夫，2014：197）

现在新西兰的许多政府机构，尤其是首都惠灵顿的政府机构门口都有双语门牌，所以，必须创造出一些毛利语名称来指称毛利语中原来不存在的功能和结构。（卡普兰和巴尔道夫，2014：240）

应该记住，保持自然发生的双语现象要比在学校创造双语现象更经济。（卡普兰和巴尔道夫，2014：200）

制度化的双语制度会滋生自我贫民窟现象，自我贫民窟现象会滋生种族敌意。（弗格森，2018：69）

随着语言退化的开始，常见的情形是语言能力开始呈现一种代际连续体：老年人精通这一语言；中年人（父母一代）操持双语（衰落语言和主流语言）；年轻一代则对衰落语言知之甚少或仅局限于书本上的知识。（弗格森，2018：75）

在一些拥有相似双语库的人们使用的英语变体中发现了迁移特征，[这是一个] 有效的简单化策略和文化适应的模式，并作为一个特定的本土化变体使用者社区的成员标识。（弗格森，2018：165）

除了跨族婚姻外，影响家庭语言政策的另一个主要原因是移民，不管是国家间的移民还是本国城市间的移民。移民家庭的语言政策基本上按以下简单模式变化：第一代移民开始在家庭之外学习新语言，但是他们通常要到自己的小孩开始接受学校教育并使用新语言时，或者跟其他同龄孩子充分接触时才经历语言转变。第二代移民就变成了双语人。第三代移民则趋向于完全转向了新语言，除非他们一直保持与只会一种语言的第一代移民的接触。（斯波斯基，2011：53）

于是，双语制变成了一个与“智力低下”和“爱国主义缺失”相联系的词。20 世纪 20 年代，美国出现的排外潮也许代表了整个国家语言意识形态取向。但是，美国任何语言政策的实施都是在州或地方层面上进行的。拥护单语制的浪潮并没有妨碍移民对他们祖传语的忠诚：他们继续把祖传语作为家庭语言和社区语言来使用；继续使用祖传语发行报纸。（斯波斯基，2011：106，108—109）

倘若民族国家能够受以下任何一种因素的影响而给予少数族群语言更多的支持，那么，濒危语言幸存的概率就会大大提高。这些因素包括：从意识形态上接受语言多样性和相关文化多元性的价值观；接受语言权的强式派观点；从实用的角度来实现个人双语制的认知价值或者实现由丰富的语言资源所带来的经济优势。（斯波斯基，2011：210）

同时，他们也强调完全双语制会带来潜在的认知优势。读写学习技能之所以能够在语言之间转移，是因为深层共享能力双语模式。发展第一语言的技能会为随后的英语学习和对于熟练掌握提供坚实的基础。（弗格森，2018：52，62）

自 1997 年以来，新加坡通过“讲华语运动”在华人中间提倡使用华语，英语则是本国的通用语，从而形成了“以英语为主导的双语制”。

（卡普兰和巴尔道夫，2014：143—144）

1974 年之后，菲律宾成为一个双语国家。《总统谕》规定，菲律宾应该是“双语国家，既能用英语，也能用菲律宾语交流”。

（卡普兰和巴尔道夫，2014：90）

英语并未被视为对文莱的威胁，而是被看作通往外部世界的阶梯。

（卡普兰和巴尔道夫，2014：138）

马来西亚虽然表面上以马来语为国语，实际实行的却完全是双语制，只是大多数人没有意识到这一点。（卡普兰和巴尔道夫，2014：134）

随着越来越多的人成为双语者，以及双语在超国家和国际层面上发挥作用，双语制是一种不利因素的看法正在淡化。非英语国家的国家主体民族正在逐渐成为双语者。（赖特，2012：241）

［在双语社会，］除非两种语言功能不同，而且这两种语言保留了各自不同的、互不重叠的功能，否则双语制不会跨代延续。（赖特，2012：242）

双语制对祖传语并不构成威胁，因为这些语言在别处仍有人在使用。但是，双语制确实降低了新加坡的语言和文化的多样性，这种多样性也许有助于创造出独一无二的新加坡特色。当然，真正吸引人们学习这些语言和促使双语制持续下去的可能还是中国与印度的经济大发展。

（卡普兰和巴尔道夫，2014：162—163）

T

通用语

见 共同语 › P23

土著语言

土著语言（indigenous language）指一个地区定居了很多代的居民原本使用的语言，与殖民语言（colonizing language）相对。土著语言不一定是少数民族语言。土著语言是土生土长的源语言，是土著人的母语，是社区成员之间的一种地方性交流手段，包含了大量历史信息、地方知识和智慧结晶。

原住民语言（aboriginal language）指欧洲人到来之前某地区的居民所使用的语言，但该术语目前已被污名化，常带有歧视义。

英语中为了避免 aboriginal language 和 indigenous language 的概念之争，有时也使用"本土语言"（native language）这一表达方式，与外来语言（allochthonous language）相对，指的是在一个国家或地区特定历史文化基础上形成的属于自身的话语方式和表达习惯。称"土著语言"是将研究对象"他者化"，称"本土语言"较为中性。

土著语言是目前国际上通行的一个术语，被认为是一个"政治正确"的术语。联合国确立 2019 年为"国际土著语言年"（International Year of Indigenous Languages），使用的就是 indigenous。在中文中，为了避免"原住民语言"和"土著语言"概念之争，有时会将 indigenous languages 译为"本土语言"。因而 2019 年也可表述为联合国倡议的"本土语言年"。

> 对主体民族的许多人和政治家来说，像承认土著语言一样认可外来移民语言，目前在政治上是不能接受的，从实践方面也是极度难以推行的。（赖特，2012：192）
>
> 美国 1990 年的《土著语言法》［里有不少豪言壮语，但是］根本就没有反映在贯彻法律的措施上。国家支持少数民族语言的保持或许只是象征性的。（赖特，2012：235）
>
> 非洲国家根除多语制的方式之一就是授予被挑选出来的土著语言以官方地位，同时，私下里却偷偷摸摸地确保这些语言不能在诸如教育、议会、政府、行政机关和经济等领域获得重要地位。
>
> （托尔夫森，2014：169）

以土著语言为教学语言的教育并不能保证学习者向上层社会流动或者提高他们的社会经济地位；那些有钱人，包括那些政策制定者，都是将他们自己的孩子送往以英语为教学语言的学校；只有接受以英语为教学语言的教育才能有可能接触到外面的世界，并在将来获得高薪的工作。如果该土著语言在广阔的社会、政治、经济环境中没有声望，那么人们也就不会愿意用他们的土著语言来接受教育。（托尔夫森，2014：177—178）

［土著］青少年通常被认为是“语言被耽搁者”——他们的土著语和英语的能力都不足，［让人］联想到“半语现象”（semilingualism），即两种语言都是半通半懂的情形。（托尔夫森，2014：278）

如果土著语言要想在学校获得与英语同等的地位，那么它就必须同当今青少年的世界联系起来。“将语言带入当代”，意味着土著语言的使用和出现通常将以非传统的方式来实现，但符合了土著人的愿望。

（托尔夫森，2014：280）

［对于任何一种土著语言，要想进行语言复兴，］大众传媒所起的核心作用是不可忽视的。虽然正规教育的作用也同样重要，但传媒的作用更为重要，因为它能让人们在日常生活中看到他们的语言在各种社会场景中出现，比如通过网络、电影、纪录片、电视和广播节目，以及各种纸质或电子的平面媒体，语言都可以展现出来。利用这些传播方式可以加强土著语言的地位；无论对于使用还是不使用这种语言的人来说，使用这些方式可以激起他们的语言自豪感，改变他们对这些语言的负面态度。（托尔夫森，2014：292）

从1880年开始，美国政府对本国的土著人实施严格的教育政策——禁止在土著人的学校教育、当地宗教和风俗仪式中出现土著语。

（斯波斯基，2011：111）

澳大利亚曾经是土著语言丰富的地方，现在却迅速地变成了死语言和濒危语言的坟墓。（斯波斯基，2011：232）

殖民语言政策认为，习得殖民者的语言同时消灭土著语言，不仅可以提升公民素质，还可以让人更好地遵守基督教，甚至防止民众起义。

（约翰逊，2016：16）

美国国会通过的《土地分配法和义务教育法》基于强迫同化的思想为土著青年建立了寄宿学校。学生在那里不仅要修剪头发，穿着制服，进入基督教堂，而且还不得在校内使用土著语言，违反规则就要受到处罚。（约翰逊，2016：17）

土著语言复兴是受政策、政治和权力等多种变幻莫测的因素影响的；也受到语言市场的影响。尽管有草根组织的努力，社区成员自己却往往抗拒土著语言教育。（约翰逊，2016：49）

对于复兴那些濒危的土著语言，基于语言资源观的语言政策能够并且确实可以起到作用。当然，这并不是说，保护土著语言仅仅是为此宣布一项语言政策。（约翰逊，2016：103）

在澳大利亚，土著语言未能作为现代民主社会的交流方式存活下来，尽管这些语言在特定群体中依然保持着活力，但绝大多数与主流社会接触的土著居民至少会双语，并且大多数情况下他们已丧失了说原来语言的能力。（埃杰，2012：103）

土著语言的消失伴随移民现象，为政治理论家研究多元化、多样性和少数民族权利问题增添了语言学视角。（弗格森，2018：7）

土著小语种的丧失会导致该语言所包含的知识的丧失，特别是编码于土著语言中的关于本地生态系统的详细知识。（弗格森，2018：81）

任何假设英语和当地语言之间必然存在对立，并谋求压制一方而抬高另一方的政策解决方案，都可能是有缺陷的，因为英语和土著语言都是有价值的，虽然价值不同：英语能够在日益受到全球力量支配的经济活动中提供就业机会；土著语言则有助于更有效地学习，更多地参与政治进程，并促成更可持续和更切合地方实际的发展。

（弗格森，2018：148）

土著语言的边缘化是许多非洲国家政治经济的共同特征，这或许是其使用者地位低下和权力受限的后果，而非原因。（弗格森，2018：148）

对于处于初级教育阶段的学生，原则上来说，母语或某一语言社区所熟知的土著语言是最合适的教学语言，这已是学界达成的共识。

（弗格森，2018：187）

> [一些语言学家认为,] 教学媒介语应该由土著语言替代 [殖民语言]。因为学生对土著语言的理解能力较强，所以能产生较好的课堂互动效果以及更优秀的学业成绩。（弗格森，2018：189）
>
> 很多土著语言还不够规范化，缺乏完善的拼写规则和词汇以作为教育媒介或教学媒介语。南非国内外很多父母却也普遍认为，土著语言教育是一条死胡同，一是除了课本之外基本没有什么是土著语言读物，二是只掌握土著语言在获取高收入工作机会上没有任何优势。
>
> （弗格森，2018：194，192）

（参见：少数民族语言）

W

微观语言规划

见 宏观语言规划 › P33

唯英语运动

在美国，有许多人认为英语本身就处在危险中，于是他们支持“唯英语运动”（English-Only Movement），以阻止外语的入侵。“唯英语运动”之所以在美国渐成气候，是因为语言政策可以用来限制有特定民族语言背景的人进入该国或成为该国公民。“唯英语运动”的旗手就是一个被称为“美国英语”的组织，属于 20 世纪初美国化运动的延续。“唯英语运动”始于 20 世纪 80 年代，其宗旨在于通过立法确认英语为美国官方语言、废止有关双语的立法。

该运动把“唯英语”与“爱国主义”等同起来，宣扬统一官方语言的民族凝聚作用及其对社会文化的重要性。当然，修改宪法不是轻而易举之事，多年来，美国的“唯英语运动”一直试图把唯英语为官方语言的条款加入美国宪法中，但结果都未能如愿。

> 美国对英语之外的语言存在负面行为，例如，攻击双语教育、拒绝所有认可非裔美国人使用的黑人英语的项目、害怕西班牙语会刺激各种唯英语运动、长期忽视失聪人员的语言，等等。假如我们接受美国的唯英语运动的观点，那么，世界上没有哪种语言不处于濒危的状态。
>
> （斯波斯基，2011：118，234）
>
> 与把英语作为母语的人相比，把英语作为第二语言的使用者更支持唯英语运动。（孔特劳等，2014：32）
>
> 就像美国的“唯英语运动”一样，目前还有很多关于语言的斗争。国家仍然试图通过国语来保护和维持国家身份，并压制其他语言，把它们视为威胁。（肖哈米，2018：41）
>
> 教师中的很多人虽然反对“唯英语运动”，却赞同一个普遍接受的观点：只要学生一踏进教室，英语就是唯一可接受的教学媒介语。
>
> （肖哈米，2018：80）
>
> 当政体运用法律的手段，赋予那些已经很强势的主体民族语言更大的力量时，那些没有掌握主体民族语言的人就会遭到极大的歧视，美国的“唯英语运动”就是一个很好的例证。（肖哈米，2018：148）
>
> 在 2002 年，美国的“唯英语运动”获得了官方的大力支持，以致 22 个州在最近的立法中确定英语为唯一的官方语。（赖特，2012：175）

文化适应

见 语言适应 › P216

X

习得规划

库珀（Cooper）在地位规划和本体规划的基础上增加了习得规划（acquisition planning），以说明语言教学和其他教育活动可以用来增加语言使用者和推广语言的使用。

语言规划在各个层面都与语言习得规划有关。从本质上来说，语言地位规划就是处理社会中语言或语言变体的功能域，即人们在哪些领域使用该语言。而语言本体规划关注的是语言的形式：语言标准的制定，语言使用的规范化，语言词汇、书写系统和表达方式的改变。最后，习得规划关注的是语言的使用者，其最终目标是增加语言的使用人数，这在某种意义上来说就是语言教育。

> 语言习得规划，亦称语言教育规划，指的是使用者必须实现的学习目标，一般是通过（正规的、外在的）教学系统完成，不过，学习者可能制订自己的（非正规的、内在的）语言学习计划。
>
> （卡普兰和巴尔道夫，2014：244）
>
> 对个人而言，工具性动机的结果主要和语言习得规划相关。
>
> （埃杰，2012：133）
>
> 习得规划包含了教材编写，这样相关语言就可以出现在学校的课程上了。围绕语言复兴的各种行动就是常常由国家实施的地位规划、本体规划和习得规划。也就是，把这种语言作为媒介在一定的机构使用（地位规划）；通过规范化和标准化使这种语言适应特定用途（本体规划）；

最后让使用者在接受教育的过程中使用这种语言的书面语和口语形式（习得规划）。（赖特，2012：195，224—225）

显性语言政策

见 隐性语言政策 › P125

限制性语言政策

语言政策大体可以分为促进性（promotion-oriented）、容忍性（tolerance-oriented）和限制性（restriction-oriented）三种类型。限制性语言政策（restriction-oriented language policy）通过法律或其他机制来禁止或缩减特定语言的使用。人们有理由将世界各地土著语言和少数民族语言的系统性大规模消亡归结为限制性语言政策的后果。

美国的限制性语言政策与美国本土主义者和反移民人士的意识形态息息相关。美国近年来“唯英语”的限制性政策对语言少数族群产生了影响。限制性的语言政策通常是与其他形式的歧视性的活动联系在一起的。语言限制常伴随着其他限制性政策的出现。

国际公约的批准或超国家组织的影响不但促进了语言多元主义的价值日益升高，而且还促使大家接受对个人权和集体权的认可，这样大家都有权继续使用自己的语言。

> 国家语言运动和其他语言教育限制并不只涉及教学语言，这两者是针对少数族裔的，并且总是和法律歧视以及其他领域里的不公平现象（包括私人侮辱）共同出现。这些现象让我们清楚地认识到，语言政策的涉及面是很广泛的。（托尔夫森，2014：312）
>
> 于是，越来越多的国家在宪法或影响到宪法中语言条款的法律和法

规中都包含了以下内容：认可本国国语之外语言使用者所享有的语言权利，但是这些权利带有限制性。这种限制性往往是指语言的使用范围：当生活在某一地区使用某种语言的人口达到一定的比例时，该语言就被认可值得拥有这种权利。这种限制性也可能是指语言使用的人口结构：土著群体比移民群体更有可能获得这种权利，但是，移民群体又比被边缘化的人（例如，客籍工人）更有可能获得这种权利。这种限制性还可能是指语言的功能：国家有责任为本国使用其他语言的人提供获取国家服务的语言渠道，国家也有责任为本国使用其他语言的人提供用他们所使用的语言进行教育服务。（斯波斯基，2011：248）

世界各地的研究表明，国家语言政策的确能够限制多语教育的发展，使少数族群语言及其教育边缘化，其原因或者是政策具有明显的限制性，或者是政策自身的具体措施，如特别强调考试，这实际上会推动单语教育的发展。（托尔夫森，2014：128）

限制性语言政策的替代方案是民主的多元化，就是建立和支持能保证使所有社会、经济、文化和语言的群体能以最大可能参与政策制定过程的制度、法规以及决策体系和实践。只有在所有语言社区都能完全参与的社会中，民主的决策过程才有可能得以发展。只有通过发展民主多元化的方式，人类才能制定出真实的、进步的语言政策，从而取代那些限制性和压制性的语言政策。（托尔夫森，2014：319—320）

即使是在“英语作为第二语言”课程中，教师仍有可能把学生的母语作为学习资源，改善该政策取向的限制性程度，或许可以使其带有权宜性取向的特点。语言教育者可以充分利用当地少数族群语言资源的实施空间，尽管这时由宏观语言政策创建的意识形态空间是限制性的单语政策。（约翰逊，2016：37，98—99）

新英语

人们对英语的认知主要分为以下三种：基于英语国际传播模式的“全球

英语”（global English，GE）；基于英语国际分布碎片化和多中心的“世界英语”（World Englishes，WE）；以抗拒英语母语规范、彰显去除盎格鲁文化的“作为通用语的英语”（English as a Lingua Franca, ELF）。

“世界英语”的提出者卡楚认为，“全球英语”是一个抽象的甚至虚幻的概念。如果英语要成为一种国际语言，那么母语使用者需要接受一个事实，即他们已经失去了控制其标准的专属特权。

新英语（New Englishes）是在“世界英语”概念上发展起来的。“新英语”概念的倡导者认为，人们发现传统的二语习得概念框架已经不太适用全球化背景下的高流动性现代社会，最根本的一点是，二语习得方法忽视了外部社会因素，而仅仅关注个体学习者，认为其目标是学习一种由母语使用者说的标准变体。

新英语是社会二语习得而非个人二语习得的产物。“新英语”这个术语通常被理解为来自后殖民社会（如印度、巴基斯坦、马来西亚、加纳）的英语变体，其形式特征，如语音、词汇、语法、语篇等，显示了与英式或美式标准英语一定程度的背离。新英语是表示当地认同的稳定变体，能够传授当地文化价值观。

世界不仅仅通过非英语母语者传播了英语，而且正是他们造就了世界英语。20世纪末开始，世界英语扩展圈的范围急剧扩大，非本族语使用者人数大大超过本族语者。

英语作为国际通用语不同于英语作为第二外语，是一门接触语言，交际各方没有共同的第一语言，在多元文化环境下使用英语作为交际语，常用于跨文化交际场合。

> 英语自从成了世界性语言后就有了很多变体。英语还在不断地创造新变体，进而展示了语言的流动性和灵活性。 （肖哈米，2018：10）
>
> 英语作为一种全球性语言崛起后，世界又会怎样？难道英语没有为建立在共同语言之上的新全球社区提供基础吗？在某种意义上，英语是必胜的，因为它被普遍认为对所有人而言可以在任何情况下使用，不受语言和民族之间任何关联的限制。 （托尔夫森，2014：30）

在解释世界性语言的传播方面，德斯旺提出的全球语言系统模式比阴谋理论更具有说服力。因为该模式阐释了中心语言、核心语言和世界性语言各自的吸引力，这正是当今大多数民族国家的语言政策所面临的一个主要问题。（斯波斯基，2011：103）

英语作为第一门真正的世界性语言，它的推广和发展似乎正是由于它恰到好处地利用了世界语言系统在过去一个世纪中的变革。英语发展成为一种世界性语言并不是语言管理的简单结果，也不是语言管理的最终结果。（斯波斯基，2011：103）

印地语的支持者不得不在两个前沿上战斗：首先是要把印地语建成印度国内同级别的语言当中最好的语言；其次就是取代英语。可是，统计数据显示英语不久将成为全球性语言，其地位是难以撼动的。印度政府认识到上述现实情况，只得于 1963 年颁布了《官方语言法》，允许印度人在官方场合继续使用英语。（斯波斯基，2011：198）

现在南非要实现认可本国土著语言的主要阻力则来自正在成为全球性语言的英语。在 19 世纪和 20 世纪，英语在南非的角色只是阿非利堪斯语的一个殖民语言对手，但到了 21 世纪，英语的地位已经大大提升了。（斯波斯基，2011：203）

当前的英语便属于这种情况：复数的“世界英语”创造了一个矛盾的局面，作为统一的一种语言，这里面有许多标准需要维持下去，然而与此同时复数的“世界英语”又打开了接受新语言的空间——这里的新语言指新兴英语。（约瑟夫，2017：30）

“世界英语”出现带来的情况，以及人们对此的种种反应，其实都是所有新生语言产生的必经之路——“世界语”这种人工语言例外。（约瑟夫，2017：43）

实施语言标准正是对言语社区某一处所发出的“邀请”的拒绝；而对复数的“世界英语”的承认，则是接受了这样的“邀请”。（约瑟夫，2017：161）

对于复数的“世界英语”——民族主义和语言抵制的产物——我们可以像理解任何语言或方言那样，将其理解为一个个系统。（约瑟夫，2017：163）

那些急于将某种“新英语”系统化的语言学家面临着贸然失实的风险，因为这种做法固化了实际上仍有很大变动性的语言。新英语的使用者需要把自己作为一个集体的言语社区去解决这个问题。

（约瑟夫，2017：163）

虽然这些社会语言特性比较明确，但是给新英语贴上标签——“新加坡英语”“尼日利亚英语”“印度英语”等——如果它们被用来指代同质、明确、明显个体化的实体，则会产生误导，因为这些标签遮蔽了丰富的异质性。（弗格森，2018：157）

文化适应、本土化和创新已经产生了与英式或美式英语最明显的差异，亚非新英语的特殊性也最充分地显现这种差异。

（弗格森，2018：161）

新英语的许多区别性特征产生的过程：学习者达不到目标语标准，他们的中介语石化了，合成的形式在社区中传播并成了惯例。将新英语特征置于一个变异与变化的概念性框架中，比将之放在一个错误、石化和习得缺失的框架中更为恰当。（弗格森，2018：164，166）

接受新英语作为一种合理的变体、将变异看作活力而非颓化的标志，并不一定就意味着建议新加坡、印度或外圈任何地方的教师应该教授这一种本地英语变体。（弗格森，2018：166）

关于新英语是否应该被接受作为教学模式的争论，其核心问题包括可懂度、认同度、实用性、可接受性和标准化。（弗格森，2018：169）

许多新英语使用者希望在他们的地方变体中体现，并且通过这些变体凸显一种独特的认同，于是有人指出不承认英语的地方变体就是拒绝接受这些变体所表达的认同。（弗格森，2018：173）

新英语的特定语言特征——语法的、语音的、词汇的、话语的——标志着重要的认同这一事实，为［语言资格］认可提供了充分理由。

（弗格森，2018：174）

考虑到新英语的使用对象更多是本言语社区成员而非内圈母语使用者，试图向很少有可能与英语母语（特别是标准发音）使用者进行交际的学习者灌输母语发音标准就不恰当了。（弗格森，2018：180）

英语作为一种国际通用语的使用已经超越了外圈和扩展圈的使用者，是全世界英语口语使用最为频繁的情况。正如宽容度已经不断扩展到了外圈的新英语，以英语为通用语（英语作为外语）的使用者也应该在更大程度上被赋予不同于母语使用者的独立权。

（弗格森，2018：182）

新自由主义语言政策

传统的自由主义（liberalism）对待语言少数民族问题的反应是实施善意的忽略政策（不干预政策），即允许任何社团使用他们选择的语言来组织社团生活。某种程度上说，这种自由主义源于政府的不作为。考虑到国家各种机构和交流的语言来源于以往和现在的权力关系，善意的忽略必然总是在巩固那些关系。自由主义传统使美国在最初实行放任的语言政策，或者说忽视积极语言政策的作用。

新自由主义（neoliberalism）是一种经济和政治学思潮，它除了强调自由市场的重要性，认为市场经济更适合资源分配，反对政府的不必要干预之外，还特别强调开放国际市场，支持全球性的自由贸易和国际分工。新自由主义语言政策（neoliberal language policy）反对各国政府实行母语保护政策，认为一切应该交由语言市场决定，通过自由竞争，让民众“自由”选择语言。由于英语在国际上的声望及其背后的经济价值，新自由主义语言政策促进了人们对英语的接受。一些新兴经济体的语言政策也深受新自由主义意识形态的影响，对国内大学（甚至中小学）全部采用英语作为教学媒介语，并未采取任何干预行为。

长期来看，这种“放任自由主义”可能会进一步巩固英语作为欧洲通用语言的地位，并使其在欧盟机构内、外部都成为共通语。

（弗格森，2018：9）

自由主义是语言消亡的另外一个不太为人所知的原因：如果社区个

人以他们的语言为傲，如果他们深切地关心自己语言的命运，那么这些人就会考虑采取一些有意义、有价值的措施，如关心这一语言的存亡，考虑是否把这一语言传递给下一代。（弗格森，2018：82）

其结果可能是“种族钳闭”，即拒绝给予自由主义思想家想要秉承的一种权利，换言之为退出自身民族的权利。（弗格森，2018：84）

在新自由主义的外表下，需要国家干涉，以便实现读写能力的解放潜力和缓解世代固化的不平等的再生产。（库尔马斯，2018：73）

美国私营业在美国政府促使全世界各国政府遵守新自由主义模式和采用自由市场准则方面也起了不小的作用。（赖特，2012：140）

英语已成为西方民主政治主流意识形态和新自由主义经济资本主义市场的交际语；英语是国际科学界的共同语；英语同时也是新视听和科技信息网络的传递媒介，不管它们是不是由美国主导。

（赖特，2012：150）

自由主义优先考虑公民个体的自由，并且坚决认为，个体不受沿袭地位或者外来条件的束缚。一些权威声称，能否提供现在所期望的福利，取决于是否朝自由主义模式发展。针对自由主义的立场，以社区为中心的一方给予了反驳，否认个人是独立自主的。恰恰相反，社会成员根植于社会，会继承确定其利益的生活方式。

（赖特，2012：177—178）

1945 年后的国际环境深受联合国里强势部门的自由主义传统的影响。除此之外，近代的历史也玷污了少数民族权利。

（赖特，2012：155，184）

自从 1950 年新宪法制定以后，印度被贴上了“语言世俗主义”（linguistic secularism）和“语言自由主义”（linguistic liberalism）的标签，“语言世俗主义”是指没有一种语言被神圣化为唯一的国家语言，“语言自由主义”主要是指在基础教育阶段继续使用各种大大小小的少数族群的语言。（托尔夫森，2014：201—202）

造成种族冲突的原因有很多，但其根源在于殖民主义、全球化和新自由主义经济。（托尔夫森，2014：244）

> 语言保守主义者要求得到一种神圣的权利来保护规范的语言形式，不管这种语言形式是用什么方式建立起来的。语言自由主义者则认为，尽管有些语言形式是为了保护某些精英群体的权利而具有某些特别的社会价值，但是所有的语言形式都具有同等的效度。（斯波斯基，2011：21）
>
> 有三种主要的意识形态视角：自由主义强调个人和自由市场经济；社会主义“代表社区、合作及社会公平的原则”；保守主义抵制社会变化，最近出现了为经济利益主导论辩护的新右派。（埃杰，2012：176）

Y

言语共同体

见 言语社区 › P121

言语社区

索绪尔在《普通语言学教程》中提出的“说话者群体”在英译版中演化成“说话者社区”（community of speakers）。这个集体是社会事实的基础，社会规约使得语言符号能够作为符号工具使用，它强调了语言的社会性质，以及社会事实对于语言学理论的重要性，即语言是集体的，不以个人的意愿而转移。这个概念使索绪尔脱离了新语法学派的原子主义。

不过，索绪尔的“说话者群体”是没有内部结构和区分的，也没有导致说话者语言差异的社会特性。相反，集体意识会强迫个体去遵循，所有个体头脑中的语言表征都是相似的，因此“语言就像能够发给每一个人的同一本书”，它储存在说话者的头脑中。“语言在任何一个个体那里都是不完备的，语言仅存在于集体中”。作为一种共时的集体意识，语言脱离了时间和实践，这种“社会群体”就只能是抽象的，一个虚拟的、想象的而不是现实的社区。这种社区可以称为语言社区。

言语社区（speech community）概念最早由布龙菲尔德（Bloomfield）提出，也被译作“言语社团”或“言语共同体”。言语社区是实践的产物，通过人们频繁交往而形成，是人们在实际的社会语言生活中表现出来的真实面貌。言语社区的首要之处在于具有共同的社会规范，在运用语言方面自成体系，具备与其他类似共同体明显差别的标记。

语言社区是同质的，而言语社区是充满变异的。传统的言语社区往往与语言社区重合。随着现代社会的发展，言语社区已经与语言社区不再重合。更有学者认为在全球化的作用下，言语社区这一概念被解构，取而代之的是全球性身份认同。

语言社区是言语社区中的一个特例。言语社区能够“包含属于多个语言社区的人”，并且对于在何种场合下适合使用哪种语言的“场合类型”有着共同的理解。

> 乔姆斯基所感兴趣的是被他称为“在完全同质的言语社区中，熟知自身语言的、理想的说话者和听话者”的语言能力，海姆斯反驳说：“不存在这样的个体，言语社区不是同质的，社会文化知识对于［语言］能力概念是必不可少的。”
>
> （约翰逊，2016：29）
>
> 显性的语言政策或语言规划是指为了试图修改某一言语社区的语言实践和语言意识形态而进行的语言管理或语言规划活动。
>
> （斯波斯基，2011：48）
>
> 世界上大部分地区的语言环境，要么使用固定的双语，要么使用固定的多语，要么使用某种不彻底的双语——我们称之为“双言制”，即两种截然不同的语言体系共存于同一言语社区，且二者被看作“同一语言”的不同形式，但其中一种语言专门用于高级语用场合。
>
> （约瑟夫，2017：12）

[语言复兴常常]不得不同时处理两个问题：一是应对四分五裂的言语社区，二是缺少说母语的年轻人这一坚实的基础。

（弗格森，2018：109）

言语社区不仅习得语言，而且将该语言变为该社区所有。

（弗格森，2018：165）

同一言语社区的成员具有一套共同的语言实践或语言信仰。当社区成员在听到用自己的社区语言说的一段话语时，或者当社会语言学家在对这一段话语进行分析时，他们不但能识别其意义，而且还能发现说话者在说话时所表现出来的细微语言差异。（斯波斯基，2011：12）

同一言语社区的成员对于什么是得体的语言实践也具有大致相同的一套语言信仰。相同的语言意识形态或语言信仰决定了同一言语社区的人们对以下问题会形成共同的看法：使用什么样的价值观来对待每一个语言变项或构成社区语言库的某些语言变体。（斯波斯基，2011：17）

标准语言是一种规范化的语言形式，被广大的言语社区公众所接受，并能作为一种交际模式为言语社区的人们提供服务。

（斯波斯基，2011：32）

斯波斯基认为语言政策发源于言语社区中的语言信仰和语言意识形态，这一思想与希夫曼关于语言政策与语言文化紧密关联的理念非常相似。（约翰逊，2016：4—5）

大多数言语社区的语言生态都有关于如何使用语言资源的明确看法，其中包括：什么语言适合书面写作，什么语言不适合书面写作。

（库尔马斯，2018：40）

[虽然存在语言（方言）连续体，]但是各自言语社区的舆论领袖决定通过扩展它们各自的语言，而增加语言之间的距离，而文字是这方面的主要使用工具。（库尔马斯，2018：49）

双言制对描述一种语言两种或多种变体在言语社区的习惯使用和功能互补仍然有用。（库尔马斯，2018：50）

学校教育实现了读写能力的普及，从而导致双言制从欧洲许多言语社区消失。（库尔马斯，2018：92）

文字改革涉及言语社区，它不是通过法令就能轻易执行的：关键是人们的接受。（库尔马斯，2018：99）

很少见到一个言语社区对文字改革不感兴趣或兴趣不大，只把它看作留给专家解决的技术问题。（库尔马斯，2018：112）

语言景观系统能够体现并象征居住区内各个言语社区的相对语言权和语言身份。（肖哈米，2018：116—117）

随着言语社区语言共同体规模的扩大，标准化与多样化的自然倾向格格不入。语言使用者不断推动其社区语言沿着语言杂化的方向发展。（赖特，2012：46）

为了防止言语社区的分裂，国家借助法规维系团结和相互理解。团结要靠稳定和共同的规范，代与代之间的延续要靠对儿童语言习得的有意识监控才能得以实现。（赖特，2012：46）

移民语言

无论是境外移民还是境内移民，都涉及语言适应问题。移民语言（immigration language）的发展经历了从一个待解决的问题，到要保障的一种权利，再到现在可以开发利用的一种资源三个阶段。

豪根在研究移民语言的转用问题时，提出“语言生态”这一概念，受到学界重视。在美国，关于语言多样性的讨论和教育多集中在移民语言这一问题上。美国认识到公民有使用他们自己的移民语言的权利，但是更期待其公民能够掌握英语。

语言经济是移民语言研究的核心内容。一方面，移民语言的保留与移民祖国经济地位有很大的联系；另一方面，语言是影响移民和当地居民收入差距的主要因素，因为语言具有人力资本属性。

人们经常提到的一个有关移民语言的论点——移民选择生活在美国，这就意味着他们同意放弃自己的语言。（斯波斯基，2011：114—115）

在很多情况下，即使国家在各种政策文件里承认了移民语言的官方地位，那也仅仅是面子工作，因为国家并没有赋予这些语言相应的权利。即使在那些拥有大量移民人口的国家，移民语言仍然被认为是不合法的。（肖哈米，2018：52，66）

如果家中有祖父母或其他重要老人，那么儿童往往更容易保持其移民语言。（斯波斯基，2011：53）

在语言实践中，美国一直是而且仍将是一个多语国家，其移民语言的共同命运是：要么变成双语制，要么发生语言转用。而美国的多语制是靠新移民的到来得到保持的。（斯波斯基，2011：125）

从美国的政策也可看出，美国似乎并不愿意为少数民族提供语言服务，具体地说，是双语教育的服务。（斯波斯基，2011：137）

在有些国家，对移民语言水平的评价已成为它们接纳移民的一个程序之一，所以，这些国家的边检官员或边境警察都有权做出自己有关语言管理的决定。（斯波斯基，2016：307）

《澳大利亚国家语言政策》在移民语言方面的成功是显而易见的。此处的动机基本上和《欧洲区域或少数民族语言宪章》倡议者的动机相类似：明确语言权利。除了为移民语言努力奋斗的种族委员会，那些支持《澳大利亚国家语言政策》中使用土著语言的相关条款的人构成了另一个群体，他们具有强烈的政治利益和动机，但他们关注的是其所认为的不公正，而非客观的不公平或不平等。（埃杰，2012：100）

［本土语言］往往比移民语言更容易享受到特殊语言权利，但这样做的道德基础无论如何都是不稳固的。（约瑟夫，2017：164）

隐性语言政策

尽管中文术语“隐性语言政策”源自英文，但很难找到一个英语对应词，因为它实际上囊括和糅合了英文里的好几个概念。这些概念都是西方学者基于二分法辨析出来的，主要体现在以下几组术语中。

（一）法定（de jure）语言政策和事实（de facto）语言政策，区分标准是法律依托的有无。前者指具有正式法律依据的语言政策，后者是没有法律依据但以社区默契方式存在的语言实践，即“尚未被意识到已成为政策，但事实上却发挥着实际作用的政策”。

（二）明示性（explicit）语言政策和隐晦性（implicit）语言政策，区分标准是政策文本的有无。前者指以正式书面形式或公开话语形式明确规定的语言政策，后者指虽无官方文本或权威话语明确规定，但在实践中仍具有社会约束力的语言政策。与前面的法定语言政策不同，明示性语言政策既可以通过书面的法律文本，也可以通过公开的权威话语来进行“明示”。

（三）公开的（overt）语言政策和隐秘的（covert）语言政策，区分标准是政策意图的隐显，即是否隐瞒政策意图。前者指向大众公开表述目标、意图和动机的语言政策，后者指被有意隐瞒的、具有欺骗性或颠覆性的语言政策，“政策制定者的意图被有意隐藏或遮掩起来”。

（四）规划过的（planned）语言政策和未经规划的（unplanned）语言政策，区分标准是规划程序的有无。前者指通过政府部门或其他权力机构正式规划过的语言政策，后者指虽未经过规划进程，但在实践中被人们默认、接受并起作用的语言政策。

中国学者普遍将这四组术语中的前一种统称为“显性语言政策”（overt language policy），而将后一种统称为“隐性语言政策”。当然，最常见的做法还是将隐性语言政策理解为隐晦（implicit）和隐秘（covert）语言政策。

这四组术语中前者的概念所指大致相似，统称为“显性语言政策”不会引起误解；但是，后者的概念内涵存在较大差异，不宜统称为“隐性语言政策”。

隐性语言政策是就政策的表现形式而言的，所有隐性语言政策，必然体现在人们的行为模式和社会关系模式之中，以某种社会机制呈现出来。从实践中推断出的、没有规定或公示的惯习和机制，都可被视作一种隐性的政策。

在现实语言生活中，显性语言政策和隐性语言政策并不是一分为二、截然对立的，而是一个连续体。许多语言政策实际上是介于隐性和显性之间。因为尽管人们都按照默认的语言规范和使用惯例进行语言交际，但究竟哪些可能被形式化地概括出来，通过精细化表述，然后上升成为章程法律，这其中常常有偶发社会事件的推动，没有规律可言。在语言实践中，各种形式不同、层次不一、约束力不等的规则永远会并存和竞争，能够熟悉并恰当遵循这个规则连续体，实际上是母语人（资格）的标志。

> 希夫曼的主要观点是语言政策基于“语言文化”，他认为在研究语言政策时若只关注这类文化中的某个因素，而忽略了其他因素，那么结果“即使不算无效，可能也过于简单了些”。这样定义的语言政策不仅包含了各类政体所颁布的显性语言政策，还包含了那些隐性语言政策，即由言语社区内各种隐性的语言信仰、语言态度和语言意识形态所构成的文化结构。（约翰逊，2016：3—4）
>
> “实际的”语言政策既指由教师制定的班级语言政策，也指在教室里进行的语言实践，两者虽紧密相关，但仍有显著差别。这样看来，“实际的”这一术语既可以指在地方层面制定的与法律规定有所不同的语言“政策”，也可以指虽符合当地实际语言政策，但没有在官方法定政策文本中反映出来的语言“实践”。（约翰逊，2016：10—11）
>
> 我们以韩国高等教育中增加采用英语作为教学媒介语为例，说明宣扬竞争必然性的新自由主义是一种隐性的语言政策形式，它将英语包装成一种自然和中立的优秀学术媒介来推行。（里森托，2021：117）

英语通用语

见 新英语 › P115

语库

语库（linguistic repertoire），又称“言语能力库”（verbal repertoire），指群体或个人懂得的各种语言变体的总和。语库由语码构成，语库的丰富性是语言能力的象征，语库的复杂性是多语能力的象征。

农民如果经常出入城镇市场，就需要会讲多种方言才能与各种类型的城里人打交道，并因此延展其有限的语库。（赖特，2012：21）

一个能够恰当描述社会语言的模型必须涵盖以下概念：语言生态、社会语言网络、异质的家庭——社区环境和复杂的交际言语库。

（托尔夫森，2014：314）

在经历数个世纪的多语接触后，加勒比沿海地区的土著少数民族逐渐形成了动态多元的身份认同，这些身份认同体现在复杂的多语库和多语实践之中。（托尔夫森，2014：11）

［土著］青少年在何时何地，为何目的而使用土著语言？他们的交际言语库（communicative repertoire）的实质是什么？我们发现青少年和成年人对于当地的语言生态，以及对于青少年的语言意识形态和交际言语库的认识有着非常明显的差异。年轻人更多地认为社会语言环境是动态的，交际言语库也是混杂的。他们交际言语库的混杂性导致了语言不安全感，也导致了成年人认为青少年对祖传语漠不关心。这最直接的结果就是同龄人之间以及孩子与成年人之间减少了用土著语进行自然交际的机会，并且形成了实际上的语言政策。（托尔夫森，2014：277—279）

当学习者的家庭——社区语言环境的异质特性及其交际言语库的混杂性被承认，或被看作资源而不是语言缺陷的时候，［语言保护措施］才会变得更为有效。（托尔夫森，2014：280）

对于为了商业或文化原因，或为了获得社会提升而学习新语言，或为语库添加新语言的个人来说，调整有机体自身的语言能力和技能的动机特别强烈。（埃杰，2012：133）

介于两种极端情况之间的个人采取各种不同的规划或策略。从常识判断，最常见的情况是掌握包括各种语言变体的语库，从而使自己能够根据身处的环境选用不同的语言或语言变体。（埃杰，2012：141）

最终的语言策略是在不改变原有语言的基础上向自己现存的语库添加了一种新的语言。（埃杰，2012：144）

语库概念成为反驳一种针对社会认同理论和民族语言活力理论的批评意见的重要武器：这种批评意见认为两种理论都没有很好地解释稳定的多元文化主义和多元语言主义。（埃杰，2012：187）

一个同属多个群体的成员，[可以] 通过个人语言 / 语言变体的语库以及他在不同语言之间任意的语码转换来表现自己的身份。有时对顺应理论（accommodation theory）或趋同 / 趋异策略的阐释会发生偏差，认为这些理论意味着语言行为必然会向上趋同并对主导群体“让步”，而语库的概念可以帮助我们避免发生这样的误解。（埃杰，2012：187）

在新加坡或尼日利亚，各种接近英式标准英语的变体使用者与其他使用者共存于一个言语库（speech repertoires），包括接受过教育的当地英语变体的母语使用者、洋泾浜或集市英语使用者和非母语使用者，英语在其中的应用从主导到不存在，其地位是如此的不同。

（弗格森，2018：155—156）

美国选择英语来书写宪法就表明了其强调英语和压制其他语言的政策的开始。后来加入美国联邦的各州都要求在本州民众的个人语库中添加英语。（斯波斯基，2011：105—106）

语码

语码（language code）又称“语言代码”（linguistic code），泛指人们在交际中使用的任何一种语言符号，可以指任何语言项目及其变异形式。语码的集合称为语库，人们在自己掌握的语库中选择合适的语码进行交际。

与语码相关的术语有：语码转换（code-switching）、语码混合（code-mixing）、精致语码（elaborated code）、有限语码（restricted code）、语码理论（code theory），等等。

语码转换指的是交谈中转换使用两种或两种以上的语言、方言或语体的现象。从形式上可以分为句内语码转换和句际语码转换。从功能上可以分为情景型语码转换（situational code-switching）和喻义型语码转接（metaphorical code-switching)。前者指由于话题、参与者等情景因素的改变而引起的语码转换，后者指谈话过程中，说话人为引起听话人注意而有意采取的策略性语码转换。

语码混合指的是一个语句含有两种或多种语码的现象。语码转换的单位是完整的，边界是清晰齐整的，而语码混合是杂乱的。

词汇借用通常是单语者的语言行为，而语码转换和语码混合则通常是双语者群体内部的语言行为，是讲话人利用双语资源的动态过程。超语实践就是通过语码转换和语码混合将多语种资源整合为一个综合的交流系统。

英国社会学家伯恩斯坦(Bernstein)通过“语码理论”首次系统阐述了劳工家庭儿童与中产阶级家庭儿童在语言习得与语言使用方面的差别。他指出，由于家庭环境差异，劳工家庭的儿童通常只能接触到结构简单、需依赖背景信息才能理解、适合小范围群体间交流的语言表达方式，可称为“有限语码”(或称“局限语码”)；中产阶级家庭儿童则不仅能习得局限语码，还能接触到结构复杂、语义抽象、不需太多背景信息就能理解的“精致语码”。伯恩斯坦认为，由于学校教材、课堂教学、升学考试等使用的都是精致语码，结果导致劳工家庭孩子在学校里语言能力相对较弱，成绩常常不如中产阶级家庭的孩子，存在挫败感，辍学率高，考取好大学的概率也更小，影响其向上流动的机会。

> 除非文字是一套独立的书写语码，否则它必定以某种方式与语言内部系统相联系，不然我们就不能从语言的视角来解释文字。
>
> (库尔马斯，2018：3)
>
> 伯恩斯坦的特定阶级语码可以被理解为惯常意义系统，这些系统代表象征性资源，并有助于社会再生产。(库尔马斯，2018：9)
>
> 伯恩斯坦观察到，中产家庭的孩子在词汇和句法选择上不同于工人家庭的孩子，前者比后者更多地使用复杂语码。孩子们的认知取向和语言使用模式(即语码)与说话人和听话人的社会经济背景有关。他认为语言不仅反映社会现象，而且在社会秩序的构建和固化中发挥作用。
>
> (库尔马斯，2018：10—11)

复杂语码需要借助文字形成，需要借助印刷实现复杂化。

（库尔马斯，2018：11）

有限语码与面对面的口语有不少相似之处，而复杂语码也与去语境化（de-contextualized）的文本有许多共同的特征。

（库尔马斯，2018：13）

很明显，我们的社会重视复杂语码。学校英语教学把重点放在复杂书面语上，并设置奖励。（库尔马斯，2018：14）

一种语码并不比另一种语码好。但是，社会可能对通过不同语码系统得到的经验秩序赋予不同价值。[语码选择可以]被用来固化社会的不平等。（库尔马斯，2018：14）

由于复杂语码比有限语码更接近书面语，表现出较少的地方特色，所以人们将两者之间的关系看作一种威望等级。这最终导致了语码的社会分化。（库尔马斯，2018：14）

有限语码本身不应被看作下等的，拉波夫（Labov）也阐明，应该承认黑人英语内在的逻辑性，而不应将黑人英语看作俚语而不屑一顾。

（库尔马斯，2018：41）

学校是社会文化再生产机构，有自己的语码，而这些语码是社会建构的，并超越个人控制。（库尔马斯，2018：91）

在殖民和后殖民社会的交际中，语码混用是政治统治的产物，多语言交际是家常便饭。（肖哈米，2018：12）

语言测试只用同质化的标准来判断正确性，它不允许出现任何多样化，更不用说使用多语或多种文字的语码了。（肖哈米，2018：104）

多语化的新形式变得司空见惯，这些新形式包括新的变体，诸如皮钦语（pidgin）、英语的当地变体或者是地区通用语的变体以及普遍使用的语码混合和语码转换。（托尔夫森，2014：29）

地位规划改变语言或语言变体在社会中的地位及声望，通常通过改变群体或个体对所使用的语码的看法来实现，即影响一个社区中多种语言的功能分配的特殊努力。（埃杰，2012：5）

传统意义上的本体规划是社区对语言形式所作的规划，包括文字化

（graphization）、标准化（standardization）、现代化（modernization）及创新化（renovation），但有时也会分为现存语言的语码化（codification）及通过增加新词语、新风格和控制新词所实现的语言的完善化（elaboration）和现代化。（埃杰，2012：5—6）

若更深切地认识到伯恩斯坦所说的中产阶级的复杂语码不能脱离相伴相生的社会观念而抽象地被教授这一事实，那就可能不会误认为其目标是强迫出身贫寒的少儿用标准发音表达自我。

（埃杰，2012：54）

同属多个群体的成员，通过个人语言 / 语言变体的语库以及他在不同语言之间任意的语码转换来表现自己的身份。（埃杰，2012：187）

语码转换

见 语码 › P129

语言安全

语言安全（language security）是指语言自身生存不受威胁、语言关系与语言秩序稳定可控、国家和社会各领域语言服务保障到位的一种状态。

语言安全拥有以下五个基本特征：普遍性、内嵌性、持久性、外溢性和动态性。普遍性是指世界上大多数国家都是多民族、多语言的国家，广泛存在语言安全问题；内嵌性是指大多数情况下，语言安全不是一种独立的安全形态，不属于总体国家安全观中列举的 11 种安全类型中的任何一种，而是依附于其他安全类型上的；持久性指语言问题大多是长期积累而成的，有的甚至长达几个世纪，不是短期内可解决的；外溢性指语言安全除了存在于语言内部和语言之间外，更多体现在无数的应用领域；动态性指语言安全状况是不断演变的，没有绝对的安全，也没有永久的安全。

可以从三个方面对语言安全进行分类：主体内、主体间和主体外。主体内安全是语言自身安全，主体间安全是语言关系安全，主体外安全是语言应用安全。

语言自身安全指的是语言作为一种交际工具，使用域保持稳定，语言传承没有出现危机，不存在语言污染严重情形；语言关系安全指的是言语社区中的各种语言处于正常的接触状态，没有严重的语言偏见和语言歧视，语言竞争适度，未上升为语言冲突，社会语言秩序稳定可控；语言应用安全指的是国家语言能力强大，语言服务渠道畅通，语言应急保障没有“真空”地带，现有的语言政策和语言管理机制能够确保不因语言因素引发各类政治、经济、军事、信息等安全问题。

语言安全理论超越了西方的“语言不安全”（language insecurity）理念。语言不安全用来指个人因为对自己的语言不自信而产生的交际不安全感，语言交际不安全感有三个来源：认为自己的语言形式不够规范，觉得自己所说语言的地位比较底下以及感觉自己的语言身份（如移民）比较尴尬。

在一些国家，强势语言也因为不安全感而进行语言立法，一方面是害怕国内弱势语言的影响会日益壮大（如斯洛伐克对待境内的吉卜赛语言）；另一方面是害怕更强大的国际通用语会侵蚀本国官方语言的影响力（如法国对待国内的英语使用的泛滥）。

> 语言规划和政策行为中具有七类动机：身份认同、意识形态、形象建构、不安全感、不平等、融入群体、提升的工具性动机。
>
> （埃杰，2012：9）
>
> 作为语言政策的动机，恐惧和不安全感由两个因素决定：足以激发行动的外部威胁；受威胁的社区充分认识该形势并预见到这种威胁对自我身份认同的影响。威胁可能是政治方面的（对该社区可能出现的统治），或是经济方面的（该社区成员可能的收入损失），或是交流方面的（该社区成员之间缺乏有效的情感联系，同时缺乏某些领域尤其是公共领域的充分表达形式）。（埃杰，2012：84）
>
> ［语言］不安全感会令人灰心丧气，但也可能产生完全相反的结果，即鼓舞有机体大力捍卫认同。（埃杰，2012：132）

> ［年轻人的］交际言语库的混杂性导致了语言不安全感，也导致了成年人认为青少年对祖传语漠不关心。年轻人表达出了语言不安全感和羞耻感，这种感觉是与种族歧视和殖民学校教育的身体暴力和话语暴力紧密相关的。（托尔夫森，2014：278—279）

语言保存

见 语言保护 › P134

语言保护

“语言保护”（language protection；language conservation）和“语言保存”（language documentation）是两种不同的概念，也是两种不同的措施。但鉴于两者所面对的是同一个对象，保存工作和保护工作难以截然分割开来。

语言保护和语言保存之间存在一种上下位关系，语言保存是语言保护各项措施中的一种。语言保护有语言保存、语言保育、语言资源开发 3 个层次：（1）语言保存是指通过全面、细致、科学的调查，把语言（方言）的实际面貌记录下来，并进行长期、有效的保存和展示。抢救记录濒危语言资料、方言及口头语言文化，加工成语言资源数据库，储存在语言博物馆，都可以为语言保存做出贡献。（2）语言保育通过各种措施延长语言生命、维护语言活力、保持语言的生态环境。（3）语言资源开发是对语言保存、语言活态保护的成果进一步开发，获取语言保护的社会“红利”。

语言保护的具体措施包括：依法保障各民族语言的学习使用和发展；通过列入“非物质文化遗产代表性项目名录”成为优秀语言文化遗产；通过纳入“国家级文化生态保护区”项目而获得资金、政策支持；认定代表性传承人来继承和传播该语言文化遗产。

传教士也是地方语言保护的代理人，因为他们经常将这些方言规范化，把《圣经》译成这些方言以及在识字计划中讲授这些方言。

（赖特，2012：261）

生态语言学领域就是源于对少数人使用的语言会灭绝的担忧而发展起来的。生态语言学家既是语言保存方面的活动家，也是消失中的语言表达方式的记录者。（赖特，2012：13）

在2006年，《美国土著语言法》的保护范围因《以斯贴·马丁美国本土语言保护法》的颁布而扩大。该语言保护法的命名是为纪念语言活动家以斯贴·马丁（Esther Martinez）。该语言保护法规定将为“语言巢”学前学校、保存土著语言的学校、师资培训和教材开发提供基金。

（托尔夫森，2014：273）

对于一些从事保护语言多样性的人来说，语言保护只需要在档案中详细记录和保护这些濒危语言的语法、词汇和例句就足够了。

（斯波斯基，2011：242）

尽管身处全球化时代，但是大多数欧洲国家仍然拥有足够的权力实施语言保护主义政策，在许多公共领域（如教育、行政等）为本国语言保留特许地位；英语通用语地位仅仅具有工具性价值，而这些语言还具有自身的认同价值，这就大大降低了大规模转向英语的可能性。

（弗格森，2018：132）

语言标准化

语言标准化（language standardization）是本体规划的主要内容。实际上语言标准化集语言的地位规划、本体规划与习得规划于一体，而词典是语言标准化的样板与载体，集文字、语法、词汇等规范体系于一体。

语言标准化、词汇现代化、术语统一，都是语言规划的宏观目标。

布拉格学派认为，语言标准化应当与日常语言运用相结合，标准语不能只体现在文学作品和政府公共文献中；语言标准化的成功依赖于普通大众明确什么是文明语言和良好语言，并积极在社会交际中使用；既要重视语言培育，又要重视交际过程培养。

语言标准化的根本动机是人们对语言正确性的语言信仰，即人们认为语言中存在着一种正确的和理想的语言形式，这种形式不同于一般的语言实践。（斯波斯基，2011：33）

由于传教活动的影响，语言书写系统或语言文字化（graphization）的选择已经成为语言标准化过程中的一个主要内容。（斯波斯基，2011：36）

语言规划与国家认同的形成过程密切相连，包括语言标准化。

（弗格森，2018：1）

语言标准的基础是可理解性：没有语言的可理解性就根本谈不上人类的交流和理解。（斯波斯基，2011：21）

[在双言制中，] 高变体是一种经过培育的变体，有着书面标准，而且被编入权威性语言标准化材料中。（库尔马斯，2018：52）

社会语言学长期存在一个争论，它关于标准的本质。标准从何而来？如果没有文字，语言标准化是否可能？语言行为的制度规范由地位较高的群体确定，并由语言学院、学校和媒体推广。尽管正误或偏离的概念可以运用到口语中，但很明显，语言标准化得到文字的极大帮助。

（库尔马斯，2018：119—120）

语言标准化只是一种政治理念，它与现实中的语言使用无关。

（肖哈米，2018：65）

英语作为通用语可能从未达到稳定甚至标准化的形式，就像方言接触或者英语和当地语言接触的时候，并不总能产生出新的稳定变体一样。（里森托，2021：227）

语言濒危

见 濒危语言 › P8

语言测试

语言测试（language test）表面看起来是为公开评估语言能力而设计的，但是实际上还能帮助语言规划者来确定语言的等级、语言的正确性，并能压制某些语言或增加某些语言的权力。

语言测试是为现存语言政策服务的一种机制，可以掩盖那种优先考虑主体民族语言及其使用者的规划意图，成为隐性语言政策。公民资格语言测试（入籍语言测试）对这种意图体现得尤为明显。德国、澳大利亚都为移民增加了这一项语言要求。

在三个波罗的海国家，语言已经成为重建国家身份和剔除苏联政策残余的主要工具。国家通过学校严格的语言要求和语言测试来推广波罗的海国家的语言，并抵制俄语，而且高水平的国语能力已成为获得公民资格的必要条件。

> 语言测试是指运用微妙的方式来操纵语言并制定事实语言政策的一套机制。语言测试是权力群体强制推行的一种有力工具，旨在维持语言意识形态和影响语言的优先性、实践性和规范性的标准，其结果往往是提倡人们使用符合标准的语言以及反对他们使用违反标准的语言。语言测试之所以强大，是因为它能控制所有学校的全部学生，并使他们无法反抗。（肖哈米，2018：95）
>
> 语言测试是一种政策工具，也是语言教育的一个分支，还是一种自身拥有权力的政策工具，它能对语言实践产生重要的影响。
>
> （肖哈米，2018：57）
>
> 大部分社会的教育系统依然在追求语言的纯洁性，比如无论是语言内部还是在语际之间，他们在教材和语言测试中，总是举例说明自己单语的和纯洁主义的标准。（肖哈米，2018：85）
>
> 近年来，语言测试不仅被看作教学工具，而且还被看作社会和政治工具，它能对教育产生重要影响，还能稳定社会秩序。
>
> （肖哈米，2018：95）

受试者为了在语言测试中取得好成绩，进而有利于自己未来的发展，他们会改变自己的语言行为。掌权者正是因为意识到了这一点，他们才会利用语言测试来改变受试者的语言行为。（肖哈米，2018：96）

语言测试是强有力的工具，它能在以下三个主要方面有助于语言的操纵：确定语言的声望和地位；维持语言的标准化和语言的正确性；压制语言的多样性。（肖哈米，2018：97）

很明显，语言测试是事实教育政策，以同质化的知识为基础的标准测试就是一种政策工具，它能将知识进行标准化，并使已有的差异产生对立。（肖哈米，2018：104）

语言测试工具是中央政府为了控制语言而广泛使用的一种政策机制，它能够制定、维持和操纵语言教育政策。因此，在民族国家，语言测试是一种非常重要的机制，它可以影响语言库、教学材料和语言标准，也可以通过入门标准来控制学生的数量。（肖哈米，2018：107）

在学校使用有权力和有声望的语言进行测试，会导致其他语言的消失，因为语言测试降低了所有其他语言的地位，降低了所有那些没有被测试的语言的地位。（肖哈米，2018：108）

语言产业

见 **语言经济** › P183

语言巢

“语言巢”（language nest）的概念源自新西兰。20 世纪 70 年代，新西兰毛利族人面对母语濒危的威胁，自发以家庭为基础，在小区构建母语学习环境，1971 年出现了第一家母语幼儿园“Kohanga Reo”（毛利语意思为“语言巢”）。随后，新西兰政府宣布支持以毛利语为媒介的教育运动，并通过毛利事务部（Department of Maori Affairs）资助那些掌握毛利语的长辈，由毛利老人在幼儿园里从事母语教学，之后逐渐有越来越多的人加入语言巢计划中。许多毛利集合村落都在实施语言巢计划，孩子们开始在生活中、玩耍时使用毛利语，比较有效地改变了语言流失的趋势，使毛利语逐渐复兴，1987 年毛利语成为新西兰除英语之外的第二种官方语言。

新西兰的“语言巢”模式打造了一个交际网络稳定、凝聚力强的言语社区，让不同年龄的人都参与到社区母语传承活动中，为儿童习得母语提供频繁持续的言语互动环境，发挥了家庭和社区功能，为毛利儿童创立了沉浸式的学前教育基地，通过植入全部的毛利语言和文化环境，确保母语不流失，并使毛利语得到恢复，这一点值得语言濒危的少数民族学习借鉴。

> 家长为了加强家庭的语言管理活动，有时可能会寻求外部援助，常见方法有三种。第一，为儿童建立以语言为动机的玩伴群体，例如，新西兰毛利语复活机构创立的语言巢。（斯波斯基，2016：32）
>
> 在夏威夷，那些最先试行沉浸式夏威夷语学前教育的父母，其灵感来源还是新西兰的语言教育和语言复兴运动，因为在新西兰，土著语言教育也是从沉浸式学前教育项目（即毛利语“语言巢”项目）开始的。（约翰逊，2016：185）
>
> 一个包含语言复兴的“夏威夷复兴”计划落地生根：承认夏威夷语和英语一样具有夏威夷官方语言地位，并建立了非营利的学前“语言巢”。（托尔夫森，2014：271）
>
> 由于毛利语的世代传承被打断，毛利事务部一直支持“语言巢”的建构和发展，儿童可以在“语言巢”里接触到毛利语言和文化环境；目前，新西兰全国遍布着 700 多所这样的学校，大约有 13,000 个学生。（卡普兰和巴尔道夫，2014：195）
>
> 有些毛利语学前班（“语言巢”）开始留住学龄儿童，以便他们继续在毛利语环境下接受教育。（卡普兰和巴尔道夫，2014：195）
>
> 过去二三十年里，为拯救毛利语，人们也采取了重要措施，最开始是建立“语言巢”。“语言巢”就是毛利语学前班，在这样的班级里，孩

子能够置身于毛利语和毛利文化环境。（卡普兰和巴尔道夫，2014：232）

通过社区进行语言地位规划的维护与通过学校进行语言教育维护工作之间通常是相互促进的，因为社区的文化和语言工作的成果往往是兴办学校（如毛利语“语言巢”，新加坡的首批华文学校）。

（卡普兰和巴尔道夫，2014：234）

语言冲突

见 **语言竞争** › P190

语言传播

见 **语言推广** › P221

语言纯洁主义

语言纯洁主义（language purism）认为，有一种特定的语言变体比其他变体更高雅、更纯洁，认为只有稳定才能保证语言的同一性，痛惜词汇借用或语法结构混合导致语言蜕化变质，主张对语言进行人为干预以制止新兴变体（特别是外来成分）对语言的污染。

为剔除语言污染，语言纯洁主义者常常主张用过时的语言风格代替现今的活语言，通过编写辞书推动语言的古典化和高雅化；用本土词语代替借词，以抵制外来语言的“入侵”。

语言纯洁主义常常带有浓厚的政治意识形态，有时会导致族际语言冲突。应该倡导科学的、动态的语言规范化观，反对僵化的、过时的语言纯洁主义。

［有］五种类型的语言纯洁主义：复古派（尊崇过去的语言）、人种学派（认为农村方言在某种程度上比城市语言更加纯洁）、精英派（否定语言的非标准用法和地区用法，并认为需要加以禁止）、改革派（根据语言在现代社会中作为交流媒介的角色而对其进行调整）、仇外派（主张清除、取代外来语成分）。（埃杰，2012：123）

语言纯洁主义者更青睐一种语言类型而排斥另一种语言类型，例如，倾向于使用“handbook”（手册；指南），而不喜欢“manual”（手册；说明书）这样的词汇。（埃杰，2012：123）

人们对抽象的语言和各具体语言了解得越多，尤其对语言与其使用者之间的关系了解得越多，他们语言纯洁主义观念的可能性就越小，就更可能认识到纯洁主义态度反映的是（受到社会局限的、情绪化的）语言使用方面的知识而不是（科学的、中立的）语言系统的知识。

（埃杰，2012：124）

在这些社区中不安全感很可能会激发（尤其是语言纯洁主义性质的）语言干预和规定主义，以此来强化认同概念。（埃杰，2012：142）

从语言纯洁主义到法西斯主义，政府行为背后的意图被认为都是支配或统治。（埃杰，2012：170）

［语言纯洁主义有两种类型：］一种是精英纯洁主义，即鄙视非标准及地方用法。另一种是泥古纯洁主义，认为最纯粹最真实的语言表达存在于遥远的古代。（弗格森，2018：32）

在大部分国家，语言研究院与语言纯洁主义者（purist）密不可分，他们是语言标准化意识形态的一部分代表。因此，在语言创新派和语言保守派（如语言纯洁主义者）的斗争中，语言研究院起到了决定性的作用。（肖哈米，2018：66）

对混合语的合法性进行否认，是体现语言纯洁主义的教育意识形态的行为。这种做法已经给移民造成了消极的影响。（肖哈米，2018：85）

如果要在语言政策中体现包容性的民主原则，我们就必须以不同的方式来思考语言问题，必须把语言看成开放的、动态的、个性的、自由

> 的和流动的。这种观点不同于严格的语言纯洁主义和语言正确性的观点，也不同于人们从早期就一直被教化的，尤其是学校灌输的错误语言信条——把语言看成静态的和霸权的，总是把语言分成好的或坏的、可接受的或不可接受的两类。（肖哈米，2018：158）

> 可以看到，语言方面的专家仍然在维持语言正确性和语言纯洁主义的标准，他们很少参与到对公众的再教育活动中来，因而无法向公众介绍新的语言概念以及广义的使用语言库的方法。语言教育家、语言教师、课程专家和教材编写者，尤其是语言测试的组织者，都继续维持着同质化的语言观，因为他们都仍然使用着基于语言纯洁主义的语言标准。（肖哈米，2018：166）

（参见：语言净化）

语言等级

语言等级论将人类语言分为不同的等级，一个社会的语言等级（language hierarchy）往往反映的是该社会中语言群体的权力关系。政策话语也遵循一定的语言等级秩序，其间隐含了对特定群体政治、经济、文化影响力的判断。

印度是语言等级非常突显的国家。虽然宪法规定印度公民享有平等的语言权利，然而官方语言和"表列语言"的确证明了语言等级制度的客观存在。自独立以来，印度的语言等级制度已逐渐固化，印度宪法第八附表最初列出了 14 种语言，称为"表列语言"，后来增加到 18 个。目前，所有印度语言处于语言等级结构序列中，自上而下依次为英语、印地语、地区语言、部落语言。印度语言等级性必然会促使弱势群体的母语受到不公平待遇。

> 托尔夫森将语言政策视作一种权力机制，用以构筑语言等级，从而让占主导地位的集团或语言享受特权，从而剥夺了他人平等获取政治权力和经济资源的资格。（约翰逊，2016：6）

对于语言规划而言，原始的族群语言是需要改善功效性及描述能力的最佳候选项。在托利看来，所有这些都是语言规划者的责任。这种观点显示，在语言规划中存在语言等级差异：少数民族语言或土著语言位于底部，而那些经过精心规划的语言，如殖民者的语言，则位于顶部。

（约翰逊，2016：27—28）

在瑞典的语言等级制度中，瑞典语位于顶层，英语紧随其后，而少数民族语言位于底层。这一现状折射出瑞典社会类似的价值等级制度，并导致少数民族语言在现代传媒中的出现率最低。（约翰逊，2016：78）

欧盟原则上将致力于多语制和语言平等，尽管目前的语言等级制度阻碍了这一趋势：有些语言比其他语言的地位更加优越，尤其是欧盟论坛的法语和英语。（孔特劳等，2014：27）

似乎新兴工业化国家在重走发达国家少数民族语言边缘化的道路。因此，语言多样性被转变成语言等级次序，而少数民族读写教育产生或增强了不平等性。（库尔马斯，2018：73）

如今几乎所有的产品都有标签，大部分产品都附有说明书。这些标签上的语言也可以被当成用来表明语言等级和语言选择的一种机制。

（肖哈米，2018：130）

语言等级体系的存在始终得到一些人的赞赏。统治者们意识到，人们使用一种语言而不是另一种语言反映了经济、政治、文化和技术方面的权力关系状况，那样做可以提升自己在谈判中的地位。

（赖特，2012：101）

语言等级体系似乎是国家为普及读写能力和教育付出的代价，为社会流动和公民的自由流动付出的代价，为包容的政治体制和民主参与付出的代价。（赖特，2012：236）

［朝鲜语言改革的］第一步是清除汉字，因为汉字被认为是语言等级制（即朝鲜词语不如相应的汉语词语显得有文化、有教养）的代表。

（卡普兰和巴尔道夫，2014：241）

（参见：语言秩序）

语言帝国主义

“语言帝国主义”（linguistic imperialism）一词起源于20世纪30年代，由语言学家罗伯特·菲利普森（Robert Phillipson）在其专著《语言帝国主义》（牛津大学出版社，1992）中发扬光大。

语言帝国主义关注语言占据国际主导地位的方式、语言政策在帝国扩张中的作用、欧洲语言如何以牺牲当地语言为代价而在其他大陆上建立起来、英语如何从平等的交流工具转变成为英美利益服务的工具。

语言帝国主义理论认为，语言与帝国主义的政治、经济和文化侵略相互关联，本质上是一种不公正、不平等的语言等级制度，使那些能够使用主导语言的人享有特权，使占主导地位的语言比其他语言拥有更多的物质资源和基础设施。对语言帝国主义的研究有助于理解后殖民地国家经济依赖与语言依赖之间的关系。

英语的全球扩张被认为是语言帝国主义的典型例子。人们发现，一种“强大的”语言（如英语）在外国领土上出现时，小的土著语言就会“消亡”；英语通过霸权主义获取支配地位，并成为一种社会控制手段，服务于帝国的殖民使命；在语言形象上，主导语言被美化，而其他语言被污名化，这使得语言等级合理化；大量英文科学出版物也有助于巩固语言等级，比如非英语国家的学者越来越需要用英语发表文章。

> “语言帝国主义”批判的要点是，[语言]选择不公平，它迫使亚洲和非洲的广大地区、美洲以及大洋洲一些地区中不计其数的人们，不得不在他们的文化遗产和后代的生存之间做出选择。（约瑟夫，2017：55）
>
> 菲利普森认为，英语语言帝国主义就是语言歧视的一个“例子”……在专业主义的幌子下，标准英语课堂教学的语言形式问题以及教学方法的问题，与文化和语言帝国主义紧密相连。（约瑟夫，2017：56—57）
>
> 语言帝国主义的研究不可能真的有助于弱小语种生存，因为它漠视现实生活中边缘群体的实际选择（无论是自主的还是权力支配下的）。
>
> （约瑟夫，2017：59）

语言传播更多是文化变迁的结果而非原因；“入侵”的语言更可能做出改变以适应新的文化，而“语言帝国主义”的“受害者”完全有能力将强加给自己的入侵语言当作反抗帝国主义和阶级压迫、获得解放的最有力工具之一。（约瑟夫，2017：60）

当前英语作为第二语言在世界诸多地区的传播，其实是帝国主义强加于人的，这些国家的民众或许认为他们或他们的子女学习英语、接受英语教育，是他们自由意志的选择，但这其实也是受到了虚假意识的蒙蔽。（约瑟夫，2017：154—155）

菲利普森提出的语言帝国主义观点包含了原因与结果，例如所谓的全球英语对其他语言的不利影响。如果把语言帝国主义作为一种因果假设，其相关性要求我们将其看作帝国主义的一种独特形式，能够与一般意义的帝国主义相区分并相互补充，其核心是有意识地共同致力于英语的扩散。语言帝国主义是一种强势的自上而下，而非自下而上的语言传播理论，因为它似乎认为，语言政策或规划有非凡的力量，可以影响语言行为发生变化。（弗格森，2018：115—116）

语言帝国主义假说最致命的弱点，是它否认了外围使用者的重要能动性，而却将他们描绘成受中心国家强迫的、被动的接受者或受骗者。语言帝国主义如此强烈地强调自上而下的强加过程，它忽视或削弱了之前提到的自下而上规划的可能性。（弗格森，2018：120）

我们注意到，英语在不同的政治斗争中起到了一种资源的作用，这突出表明英语的象征含义并非恒定不变，而是因语境不同而变化多端，而这些都是语言帝国主义的绝对性论点所无法解释的。

（弗格森，2018：121）

菲利普森对语言帝国主义的探讨是有用的，但同时又是不完善的：这里的问题部分集中在人们是被迫接受一种语言还是自愿接受一种语言，仿佛语言是一个与周围的政治和文化力量不相关联的物体。

（赖特，2012：266）

将英语的推广归咎于语言帝国主义，并认为英语的推广不但是一种语言霸权行为，也是当一系列复杂的和相互联系的条件具备时所出现的必然结果，而且，还是由殖民宗主国的政府、公务员、英语教学专业人员以及边缘国家（即前殖民国家）的合作精英和接班人共同蓄意制定的语言政策所导致的结果。（斯波斯基，2011：92）

一个国家通过殖民来统治另一个国家，进而导致了事实上不可克服的不平等现象。换句话说，真正的问题不是语言帝国主义，而是帝国主义。（斯波斯基，2011：97）

英语已经扩散到世界上其他的非英美殖民地地区，这一现象越加使人们怀疑语言帝国主义这一假设。（斯波斯基，2011：100）

语言帝国主义在很大程度上要依赖于强势社会制度的霸权地位，以便成为自然的和合法的语言。（约翰逊，2016：23）

语言帝国主义理论因为过于僵化而受到一些批评，有人认为它过度概括，没有考虑不适合这一说法的各种错综复杂的情形，在缺乏足够数据支撑的情况下强行推断出这一结论，轻视了当事人的作用（尤其是第三世界当事人的作用），并且过分强调语言的力量。（约翰逊，2016：50）

国际语言霸权主义者相信语言存在等级，认为应该给优势语言配置更多的资源。（孔特劳等，2014：20）

英语语言霸权通过很多方式体现出来，比如反映在经济力量上。英语的扩张较少依赖于军事力量，更多依赖于商业压力，尤其是跨国公司和像欧盟这样的全球和地区组织所产生的压力。

（孔特劳等，2014：33）

语言多样性

语言多样性（linguistic diversity）是指特定社会或区域多语共存的一种现象。语言多样性与文化多样性互相依存，与生物多样性具有同等意义。

有人认为语言多样性导致离心力，从而阻碍国家建设。实际上，语言变体（language variety）是一种宝贵资源，应该予以尊重。目前，全世界的语言变体的数量正在急剧下滑。这些后果大部分是由殖民语言政策所导致的，因为这些政策根除或威胁了土著民族的语言和文化。许多生态语言学家提出，语言多样性与生物多样性类似，多样性本身是有益的，语言的多样性有利于环境和社会的健康。

2019 年 1 月 18 日，联合国教科文组织通过官网正式公布保护语言多样性《岳麓宣言》。《岳麓宣言》指出："保护和促进语言多样性对于可持续发展目标的实现至关重要，有助于促进人类发展。因为保护语言多样性的本质是保障各语言使用者在教育及其他基本的公共服务、就业、健康、社会融入、参与社会决策等方面机会均等。"影响语言多样性的因素是社会变化，所以，要维持语言的多样性不仅靠语言政策，更要靠社会政策。

把语言视为资源的理论基础是"语言多元主义"（linguistic pluralism），而语言多元主义的两大具体实践是多语制和母语教育。

> 不要以为美国语言实践中的"语言多样性"与写进宪法和《民权宣言》里的"个人自由"等概念会自动地促使美国毅然决然地接受多语制。
> （斯波斯基，2011：106）
>
> 当一个社区认识到现代化和统一化的重要性时，语言整合是解决语言多样性的最有效方法。（斯波斯基，2011：107）
>
> 费什曼在陈述文化多元性、语言多样性和少数族群语言的维持时表达了这样一种语言信仰：政府有责任支持本国领土上所使用的所有语言。
> （斯波斯基，2011：115）
>
> 义务教育的实施和兵役制度的普及为国语的标准化提供了渠道。尽管这样，还是有些国家开始出现为语言多样性提供支持的立法行为，并以此来对抗上述有利于国语发展的趋势。（斯波斯基，2011：129）
>
> 社会的公平性首先可以促使人们发动反对歧视行为的活动，其次可以促使人们提出机会均等的教育要求。只有在采取以上措施之后人们才会认识到保护语言多样性的必要性。（斯波斯基，2011：129）
>
> 由于基因多样性是物种进化的基础，特别是因为语言多样性可以保护人类从前人传承下来的知识，所以，语言多样性应该得到保护。
> （斯波斯基，2011：144）

就像从民权或人权中推导出宗教权一样，我们也可从民权或人权中推导出人们应当享有的语言权，这种类推并不难。但是，许多语言人权的提倡者对此问题得寸进尺，他们把保护少数民族语言的责任强加于国家，并把这种责任看作国家保护语言多样性责任的组成部分。

（斯波斯基，2011：146）

倘若民族国家能够受以下任何一种因素的影响而给予少数族群语言更多的支持，那么，濒危语言幸存的概率就会大大提高。这些因素包括：从意识形态上接受语言多样性和相关文化多元性的价值观；接受语言权的强式派观点；从实用的角度来实现个人双语制的认知价值或者实现由丰富的语言资源所带来的经济优势。（斯波斯基，2011：210）

我们必须找出语言丧失的最终责任，可是，现在的状况似乎是把这种责任转嫁给了语言的使用者。不论我们如何将语言丧失的原因与语言政策、社会因素、经济因素、宗教因素和政治因素联系起来，事实似乎说明，语言多样性的丧失与其说是语言灭绝的结果，还不如说是语言自杀的结果。（斯波斯基，2011：243）

有人认为国家有维持语言多样性的责任，就像国家有维持生物多样性的责任一样。（斯波斯基，2011：248）

因特网对语言多样性来说既是威胁，也是机会。现代媒体具备形式的多样性，如网站、维基、博客、聊天室、公告牌、即时通信和视频会议，所有这些媒体都有利于网络社区的建立。

（斯波斯基，2016：122）

如果我们真的要挑战语言帝国主义，支持在学校和社会实行语言多样性，那么就必须转变国家、学校（特别是大学）的话语方式。

（约翰逊，2016：51）

语言政策研究者关心的不仅是语言多样性如何在政治和法律上得到体现，还涉及哪一种语言在现实中被允许在政治和司法领域使用。

（约翰逊，2016：124）

随着多元文化的兴起，学术界催生了一个新的观念，即移民不必放弃他们祖先的语言就能真正融入新的国家。许多国家已经通过颁布多语制的语言政策正式接受这种语言多样性的理念。

（约翰逊，2016：125）

通过语言多样性和环境资产（如清新的空气和天然景观）的类比，可以得出政策资源可以调节市场环境，引导语言多样性。

（孔特劳等，2014：137）

“人类语言和文化遗产的保护”（联合国教科文组织宣布的目标之一）被很多学者和政治家们看作一个怀旧的梦（为世界的语言学家创造了就业的机会），但语言多样性的永存与生物多样性一样，是这个星球存活所必需的。（孔特劳等，2014：142）

语言人权对于语言多样性的维护是一个必要（但不充分）的前提条件。（孔特劳等，2014：153）

最重要的语言人权仍然缺乏法律条文的保障。虽然国际上宣称要促进语言多样性，但是有约束力的人权国家法仍然否认语言人权，尤其是教育中的语言人权。（孔特劳等，2014：154）

只有欧盟把尊重稀用语言真正作为欧洲文化遗产与文化的重要组成部分或者是增值部分来对待，欧洲公民身份才具有重要意义。

（赖特，2012：189）

但是语言多样性也可能与人类的福祉背道而驰：从人类历史中很难找到通过族群之间缺乏理解的方式来维护和平共处的例证。

（赖特，2012：216）

几个世纪以来，这种把语言多样性描述成上天惩罚的故事已经在西方人的观念中占据了重要位置，这也表明大家都认为语言多样性是一个问题。（托尔夫森，2014：168）

鉴于语言种类繁多，加上政府对于语言多元性兴趣冷淡，维护语言多样性的重任恐怕要落到各民间团体的肩上了。

（卡普兰和巴尔道夫，2014：18）

一方面，交际的刚性需求——索绪尔称之为“交际的力量”，迫使语种多样性的降低；但另一方面，乡土根性，即“本地归属感”，促进本地语言多样性的增长。（约瑟夫，2017：40）

> 对于那些采用语言生态学视角的研究者来说，保存语言多样性是重中之重，甚至是超越一切的，是语言政策研究的目标。
>
> （弗格森，2018：7）
>
> 保护全球语言多样性当然是一个很值得努力的目标，但如果这样违背了濒危语言社区大量人群的选择和意愿，或者需要对他们采取可能影响他们的机遇或社会进阶的重大限制措施的话，那么这种做法值得商榷。（弗格森，2018：84）

语言多元主义

语言多元主义（language pluralism）、语言同化（language assimilation）、国际化（internationalization）和本土化（localization）是影响语言政策制定的核心理念。语言多元主义承认多种语言（及其变体），倡导不同语言群体共存，对彼此的差异相互尊重，在维护平等地位的基础上保持各自语言发展的权利，对语言霸权和语言帝国主义行为予以抵制。

语言多元主义是一个用来描述接受语言多样性的术语，在这种情况下，所有人都有权在公共和私人领域使用自己的语言，而不必担心遭到谴责。

欧盟等国际组织的出现强化了语言多元主义思潮在全球的影响力。欧盟奉行的语言多元主义似乎是解决地区语言冲突的完美答案，因为语言多元主义可以为欧洲认同和欧洲一体化提供建设性元素。

语言多元主义与保护语言多样性、推行母语教育、倡导语言资源理念、维持少数民族语言等问题息息相关。

> 倘若民族国家能够受以下任何一种因素的影响而给予少数族群语言更多的支持，那么，濒危语言幸存的概率就会大大提高。这些因素包括：从意识形态上接受语言多样性和相关文化多元性的价值观；接受语言权的强式派观点；从实用的角度来实现个人双语制的认知价值或者实现由丰富的语言资源所带来的经济优势。（斯波斯基，2011：210）

鉴于语言种类繁多，加上政府对于语言多元性兴趣冷淡，维护语言多样性的重任恐怕要落到各民间团体的肩上了。

（卡普兰和巴尔道夫，2014：18）

国际公约的批准或超国家组织的影响促进了语言多元主义的价值日益升高。（斯波斯基，2016：248）

同化派和多元派的冲突根源就在于认同。人们对多元文化表现出自信，少数民族相信在公共领域应该更多地表现自己的语言和认同。

（弗格森，2018：7，67）

随着多元文化的兴起，学术界催生了一个新的观念，即移民不必放弃他们祖先的语言就能真正融入新的国家。多元主义者（pluralists）不仅青睐支持多语政策，还倾向将单语政策描述成对移民消极态度的反映。双语学校［成为］一个话语的发布场所，宣传多元文化是人类资源这一理念。（约翰逊，2016：56，84，125）

在20世纪60年代，美国终于出现了一个全国性的语言政策。总体上来说，这个语言政策反对单语制和“熔炉”观，支持多语制和多元文化观。美国国会就《双语教育法》问题召开了听证会，在众多的证人中，费什曼与众不同。他在陈述文化多元性、语言多样性和少数族群语言的维持时表达了这样一种语言信仰：政府有责任支持本国领土上所使用的所有语言。（斯波斯基，2011：109，115）

《欧洲区域或少数民族语言宪章》在1992年通过，欧洲在处理少数民族和语言弱势群体方面已翻开新的一页，采取了不同于现代国家的后现代方法，更有多元性和包容性。（库尔马斯，2018：69）

尽管当今大多数国家比以往任何时候都拥有更加多元化的人口结构——移民、原住民、跨国人士，等等。但是，这些国家发生的各种斗争（如同质的意识形态、霸权及权力与多样性、话语权、代表性及包容性之间的斗争）依然主要还是通过语言来开展的。（肖哈米，2018：3）

统治阶级群体并不会真正放弃他们的优越性而接受多元政策。其中重要的原因就是社会变革可能导致财富和政治权力的再分配。在这些少数民族要求权力的同时，那些权力人士也在为维持他们的特权身份而斗争。但是，从表面上看，权力人士依然遵循着多元化、民主化的社会原则，倡导所有的公民都应当有学习各种语言的机会。

（肖哈米，2018：41，46）

即使有的学校承认多元的文化，那也只是一种象征主义，而教育系统依然利用各种外显或内隐的机制来力图保持同质的语言知识，并认为所有的学生都应当掌握这种语言知识。（肖哈米，2018：100）

人们普遍认为语言多元性阻碍了职业流动性，因而延缓了发展。如果要实现基础教育和读写教育目标的话，文化多元化也被看作不可行的。然而，近年来，学术观点转向认为多元文化是发展的基础源泉，而不是民族团结和发展的阻碍。研究也开始集中关注个人自由和权利，而不是社会凝聚力，聚焦于语言融合的缺陷，寻求在制度内部允许多元语言制度存在的方式。（赖特，2012：70，94—95）

一项政策如果只是为了适应语言多元化，往往就是象征性的，而且它宣布之后就很少有实际的规划。多元主义政策制定经常是雷声大雨点小，它基本不会改变权力关系。（赖特，2012：235）

扩大民主多元化就意味着要终止基于"归类"（比如基于语言和种族）而产生的歧视，并确保那些受政策影响的个人和群体拥有直接参与政策制定的权力，［这样］才能制定出真实的、进步的语言政策，从而取代那些限制性和压制性的语言政策。（托尔夫森，2014：319—320）

多元文化主义代表了可以称作对待多样化社会的人性化解决方式，集社会凝聚力、文化身份认同的维持、机会和资源均等、服务社会等多种目标于一身。（埃杰，2012：97）

多元和谐的国家也许是一种理想状态，在现实中很少能够实现，国家总是在各种分裂倾向之间进行斡旋平衡。多元政治实体中必然会存在多种政治理论、理想和谋略。有些政治意识形态倾向于支持社会凝聚力；另外一些则坚持不仅要接受社会分层，更要积极鼓励社会分层。

（埃杰，2012：169）

［社会认同理论和民族语言活力理论］都没有很好地解释稳定的多元文化主义和多元语言主义。（埃杰，2012：187）

> 多元派认为，提高少数民族群体语言地位不仅仅会对相关民族社区有益，而且也能从整体上巩固这个国家，因为多语人口会丰富文化生活，也是国际贸易和国家安全方面的一笔重要资产。
>
> （弗格森，2018：70—71）
>
> 虽然有一些美国人欢迎双语教育（包括少数民族语言），很现实、欣然地接受多元语言和多元文化社会，但有人却提出反对，担心这样会腐蚀传统上建立于单一文化基础的民族认同，会给未来带来可能的社会冲突。（弗格森，2018：36）

语言法

语言法（language law；language act）是有关语言的专门法律，如《加拿大官方语言法》（Official Languages Act of Canada）、《毛利语言法》（Maori Language Act）等。

最容易识别的语言政策就是在官方政策中的文件，它们以条款的形式出现在国家宪法、语言法、内阁文件或者行政条例中。语言法往往都涉及语言地位的确定、全国性官方语言的建立以及少数民族语言有限地位的保证等内容。地方政府也会颁布语言法，提高本地区语言变体的地位。许多语言法都与语言教育政策有关，特别是与学校教学媒介语的确定有关。

语言立法（language legislation）指通过制定法律来处理语言关系、解决语言问题的一种语言政策机制。不过，仅凭立法并不能保证其在语言实践中能够实施。对大多数国家来说，不管它们制定了什么样的语言政策，这些语言政策最终是通过人们统一认识来实施的。1990年美国通过的《土著语言法》就是一个经典例子，这个政策里的豪言壮语根本就没有反映在贯彻法律的措施上。

> 有些国家虽然没有涉及语言的宪法条款，但它们事实上有语言法，从而可以表明它们的语言政策或部分语言政策。（斯波斯基，2016：202）

法国第一条语言立法，是1539年弗朗索瓦一世签署的《维莱—科特雷法令》，旨在把一种形式的“全国性语言”凌驾于已具雏形的近代法国所说的许多地区语言和方言之上的。（埃杰，2012：16）

语言立法要想获得成功，就必须让人们真正的需求“自下而上”地进入语言立法。（约瑟夫，2017：164）

对简明语言运动而言，美国参议院通过《政府通信简明语言法》是一个成功，但实证研究表明，简明语言在法律起草中只是缓慢地得到人们的接受。（库尔马斯，2018：84）

在政体或社会实体（如民族国家或其他社会政治团体）中，语言法就是中央政府为了维持或约束人们的语言行为而使用的合法的或官方的工具。这些实体可以是全球性和国际性的组织，也可以是享有某种永久立法权的自治区域。从对语言实践的影响力来看，语言法是非常有力的政策机制，因为它有惩罚和制裁做后盾，能够确保政策的执行，并将语言意识形态转化为语言实践。语言法拥有影响个人和群体自由的权利，能够约束他们的语言行为。因此，语言法被当作民主国家中最有力的政策工具。（肖哈米，2018：59）

语言法有很多种实施方式，例如：规定人们在公共标识或商务场合使用某种语言；规定人们在学校学习某些语言，或将某些语言当作教学媒介语；规定人们在公共场合，尤其是在政府办公场所使用某些语言；等等。一般情况下，很多国家由议会来负责颁布语言法。重要的一点是，以下内容也应该被认为是语言法：不得因为人们所使用的语言而对他们产生歧视。（肖哈米，2018：60）

语言研究院常常被当成一个有声望的机构，他们的观点常常带有强制性和权威性。他们对政策的确定和实施常常享有最终的决定权，他们能把那些不遵守语言法律的人置于不利的地位，并以研究院的名义把他们判定为局外人，或是违法者。（肖哈米，2018：66）

语言政策文件的目标是维持语言政策背后的语言意识形态，并将其转化为语言实践。例如，规定语言法、语言标准化、公民法以及语言研究院成立等内容的文件。（肖哈米，2018：76）

法语保护协会、法语未来协会和法语国家友好联络协会有权对蔑视语言法案者提起民事诉讼。（赖特，2012：122）

语言管理者可能是以下几种情况：第一，是某个特别的利益集团，因为集团成员可以通过某些手段来影响立法机关，从而使立法机关修改宪法或制定新的法律；第二，是法院或行政官员，因为法院有权解释何为语言法，行政官员有权决定是否实施有关语言的法律。

（斯波斯基，2011：10）

语言政策可以是一部法律，例如，1975年的《法国语言法》；语言政策也可以是一个动议，例如，美国"唯英语运动"所提倡的动议；语言政策还可以是一份政府文件，例如，澳大利亚国家语言政策的各种文件；当一个国家的教育部着手重新界定本国语言政策中有关语言教育部分的各项内容时，该国的语言政策也会从中体现出来，例如，荷兰的《国家外语行动计划》或以色列的语言教育政策。

（斯波斯基，2011：17）

1997年哈萨克斯坦举行的斯拉夫化运动成功地促使一部新语言法诞生，该法允许俄语用于该国的正式场合，并与该国的国语哈萨克语享有平等地位。（斯波斯基，2011：166）

新西兰在1987年颁布《毛利语言法》，宣布毛利语和英语以及新西兰手语一道成为新西兰的三种官方语言，[新西兰根据该语言法建立了毛利语委员会]。（约翰逊，2016：48）

《美国土著语言法》是美国唯一的联邦语言政策。《美国土著语言法》规定联邦政府有责任"保持、保护和推动美国土著人使用、运用和发展"美国土著语言的"权利和自由"，其中包括将这些语言作为学校教学媒介语。（托尔夫森，2014：273）

由于当时正在大力推广以英语为主或"唯英语"的教育项目，[《美国土著语言法》]没有得到广泛支持。要让该法案在国会获得通过，需要进行一定的政治操纵。最终，《美国土著语言法》附在了一个跟语言没有任何关系的法案后面得以通过。（约翰逊，2016：184—185）

在律师的眼里，语言法与其他法律领域之间似乎分隔较远，如法

学专家德维特指出，“与其他法律分支相比，语言法具有高度的概念自洽性”。（格兰，2020：72）

为了确保非洲语言在政府高层的象征性存在，在一项新的南非语言法案中，曾一度认真考虑建立一种复杂的六种语言轮换制度，供政府发布文件使用。（里森托，2021：144）

语言分化

语言接触不仅导致语言融合，也导致语言分化（linguistic fractionalization; language diversification）。谱系树模式一般只适合于解释语言在没有接触的情况下产生的语言分化现象，认为语言分化之后就各自顺着自身的方向发展，相互间没有联系，没有影响，犹如树枝从树干上分叉出来后，就各自顺着自己的方向发展。这种理论无法解释两种或多种语言相互接触情况下所产生的语言变化。

语言接触导致语言分化，语言分化导致沟通困难和语言转用，语言转用导致语言衰亡。通过不同国家的大量调查样本发现，人均国民生产总值与民族语言分化有着显著的负相关，即国家经济形势向好，社会稳定，流动性增强，语言分化减弱；国家经济形势低迷，社会不安全感加剧，各地区人员流动性减弱，封闭性加强，语言分化趋势明显。

语言分化和语言趋同是同一种活动（语言接触）的不同结果。在欧洲，英语、法语、德语、意大利语等脱离拉丁语的束缚，为建立独立的现代民族国家共同体奠定了基础；在中国，汉语方言的演变始终受书面共同语的影响，汉语方言的历史演变与西方的语言分化不同。

英语在全球传播过程中也面临着语言分化情况。英语传播到新领域后，会逐渐趋于本土化，等到这些英语变体发展成熟、身份独立，不需要参照其他国家英语语音、语法时，带有地方文化和口音的语言分化就形成了。

语言分化是一个国家内部不同族群间在语言、宗教或文化上具有复

杂性和广泛性的区别标志。（托尔夫森，2014：233）

鲜有社会力量支持方言连续体之间的语言同化，许多人支持语言分化，但这并非是说使用不同语言可以避免怨恨、侵略、迫害等现象的发生，而是指在这样一种高度语境化、面对面的交际场合下，几乎每个人都是一个少数民族，原因是他们每个人都来自很小的语言社团。当时存在的一种学术通用语阻碍了知识分子间方言求同的趋势。

（赖特，2012：24）

语言融合的向心力与语言分化的离心力之间长期抗衡。一方面，政治、机构的影响（教育体系、征兵制度、政府机构、爱国主义等）促使我们接受语言规范化；另一方面，个体倾向于使用偏离规范的富有诗性的、创造性的语言，选择有个性的语码、专用语和行话。二者一直处于矛盾之中。（赖特，2012：52）

语言分化助长了社会阶层的分离。（赖特，2012：110）

在印度，尽管英语推广政策有可能加剧社会的贫富差距（如贫民和中产阶级之间的差距）和城乡差别，但人们还是认为这一政策具备社会和政治双重价值，并且不会导致宗派矛盾；而另一方面，卢旺达的英语推广政策则伴随着该国不断加剧的种族语言分化，其中最极端的表现就是发生于1994年的种族大屠杀。（托尔夫森，2014：314）

［外部］干涉会导致某一语种内部小群体的语言分化，导致一部分的语言相对别的小群体更加保守。（约瑟夫，2017：36）

语言服务

语言服务（language service）是从事以语言为服务内容的劳动，典型的形式是提供翻译服务。

语言服务包括宏观和微观两个角度，宏观语言服务的提供者是政府部门或学术团体，微观语言服务的主体多为市场经济中的企业或个人。目前，微观语言服务的专业性和人才的职业化程度越来越高。

语言服务有专业语言服务和行业语言服务之分，专业语言服务是提供语言产品的服务，包括语言翻译、语言培训、语言技术、语言支持等方面的服务；行业语言服务包括城市窗口行业、出租车行业、旅游行业语言服务，还包括国际工程行业、装备制造行业、影视文化与媒体行业、信息服务行业、电子游戏行业语言服务。

随着语言服务观念的普及和深入，应急语言服务（emergency language service）和减贫语言服务（poverty-alleviation language service）开始受到人们关注。2020 年，在国家语委的支持指导下，"战疫语言服务团"紧急研发了《疫情防控外语通》，面向滞留海外的中国留学生和同胞，以及在华、来华的外国留学生和外籍人员，提供疫情防控和医护诊疗方面的应急语言服务。在减贫语言服务领域，许多非政府组织（如基金会、慈善机构）都积极参与到各类活动中。通过提升语言能力进行减贫是许多国际组织的倡议，而对弱势群体的语言教育进行支持已在许多国家证明是行之有效的减贫手段，可以推进社会公平正义。研究应急语言服务和减贫语言服务有助于推进国家语言战略，促进语言政策与规划学科的发展。

> [根据《欧洲地区语言或少数民族语言宪章》，欧洲各国] 政府机构的窗口部门有责任提供少数民族语言的服务，提供这种语言服务的依据是根据该语言使用人口的数量和聚居程度来判断。一般来讲，一个地区使用该语言的人口比例应达到 20% 以上。（斯波斯基，2011：135）
>
> 从美国的政策也可看出，美国似乎并不愿意为少数民族提供语言服务，具体地说，是双语教育的服务。（斯波斯基，2011：137）
>
> 如果在学生教育中没有提供额外的语言服务（如沉浸式教学），就不存在承认少数民族语言的政策，这就属于空白性的政策取向。
>
> （约翰逊，2016：37）
>
> 多种类的语言服务（如口译、笔译、参考书、电脑翻译）在急救中担任着重要的角色，因为它们可以帮助人们解决紧急问题，并且可以为人们提供捷径来减轻那些因在漫长等待有效语言管理之时而产生的各种焦躁症状。由于城市化、全球化和移民潮助长了多语现象的出现，人们

对解决多语问题的需求日益增多，这些都刺激了各行各业在语言服务方面的发展。（斯波斯基，2016：330）

语言服务即通过提供口译或笔译服务来处理人类尚未解决的语言交际问题的一种方法。（斯波斯基，2016：332—333）

政府的语言服务还应包括保护居民的各种个人权利。这些个人权利包括：人们在私人和公共空间使用某种语言的权利；人们使用不同于标准语的语言变体的权利，特别是使用“地方性语言”的权利；人们选择语言变体或保持沉默的权利；人们根据自己的需求选择语言使用方式的权利，尤指选择各种口音或使用混合语的权利；最后，人们学习声望语言和权力语言的权利，无论这些语言是国语还是英语，只要是人们为了进入社会并在社会中发挥功能所必需的语言，他们都有学习的权利。（肖哈米，2018：168）

语言复活

见 语言复兴 › P159

语言复兴

语言复兴（language revitalization）指通过语言规划和多层次的语言政策来促进一种濒危语言的传承，增加其母语讲话人的数量，使其在更多的领域使用，从而恢复其语言活力。还有些学者使用了 language restoration 和 language recovery 之类的术语，其内涵基本与“语言复兴”相当。对这种现象的学术研究称为复兴语言学。

语言复活（language revival）指将一种已经没有母语讲话人的语言重新引入语言生态中的语言规划活动，有助于某个群体重新获得其祖先的语言、历史和文化。该术语由费什曼在《扭转语言转用》一书中提出。

语言复兴是针对濒危语言而言的，而语言复活是针对绝迹语言（extinct language）而言的。因此，毛利语在新西兰的推广是一种语言复兴运动，而希伯来语在以色列的重新使用可视作语言复活。很明显，语言复活比语言复兴的难度要大。

无论是语言复兴还是语言复活，都是主要通过扩大年轻群体的使用者从而扭转语言转用来实现。一种语言能否得到拯救或复兴，操这种语言的群体的意愿和态度是非常重要的。自然语言口头传承是语言复兴和语言复活的最佳手段。

另外，有的学者使用语言再生（language reclamation）这个术语，它指的是通过录音、录像、词典编纂等方式，将一种濒危语言在族群原居住地的语言生活方式保存下来，以便为进行中的语言复兴和今后的语言复活工作提供物质基础。20 世纪 90 年代，加拿大和美国的一些学术机构和民间社团分别实施了一批针对印第安语的语言再生项目，这一术语取自该项目名称。语言再生强调通过文字录像等技术手段，而非自然语言口头传承的方式，让第一语言不是其本族语的土著群体年轻人通过二语习得的方式获得本族语交际能力，这是因为一些被同化的民族可能暂时放弃本民族语言，但他们对本民族语言的依恋之情仍不会灭失。

> 尽管澳大利亚的多数土著语言似乎难以挽救，但是澳大利亚依然还有许多语言维持和语言复活的计划在实施中。（斯波斯基，2011：233）
>
> 土著语言复兴是受政策、政治和权力等多种变幻莫测的因素影响的，也受到语言市场的影响。尽管有草根组织的努力，社区成员自己却往往在抗拒土著语言教育，这一发现在世界各处都有记录。
>
> （约翰逊，2016：49）
>
> 毛利语教育对于毛利语的复兴起到了很大作用，并被誉为语言政策支持土著语言复兴的成功案例。（约翰逊，2016：175）
>
> 在某些方面，《美国土著语言法》的通过与新西兰毛利人的语言教育和语言复兴运动有一定联系。这种联系揭示了全世界语言人士建立的关系网络，其中包括土著语言教育者、活动家以及其他致力于语言政策研究的人员。（约翰逊，2016：185）

在夏威夷，那些最先试行沉浸式夏威夷语学前教育的父母，其灵感来源还是新西兰的语言教育和语言复兴运动，因为在新西兰，土著语言教育也是从沉浸式学前教育项目（即毛利语“语言巢”项目）开始的。

（约翰逊，2016：185）

地位规划的主要目标包括语言复活、语言维护、语际交流和语言传播。培育规划则研究这些语言的具体地位目标是如何实现的。

（卡普兰和巴尔道夫，2014：232）

依照需要复活的语言的地位，语言复活可以细分为三类：再生、拯救、恢复。这三种形态所对应的语言丧失的程度不同，其目标都是为了恢复语言的社会地位和功能。（卡普兰和巴尔道夫，2014：232）

语言复兴最艰难的挑战之一是某些社区或社区中的某些成员将主流语言看作更多机遇和社会进阶的媒介，并决定只将主流语言传递给他们的后代。（弗格森，2018：83）

对于一种一度遭受贬抑的语言而言，哪怕是象征性地位的提高也会改变人们的态度，为语言复兴做出有益的贡献。（弗格森，2018：87）

如果社区语言使用模式有其社会经济基础的话，那么复兴工作就应该与社会和经济政策领域联系起来。（弗格森，2018：88）

20 世纪晚期威尔士语语言复兴的一个显著特征是它从一种局限于低端地位语域的边缘语言获得了官方承认并予以制度化、合法化，这在 60 年前还几乎是不可想象的。（弗格森，2018：98）

教育机构不能承载语言复兴的全部重担，语言复兴需要以家庭和社区为基础的联系和支持。（弗格森，2018：104）

双语教育对于语言复兴有重要意义，尤其能够提高语言声望，扩大识读能力，吸收语言使用者。（弗格森，2018：110）

如果学校教育不与家庭传递这一关键纽带联结，或不与校外社区语言使用联系的话，双语教育就不一定能保证语言复兴。

（弗格森，2018：110）

语言复兴如果想要取得成功，就需要有“整体性的”规划，甚至包括看似平凡但实际上非常重要的领域，如城乡规划。（弗格森，2018：110）

语言复兴的成功还需依赖有同样信念的使用者的数量，以及这些人是否能找到化理想为现实的政治空间和权力。（弗格森，2018：110）

只要社会成员决定要使用其他语言以更好地服务于生活，那么，在较长时间内语言复兴要取得成功是不太可能的。语言的消失并不是什么新鲜事，而且，在历史进程中消失的语言也许比现存的语言还要多。（赖特，2012：12）

成功实现语言复兴的少数民族往往具有足够大的地盘和足够强的凝聚力，可以要求并获得一定程度的自治。他们经常被称作是非国家性质的民族。（赖特，2012：193）

那些致力于少数民族语言复兴的人认为，只有通过复制国家建构政策和规划进程才能实现少数民族语言的复兴。（赖特，2012：239）

在任何一种语言复兴努力中，大众传媒所起的核心作用是不可忽视的。［这］是因为它能让人们在日常生活中看到他们的语言在各种社会场景中出现，比如通过网络、电影、纪录片、电视和广播节目，以及各种纸质或电子的平面媒体，语言都可以展现出来。（托尔夫森，2014：292）

互联网和社会媒体通过标准的制定（如编纂字典、整理语法以及词汇表）在语言复兴过程中起着重要的作用。（托尔夫森，2014：302）

在乡村社区中，由于缺少资金和教育机会，因此最难克服的困难就是缺乏识字教育。这一问题仍将是阻碍农村地区利用技术实现语言复兴目标的巨大障碍。（托尔夫森，2014：304）

语言管理

语言管理（language management）有两个理论模型：一是由诺伊施图普尼（Neustupny）和颜诺（Jernudd）提出的用于分析语言问题和提供解决方案的语言管理分类框架，认为语言规划不完全属于语言学的活动，而是一种为了解决社会语言问题的政治和管理活动，语言管理可以分为个体化语言管理（简单语言管理）和组织化语言管理（机构语言管理）。捷克学者内克瓦皮尔（Nekvapil）等人发展了这一学说。

另一个是斯波斯基提出的语言管理理论框架。该理论借鉴了诺伊施图普尼和颜诺的语言管理框架、费什曼的“语言域”概念和霍凯特（Hockett）的“语言社区”理论，并结合了斯波斯基自己的“语言政策三成分”理论。不过，内克瓦皮尔认为斯波斯基差不多把语言管理当作语言规划的同义词，只是更为宽泛的语言政策概念的理论构件，仅仅增加了众多不同层级的管理者。

20世纪80年代末，面对政府失能和市场失效的双重困境，许多专家学者开始倡导“治理”（governance）概念。1989年，世界银行以“治理危机”（crisis in governance）为主题发布报告，首次使用了现代意义上的“治理”一词。此后，“治理”便被政治学、社会学等广泛应用。许多国际组织纷纷发表与“治理”相关的年度报告或文件。

治理可以被定义为“各种公共的或私人的个人和机构管理其共同事务的诸多方式的总和”。

语言治理具有以下特点：（1）语言治理主体呈现多元化，政府并非唯一的权力中心，政府与其他社会组织，如志愿者组织、私营组织、社区组织等一起参与语言事务；（2）语言治理手段呈现多样性，强调参与、对话、协商、谈判与多边合作；（3）语言治理是一个持续互动的过程，而不是生成一套规章制度，过程中没有绝对的主客体之分，强调联合行动；治理过程的基础不是控制，而是协调；（4）语言治理的意识形态基础是实现公共利益的最大化，通过多元化权力向度达到“善治”（good governance），倡导“利益共享、风险共担、全程合作”的共同体关系，使相互冲突的或不同的利益得以调和。

> 语言管理是某些拥有或声称拥有特权的人或团体所付出的显性的或可见的努力，其目的是为了改变语言域中人们的语言实践或语言信仰。
>
> （斯波斯基，2016：6）
>
> 当有一个人或一群人在对这种语言干预进行指导时，我们就称之为语言管理（比起“语言规划”、“语言工程”或“语言治理”等术语来，

本人更愿意使用“语言管理”一词）。（斯波斯基，2011：10）

当教师把语言实践作为教学内容清楚地讲授出来时，这就成为一个语言管理的例子。（斯波斯基，2011：12）

斯波斯基的语言管理指在一个政体中管理和操纵语言行为的具体措施。（肖哈米，2018：52）

语言管理不同于一般的语言实践和语言信仰，语言实践和语言信仰通常是因语言管理而改变的。（斯波斯基，2011：18）

语言管理就是某些拥有或者要求拥有特权的人经过努力来改变其他人所使用的不良语言的行为。（斯波斯基，2011：22）

语言管理通常是以正式的文件形式出现，但也有例外。

（斯波斯基，2011：14）

博纳奇纳的研究吸收了斯波斯基的定义，这一定义将语言政策分为三个部分，即语言管理、语言信仰（或语言意识形态）、语言实践，但是博纳奇纳将重点放在第三部分，即她所说的“实践性语言政策”上。

（约翰逊，2016：68）

斯波斯基借用了费什曼在社会语言学领域所提出的语言使用域（domain）概念（包括三个因素：具有代表性的地点、在该地点参与活动的人物、在该地点所谈论的话题和所使用的语言文字材料）来阐述在以下语言使用域里的语言管理问题：家庭域、宗教域、职场域、公共语言空间域、司法与医疗卫生域、学校域、军队域、各级政府域、国际组织域以及专门的语言管理机构域。（托尔夫森，2014：42）

［有学者］对夏威夷中小学和大学政策惯例中的历史模式进行了分析，将这些语言管理政策及惯例认定为制度性种族主义的表现形式（隐性政策的一种形式），无论机构的政策、规章、标准和惯例的执行负责人是否有明显的歧视性意图，这些政策、制度、标准和惯例的确引发了歧视。（托尔夫森，2014：81）

民族志研究倾向于将研究重点放在了语言管理者（如老师）在语言政策进程中的权力上。（托尔夫森，2014：127）

有效的语言管理不是不可能，但非常罕见。各个政府组织很少有时间，或主观上不愿意，或客观上不具备条件，或缺乏智慧，去全面考虑语言政策的性质、意义和困难，以及制定语言政策所牵涉的社会、经济、政治、宗教、人口和种族等复杂因素。

（卡普兰和巴尔道夫，2014：2）

语言管理者可能是起草国家宪法的两院制议会。语言管理者也可能是国家的立法机关，由立法机关制定法律并确定官方语言。语言管理者还可能是一个国家的地方政府机关，例如，由它们来决定当地公共标牌的语言。语言管理者还可能是以下几种情况：某个特别的利益集团、法院或行政官员、某个机构或企业，[以及]家庭成员。

（斯波斯基，2011：10）

法兰西学术院是法国实施语言管理的一个工具，这是国家授权旨在保护法语的一个组织。（斯波斯基，2011：76）

影响语言使用的关键因素似乎不是语言管理，而是社会变革与人口变化。（斯波斯基，2011：95）

从本质上说，促使语言转用的动力都是来自人口、社会经济和政治等非语言因素。我们很难看清语言管理工作除了延缓语言的最终丧失之外还能做些什么。（斯波斯基，2011：242）

[对于企业而言，]有效交际只是语言管理中最基本的核心动力，企业利润才是语言管理中的最高境界。可是，许多企业对语言管理却有一种巨大的惰性心理，它们对自己潜在顾客所表现出来的各种多语现象反应迟钝。（斯波斯基，2016：91）

语言活动者是语言管理中的重要参与者，他们以个体或群体的形式出现，他们的语言意识形态非常清楚，那就是支持濒危目标语的维持、复活或推广。（斯波斯基，2016：275—276）

语言管理过程包含以下几个阶段：为影响政策制定者所付出的努力、政策的起源、政策的制定、政策的实施、政策的评价、政策的修订及其之后的政策实施。（斯波斯基，2016：302）

语言规范化

语言规范化（language normalization）指为语言的运用确定标准，并通过国家行政命令和专家引导的力量，使语言按照这个标准发展。

对语言变异的研究有助于认识语言的本质，为语言规范化提供依据。语言规范化、标准化、信息化相互促进。语言信息化的基础是语言规范化。

政治、机构的影响，如教育体系、征兵制度、政府机构、爱国主义等，都会促使人们接受语言规范化。语言规范化涉及以下一些话题：主持人语言规范化、字母词使用的规范化、网络语言的规范化、立法语言的规范化等。

语言交际效率需要一种公认的语言规范来做保证。

（斯波斯基，2011：43）

法国通常被视作单语制语言意识形态和语言政策较为典型的国家。法兰西学院是一所语言规划机构，负责制定语言规范，寻求提高法语地位的方法。（约翰逊，2016：67）

在［捷克斯洛伐克的］行政机构中，捷克人占据主导地位，他们坚持自己的语言规范，排斥斯洛伐克语的使用，这使斯洛伐克人很受刺激。斯洛伐克语言学家坚持编录并强调他们的语言与捷克语的差别，这是斯洛伐克反对捷克国家建构的一项民族主义规划。（赖特，2012：48—49）

语言学会是对语言规范进行自觉规划的核心机构。

（赖特，2012：52）

处于社会中心的精英阶层编纂词典，制定语法规则，积极推动全国范围内的语言规范化。（赖特，2012：54）

在［日本］国立国语研究所以官方的身份研究语言问题的同时，有很多其他机构和组织不依赖文部省或国语研究所也在独立制定语言规范。（卡普兰和巴尔道夫，2014：32）

语言规范化的目标涉及语言形式的政策规划，所谓语言形式指的是语料库的标准化和副语言规范化（初始的语言文字化、语法化和词汇化）。（卡普兰和巴尔道夫，2014：236）

> 虽然在区域内进行语言规范化是头等大事，但让语言在生活文化中为人接受也很关键。（弗格森，2018：87）

语言规划

语言规划（language planning）是政府或社会团体对语言文字及其使用进行的有组织、有目的、有计划的人工干预与管理，主要包括地位规划、本体规划、习得规划、声望规划和话语规划等。语言政策（language policy）是政府就语言问题所制定的政策，是语言规划的成果，也会指导和制约后续的语言规划行为。

在文献中，“语言工程”（language engineering）是先于“语言规划”出现的术语，意指为解决语言问题而进行的社会工作，而“语言规划”这一术语最早是在1959年由豪根引入，并将其定义为“一种为规范拼写、文法和词典做准备的活动，旨在指导非同质言语社区中的书面和口头言语行为”。随着研究的深入，语言规划定义被完善为“一种有意识的语言改变，这种改变既可以出现在语言系统本身，也可以出现在言语行为方面，或两者兼而有之。这些改变措施通常由专门的规划机构制定出来，也可以由类似的授权机构制定出来”。

此后，多位学者对“语言规划”这一术语的界定纷纷提出了自己的看法。托利（Tauli）认为，语言规划是调节和改善现有语言，或创造新的区域性、全国性和国际性语言的活动。

鲁宾和颜诺（Rubin & Jernudd）认为，语言规划是由某些管理机构实施的（即“自上而下的”）、有一定意图的行为，其目标是为了改变语言形式（即本体规划）或语言使用（即地位计划），或两者兼而有之。这些规划是由专门为此目的而建立或得到授权的机构来进行的。语言规划的主要任务是解决问题，它的特点是通过制定和评价各种解决语言问题的方法，以寻求最好（或最优、最有效）的决策。颜诺和达斯古普塔（Jernudd & Das Gupta）认为，语言规划不是一种理想主义和完全属于语言学的活动，而是一种为了解决社会语言问题的政治和管理活动。

库珀将语言规划定义为“有意识去影响他人语言行为的努力，包括习得、结构和功能分配等方面”。这一定义既没有将规划者局限于权威机构，也没有限制受规划的目标群体类型；它使用的是“影响”一词而不是“改变”一词，因为前者包括了促进语言维持的行为，这是语言规划的一个合理目标。定义泛指各类“行为”，而非特指解决语言问题的行为。由于语言规划最终是为了达到非语言的目的，因此最好不要把语言规划定义为解决语言问题的努力，而是要定义为影响语言行为的努力。费什曼认为，语言规划指的是对语言问题解决方法有组织的寻求，一般出现在国家一级，由政府授权。诺伊施图普尼认为，语言规划是“对于语言问题系统的、基于理论的、理性的和有组织的社会关注”。伊士曼（Eastman）认为，语言规划是为了达到某些规划机构设定的目标，而将语言作为一种社会资源进行操作的活动。规划机构一般指当地的政府、教育、经济或语言权威部门。

韩礼德（Halliday）认为，语言规划意味着在一个自然发展的语言系统中引入设计过程和设计特征。语言规划活动的重点在制度，而非本体，即它规划的不是语言的形式，而是语言与其使用者之间的关系。托尔夫森认为，语言规划是所有有意识地影响语言变体的结构或功能的活动。语言政策是由政府所从事的语言规划。卡普兰和巴尔道夫（Kaplan & Baldauf）认为，语言规划是某些人由于某种理由试图改变某个社区语言行为的活动。格兰（Grin）认为，语言政策的根本使命是语言多样性的管理，解决语言问题是语言政策和语言规划的首要目标。楼必安可（Lo Bianco）认为，语言规划是一种最直接地将语言变为公共政策的学术领域。埃杰用“语言规划”表示那些由个人或集体从事的非官方的活动，用“语言政策”特指官方的行为。菲利普森认为，语言政策是社会政策的集成部分，是语言社会学的一个分支。地位规划、本体规划以及习得规划是语言规划的主要内容。

穆豪斯勒（Mühlhäusler）指出，按照生态学的观点，语言规划已不再是一种流水线式的作业过程，而是一种旨在保持人类交际系统最大多样性的活动。采用生态观的语言规划者所追求的（语言的多样性）正是传统语言规划者们要解决的问题。斯波斯基认为，语言政策可以分为三个组成部分：语言意识形态——关于语言和语言使用的信念，语言实践——使用者在自己可操用语言变体中进行选择的惯用模式，语言规划管理——通过语言规划、干预来影响语言实践的所有努力。

“语言政策”与先期问世的“语言规划”术语的概念关系存在争议。一些人认为语言政策从属于语言规划，语言政策仅是语言规划宏大进程中的一部分，语言规划的实施促使政府制定语言政策；而另一些人认为语言规划从属于语言政策。在斯波斯基的语言政策模型中，语言规划（即语言管理）仅仅是语言政策三分法的一个组成部分。而且，语言政策的研究范围还在不断扩展：从语言规划的官方文本，到公开的政治权力机制，到既基于自下而上的力量又依赖于自上而下的权力的多层进程，再到内嵌于当地的语言意识形态和语言实践的社会文化现象。

> 费什曼将语言规划定义为“对语言问题解决方案的有组织的追求，特别是在国家层面”。（弗格森，2018：1）
>
> 语言规划用来表示通过由宗教、种族或政治纽带维系的有组织的社区，有意识地尝试影响其成员日常所用语言或教育中所用语言的途径和方法，或者表示通过这样的社区影响学界、出版社或者媒体记者进行语言变革的途径和方式。（埃杰，2012：5）
>
> 语言规划和政策行为中具有七类动机：身份认同、意识形态、形象建构、不安全感、不平等、融入群体、提升的工具性动机。
> （埃杰，2012：9）
>
> 语言规划通常是一种强制与支配行为。（埃杰，2012：103）
>
> 语言政策与语言规划不同：语言政策体现了社会中掌权者的举措。
> （埃杰，2012：166）
>
> 语言政策和语言规划这两个术语有时都被当作同义词来使用，或者作为同一个活动的不同侧面同时出现。其实，它们是两种不同的活动。或者语言规划在先，促成语言政策的颁布，或者语言政策颁布在先，指导语言规划。（卡普兰和巴尔道夫，2014：13）
>
> 实际情况往往是，教育部门在没有上级制定语言政策的情况下自

行制定语言规划，或者虽有语言政策，但是措辞含糊不清，根本无法实施。（卡普兰和巴尔道夫，2014：14）

强硬的政治决定一经做出，语言规划的责任就主要落在国家语言规划机构中的语言学家、官员及教育系统的规划者和行政人员的肩上了。

（卡普兰和巴尔道夫，2014：133）

新西兰尽管有大范围的语言教育规划，但并没有更高层次的、政府级的正式语言规划。（卡普兰和巴尔道夫，2014：194）

传统形式的语言规划，其中心目标是标准化，因为标准化一般被认为便于口头和笔头的交流。（卡普兰和巴尔道夫，2014：216）

语言变化和语言转用时刻在发生，从语言生态角度看，语言规划提供了一种积极主动的方式，可以对语言多样性得以生存的环境施加影响。（卡普兰和巴尔道夫，2014：226）

早期的语言规划者曾发出这样的疑问：语言能被规划吗？我们认为，语言不但可以被规划，而且现有的规划还能够达到多重目标。

（卡普兰和巴尔道夫，2014：227）

语言规划和语言政策可以是显性的（清晰的、有计划的），也可以是隐性的（暗示性的、“无计划的”）；可以是不同层面上的（宏观的或政府组织层面的，中观的或社区、组织机构层面的，微观的或者个人层面的）。（卡普兰和巴尔道夫，2014：228）

某一特定的语言规划事项可能兼具多种目标，各目标在贯彻实施过程中也不是孤立存在的，而是作为更大范围内（哪怕是隐性的）系统目标的组成部分。（卡普兰和巴尔道夫，2014：229）

有无评估政策，直接关系到衡量一项政策的成败，也可以用来为语言规划设定目标。（卡普兰和巴尔道夫，2014：247）

尽管语言规划的动力可能来自最底层，个人偶尔也能起到关键作用，政府（或大规模基金会）的支持常常是必需的，因为语言政策活动的开展，其涉及范围之广，持续时间之长，没有巨额资金和大量人力的投入，万难取得理想的效果。（卡普兰和巴尔道夫，2014：252）

语言规划主要是改善语言的工具职能，当然也兼及语言的文化职能，比如一些少数民族的语音、文字规范化工作等。

（约瑟夫，2017：1）

语言规划是社会实践活动，同时又是一门科学。

（约瑟夫，2017：3）

很多后殖民非洲国家经济独立后的几十年来，语言规划先是停滞不前，之后在20世纪80年代全面崩溃。（弗格森，2018：3）

技术理想主义实践掩盖了语言规划所负荷的价值取向和意识形态，进而忽视语言规划所包含的权力关系和对社会经济平等带来的不可避免的影响等。（弗格森，2018：4）

在处理新兴非洲国家的语言问题时，语言规划被批评套用了传统欧洲民族国家的概念，认为公民团结在一种共同标准语言的大旗之下。

（弗格森，2018：4）

一些批评针对语言规划将语言物化的倾向，即语言规划把语言视为“就在那里”的自然物，是独立的实体。（弗格森，2018：4）

语言规划作为一个独立的学科深深植根于特殊的历史和社会政治现实之中。（弗格森，2018：9）

人们将批判的矛头指向了传统语言规划的技术学派实证主义，其作用是提高人们对语言规划意识形态基础和偏见的关注。自20世纪60年代初以来，语言规划的主要变化是［更多呈现］意识形态特征，其中两个趋势特别明显：第一，语言多样性被重新评估，当代语言规划干预措施的目标是尽可能维护多样性或予以限制；第二，回应批评理论家的批评，这一学科非常关注社会的缺陷、平等和公共资源的普及性等问题。

（弗格森，2018：14，11—12）

格兰曾指出经济学的主要贡献是为语言规划提供了显性识别政策选择的分析框架，如对成本和效益的分析。语言决策本质上是一个政治过程，因为附加其上的非市场价值（例如认同和文化的问题），不管是单就语言来看还是综合来看，经济学永远不会是语言规划的中心，经济学与语言规划只能是互补的关系，是作为一种辅助决策的工具。

（弗格森，2018：12）

有些学者把政策形成也纳入语言规划，例如鲁宾将语言规划过程框架分为四个独立阶段：数据事实采集、政策决定（形成）、政策实施和政策评估。（弗格森，2018：16）

本体语言规划的领域是语言本身，而地位规划，即以实现语言的社会功能为目标的干预，它通常包括对数个社会领域同时进行的干预活动：工作场所、当地政府、家庭、法律、媒体和教育等。（弗格森，2018：34）

没有文字就没有语言政策和语言规划。（库尔马斯，2018：98）

没有任何一种语言规划不体现意识形态的某个侧面。

（肖哈米，2018：49）

20世纪五六十年代，语言规划这个术语指对语言行为的全面干预和控制。统治机构不仅决定人们应当知晓哪些语言，还决定了学习语言的方法。随着消极干预方法逐渐增加，语言规划的意味越来越弱，而政策也就变得越来越真实。（肖哈米，2018：49）

二战后，语言政策和语言规划在大学里成为一门公认的学科。伴随着非殖民化运动而来的是新建“国家”的语言需求，这使得人们重新对民族建构的哲学和策略产生了兴趣。（赖特，2012：9）

［早期学者］代表了当代语言政策和语言规划学科中的一种趋向，即认为语言问题是可以解决的，语言规划是有效用的。（赖特，2012：9）

楼必安可曾这样评论，产生于二战后的语言规划模式往往把语言规划行为看作一种具有机械性特点的客观科学，于是，人们过度简化问题的解决过程，完全忽视这些模式所面对的变化和动态的环境。

（托尔夫森，2014：41）

语言规划与语言政策研究已经从分析国家语言规划的步骤和过程转变为重点分析语言政策在边缘化语言少数族群及其语言教育过程中的力量。《语言规划就是规划不平等》标志着这一领域一次典型的转变，文中的论述挑战了语言规划毫无政治意义的观点。托尔夫森针对语言规划与语言政策研究提出了历史结构法，认为语言政策增强了社会优势群体的利益，使少数族群及其语言边缘化，并加大了社会的不平等。

（托尔夫森，2014：127）

语言经济学是从经济角度来考虑语言规划中的问题，关注语言变量和经济变量之间是如何互相影响的。这个理论框架中的一个核心观点就是个人在语言习得过程中可能是将语言看作为商品而加以投资的。

（托尔夫森，2014：167）

在讨论如何解决个人所面临的语言问题时，首先必须对形成个人语言行为的强大的历史力量和体制力量作一深刻的评估。换句话说，无论是在人际交流的微观层面，还是在国家形成的宏观层面，一个国家的社会历史对语言规划起着关键性的作用。（托尔夫森，2014：169）

对于以语言典藏和语言复兴为目的的语言政策和语言规划而言，新媒体将成为支持其政策和规划的新机遇。（托尔夫森，2014：261）

当有一个人或一群人在对这种语言干预进行指导时，我们就称之为语言管理（比起“语言规划”、“语言工程”或“语言治理”等术语来，本人更愿意使用“语言管理”一词）。（斯波斯基，2011：10）

库帕提出的问题是：“语言规划是谁制定的？制定的内容是什么？是为谁而制定的？是如何制定的？”（who plans what for whom and how）思考这些问题有助于我们对语言管理的本质形成更加完整的概念，同时，它还有助于我们更好地理解语言管理是如何不同于一般的语言实践和语言信仰的，语言实践和语言信仰通常是因语言管理而改变的。

（斯波斯基，2011：17—18）

所有的语言规划活动都发生在特定的社会语言环境之中，只有考虑到当时的环境才能彻底地理解这些语言规划的性质和范围。

（斯波斯基，2011：18）

“国际语言规划进程研究项目”始于1968年，在1972年结束。这是语言政策领域第一次对语言规划机构的工作进行描述和评价的大型活动。（斯波斯基，2011：45）

语言规划和语言政策就是对语言的制度化，以便使之成为区分社会群体或阶层的基础。（约翰逊，2016：5—6）

豪根将语言规划的进程分为四个阶段：选择标准（selection of a norm），为特定情境选择一种语言变体；编制标准（codification），建立一个明确的语言形式规范，通常是书面形式；实施标准（implementation），试图推广这一语言形式；扩建标准（elaboration），继续更新语言变体，以满足现代社会的需要。（约翰逊，2016：26）

早期的语言规划理论倡导语言规划研究中所谓的客观性和科学性，试图将其与语言使用中的意识形态和社会政治现实割裂开来。

（约翰逊，2016：27）

语言规划观

语言规划观（language planning orientation）是指语言规划时采用的一些视角（perspective）或取向（orientation），有时也称语言规划观念（language planning view）。

早期讨论的语言规划观是按照规划取向划分的，较有影响的有三种："语言问题观"（language-as-problem view）、"语言权利观"（language-as-right view）和"语言资源观"（language-as-resource view）。

也有的按照规划视角来划分，如"语言规划平等观"（equality view on language planning）、"语言规划纯洁观"（purity view on language planning）、"语言规划生态观"（ecological view on language planning）、"语言规划竞争观"（competition view on language planning）、"语言规划发展观"（development view on language planning），等等。其中"发展"视角的语言规划理念与传统取向有着本质差别，因为无论是"问题观""权利观"，还是"资源观"，其所关注的对象都是语言自身，而新时代教科文组织语言理念关注的是"说语言的人"，考虑的是人的可持续发展，从而避免了以往语言政策中"见语不见人"的弊端。

还有的是按照规划目的（aim）来划分的，如"语言同化观"（language assimilation view）、"语言融合观"（language integration view）和"语言共生观"（language pluralism view）。其中，"同化"的结果是弱势语言的完全消失；"融合"的结果是弱势语言以地方或社会变体的形式，内嵌在主体语言之中，继续传承下去；“共生”的结果是多语共存，相互影响，共同发展。

如果按照语言规划背后的哲学思潮来划分，语言规划观可以分为“新自由主义语言规划观”（neoliberal view on language planning）、“人文主义语言规划观”（humanistic view on language planning）、“后殖民主义语言规划观”（postcolonial view on language planning）、“后现代语言规划观”（postmodern view on language planning），等等。其中，“新自由主义语言规划观”主张国家应该采取“放任自由性语言政策”（laissez-faire language policy），倡导各国实行“去监管化”的语言政策，让英语、国家通用语、少数民族语言在语言市场上“自由”竞争，允许讲话人“自由”选择——然而由于不同语言的市场价值不同，这实际上是一种不平等竞争；“人文主义语言规划观”倡导语言平等和语言多样性，鼓吹语言人权，呼吁保护全世界濒危语言，并将母语教育纳入各国义务教育之中。“后殖民主义语言规划观”认为英语的普及虽然为人类交流带来便利，但其形成的“语言黑洞”会加剧世界语言的濒危和消失，英语是骑在殖民主义背上的语言，具有语言帝国主义的潜在本质，主张语言教育规划要重视母语，避免贬低本地语言声望和变相推广英语认同的做法；“后现代语言规划观”倡导对语言身份的多重阐释，认为语言政策应该关注（多重、动态）语言身份建构的过程，认为所有的英语世界变体都是平等的成员，作为第二语言的英语变体也应该纳入语言教育政策研究中。

> 爱尔兰的任何语言民族主义都必须与国内的一个流行广泛的语言观做斗争，这个语言观就是爱尔兰语是爱尔兰社会发展和政治进步的障碍。（斯波斯基，2011：214）
>
> 在英国，关于标准语问题的争论已经持续了几个世纪。这一争论表现出人们语言观念的混乱程度。（埃杰 2012：41）
>
> 英国语言和语言学领域的特征是协会和利益群体过多，它们之间因缺乏一贯的语言观而无法联合起来，因此不可能提出内在统一的英国语言政策。（埃杰 2012：54）
>
> 语言平等是民族平等的宪法精神在语言政策、语言观念上的体现。（约瑟夫，2017：序言 1）

教学法实际上代表了一种语言观念。（约瑟夫，2017：57）

人们质疑结构主义的语言观：语言是个不带有政治性的系统，语言具有交际和再现功能，这些功能对效率的要求促使语言发展进化。

（约瑟夫，2017：75）

要采用扩展的语言政策观就必然需要扩展的语言观：不再把语言看作封闭的、有限的系统，而是把语言视为一个生命有机体——这个有机体是个体的、动态的、开放的、充满活力的和有创造性的，它可以超越语言间的界限，进行自由的表达。（肖哈米，2018：1）

传统语言观永远持有如下二分法的语言概念："好的与差的""正确的与不正确的""可接受的与不可接受的""本土的与外来的""标准的与不标准的""官方的与非官方的""合乎语法的与违背语法的""精通多语的与未完全掌握多语的"以及"口头的与书面的"。

（肖哈米，2018：2）

传统语言观仅仅是统治阶级的一种管理手段，把它用于分化各类人群，控制人身自由，维持同质群体的成员资格、忠诚度和爱国主义以及区别穷人与富人。（肖哈米，2018：2）

语言教育家、语言教师、课程专家和教材编写者，尤其是语言测试的组织者，都继续维持着同质化的语言观，因为他们都仍然使用着基于语言纯洁主义的语言标准。（肖哈米，2018：166）

语言活力

语言活力（language vitality）概念及评估要素源自民族语言活力（ethnolinguistic vitality）的相关研究，包括3个结构变量，即人口规模、社会地位和机构支持；克里斯托则提出了语言活力的6要素——社会声望、政治权力、经济地位、教育程度、文字能力、电子技术；自费什曼提出用于测量语言濒危程度的8级梯度"代际语言传承损耗量表"（GIDS）之后，学界常将该量表用于评估濒危语言的活力程度。

2003年，教科文组织颁布《语言活力与语言濒危》规范文件，确立了评估语言活力与濒危程度的9项指标：（1）语言代际传承；（2）语言使用者的绝对人数；（3）语言使用者占总人口的比例；（4）现存语言使用域的走向；（5）对新语域和新媒体的适应情况；（6）语言教学资料和读写资料；（7）政府和机构的语言态度和语言政策；（8）语言族群对母语的态度；（9）语言记录资料的数量和质量。基于对上述9项指标进行综合评估的结果，教科文组织建议将濒危语言分为5个等级：不够安全、危险、很危险、极度危险、灭绝。

近年来，一些学者不断发现现有语言活力评估框架中存在的问题，并提出语言韧力（linguistic resilience）概念，认为语言活力仅着眼于当前状态，而语言韧力着眼于长远趋势。语言与语言比较，不是比谁的使用者人口多，也不是比谁的地位和声望高，而是比谁在历史长河中更有抗压力，更能够渡过难关，更具生存力。语言韧力可用于描述一种语言在逆境下适应环境甚至茁壮成长的能力。当前，语言韧力的研究主要集中在两个方面，一是心理韧力，即与民族精神、文化传统、语言意识形态、语言忠诚度等因素相关的主观语言韧力；二是生态韧力，即流动社群，如移民、客居劳工群体、长期流浪民族对语言环境的抗压力。

语言活力的特点表现为家长愿意用该语言与自己的后代交流。

（斯波斯基，2016：23）

语言活力是语言生存的关键。人们为了语言复活而付出各种努力，但只有当语言的自然代际传承起作用的时候，语言复活才会出现。

（斯波斯基，2016：23）

群体成员对该群体在人口、经济、社会、文化资本（包括语言使用）等多方面状况的感知构成了该群体主观民族语言活力（subjective ethnolinguistic vitality）的尺度。主观民族语言活力指标实际上测量的是群体成员对语言和其被使用或应该被使用的社会领域的关系的看法，因此有利于理解他们增强或改变这些看法的动机和态度。

（埃杰，2012：125—126）

对于移民后代而言，在已经形成了稳定的移民潮的情况下，该语言

[第二语言]活力得分也必然居高，并且随着融合显得更令人向往。

（埃杰，2012：148）

在许多学术文献中，外来语已经被界定为语言活力，而非病态的象征。（赖特，2012：58）

很明显，拥有越高级别制度支持和控制权的少数语言族群提高自己语言活力的可能性就越高。（弗格森，2018：89）

虽然民族语言活力框架能够描述语言少数民族群体的处境，辨别薄弱环节，可以作为 GIDS 级别量表的有益补充，但它不能够解释导致其产生的原因，也不能为语言复兴工作提供具体的方案。（弗格森，2018：90）

语言教育规划

语言教育规划（language-in-education planning）是语言习得规划的一种类型，指为了培养和维护个体乃至群体的语言熟练程度（作为语言环境或语言生态的一部分）所采取的措施。

语言教育规划包括制订宏观政策和具体的方案，以及编写学习材料，以促进个体和群体语言能力的发展，以满足社会、机构和个体对该语言日后的各种的需要。

随着语言习得规划概念被人们普遍接受，语言教育政策（language education policy）有了正式的学科地位。类似的术语有“教育中的语言政策”（language policy in education）和“教育语言政策”（educational language policy）。

语言教育政策是体现语言政策强制力和操控力的一种形式，因为政府可以利用语言教育政策，将其语言意识形态转化为语言实践。

语言教育政策与政治、社会和经济紧密相连。经济、政治、文化和社会力量等都可能成为影响语言教育政策的因素，如民族主义（肯尼亚）、经济不平等（美国）、全球化（印度和日本）、种族冲突（卢旺达）、由于不同的语言权观念而引发的紧张（美国原住民）、后殖民国家的经济压力（肯尼亚）、精英竞争（卢旺达），等等。因此，语言教育政策应该置于与其他社会政策（如移民政策）、社会主流观念以及不同群体间权力关系的相互联系中进行分析。

一般情况下，语言教育政策是公开颁布的正式文件，像课程标准或教学任务等文件。但有时候语言教育政策并不是显性的正式声明，而是从各种事实语言实践中推导出来的隐性政策。不应当将语言教育实践都先验地归因于语言政策，因为没有语言政策的支持，语言教育实践也可能存在；更进一步，即使有语言政策的支持，也很难证明它与语言教育实践之间存在因果关系。

在语言教育政策中经常会遇到许多根本性的问题。首先是决定何种语言为教学媒介语的问题。在美国，语言教育规划问题，如教学媒介语问题，长期受关注，并常引发各种争议。在非洲，有关语言教育规划的争论已经持续了 50 年，争论的核心是“本土化”还是“国际化”。“国际化”指的是采用一种非土著语作为官方语言，比如后殖民时代的非洲前殖民语言，“本土化”是指恢复和采用非洲土著语言作为官方语言。

> 习得规划关注的是语言的使用者，其最终目标是增加语言的使用人数，这在某种意义上来说就是语言教育。（托尔夫森，2014：288）
>
> 语言习得政策（language acquisition policy），就是大家通常所说的语言教育政策（language education policy）。[因为] 只要有学校存在，它们都会把学生社会化的培养任务从家庭中接管过来，该任务的中心特点就是培养年轻学生的语言能力。（斯波斯基，2011：55）
>
> 人们对于语言政策的争论依然集中在教育领域。
>
> （斯波斯基，2011：168）
>
> 政体的语言教育政策是自上而下强制颁布的，它很少遇到抵制的现象，因为通常大部分学校和教师都会遵守政策。（肖哈米，2018：77）
>
> 语言教育政策常被当作服务中央政府的工具，被中央政府以“自上而下”的方式来加以推行，并被强行地纳入教育体系和政治体系之中。
>
> （肖哈米，2018：143）
>
> 语言学习的目标和方式是语言教育规划的基础。近年来该领域 [美国中小学教育中的语言政策及规划] 的变革影响了大批学生和教师，并

涉及学校管理和经费的根本性问题；该领域改革所产生的不同意见的声音要比成人教育领域的大，这也同样反映出全球化的影响。

（托尔夫森，2014：47）

语言教育政策通常控制着个人获取两种重要权利的途径：使人更有机会参与社会、政治和经济活动的教育权以及享有用母语作为教学语言进行教育的权利。（托尔夫森，2014：67）

2000年，亚利桑那州选民投票通过了《203号提案》，开始执行限制性的语言教育政策，限制公立学校的双语教育。（托尔夫森，2014：90）

语言教育政策是一种强有力的工具，因为它能在一个教育系统内创造并约束语言行为，孩子们在这个系统内无法选择，只能参与。语言教育政策还能进一步确定语言的正确标准；强制人们以特定的方式使用口语或书面语；创造关于语言的概念；尤其是确定社会中某些语言的优越地位，并决定人们应当如何使用、教授和学习这些优势语言。

（肖哈米，2018：78）

导师、教师、督察员的作用就是确保语言教育政策的有效执行，他们成了主要的政策执行者，对意识形态进行传播，使语言教育政策的政治口号变成了语言学习的事实实践。（肖哈米，2018：80）

尽管语言教育政策在决定事实语言政策、操纵语言和语言意识形态方面有非常重要的作用，但却很少有人研究它的这些现实作用和效果。

（肖哈米，2018：92）

尽管由官方文件所公布的语言教育政策为具体的语言规定提供了相对透明的信息，但是还有其他很多的语言教育政策，实际上是通过语言测试这种间接的实践来为事实语言教育政策服务的。鉴于语言测试的权力，语言教育政策的文件常常变成了一种很容易被操纵的口号，即使是测试政策与官方的语言教育政策相矛盾的时候，也不例外。

（肖哈米，2018：107）

随着20世纪教育逐渐普及至越来越多的个人，语言教育政策日益被用来强化民族国家的权力，也因此还包括控制政府机构的社会语言团体的权力。（托尔夫森，2014：25）

推行多语制以及语言多元化的国家政策也许并不能改变社会主流话语中对特定语言（尤其是殖民者语言）、单语教育或是僵化过时的语言教育模式的偏好。（托尔夫森，2014：128）

特权与具有统治地位的语言密切相关，为了保持这种特权，精英阶层往往暗地里抵制表面上提高大众语言地位的语言教育政策，而这些语言教育政策恰恰是他们所设计的。（托尔夫森，2014：174）

当我们分析语言教育政策时，就必须要承认有一些更广泛的影响因素的存在：比如由政客煽动并支持的反移民运动；当某些语言族群积极投身政治从而威胁到执政党时，其他人会努力限制他们的参政资格；执政领袖采用“分而治之”的方式以推广某些不得人心的经济政策等。（托尔夫森，2014：312）

当一个国家的教育部着手重新界定有关语言教育部分的［政策］内容时，该国的语言政策就会从中体现出来，例如，荷兰的《国家外语行动计划》或以色列的语言教育政策。（斯波斯基，2011：17）

语言教育政策争论的焦点是何为母语教育的问题。母语教育专家认为，不管学校最终的语言目标是什么，儿童的启蒙教学应该尽可能地用儿童在家里掌握的语言或语言变体来进行。（斯波斯基，2011：56）

印度的教育政策由两种形式构成：一种是精英教育，用英语进行；另一种是大众教育，用各种主要的印度语言进行。（斯波斯基，2011：97）

宽容性语言政策既不为多语教育创造空间，也不主动消除多语教育的空间，一切都留给公民个人来自主决定。（约翰逊，2016：37）

新西兰以毛利语（Maori）为教学媒介语的教育运动，通常被认为是一个成功的语言复兴项目。这项运动开始于1982年，是由一些有志于维护毛利语的社区成员启动的，在它的推动下，新西兰在语言教育政策中正式认可毛利语，并在1987年颁布《毛利语言法》，宣布毛利语和英语以及新西兰手语一道成为新西兰的三种官方语言。（约翰逊，2016：48）

斯古纳伯–康格斯（Skutnabb-Kangas）将少数民族语言教育和土著语言教育视作一种语言人权，并将排斥学生家庭语言的教育项目描绘成语言种族灭绝工作。（约翰逊，2016：50）

> 语言教育规划在各政府组织中普遍存在，以下几点也是显而易见的：语言教育规划很少植根于全国语言政策；语言教育政策的制定往往没有事先计划，有时还受市场的驱动；语言教育政策可能因为社会发展不稳定而出现突然的、彻底的转向；语言教育政策的总体状况混乱，而且很少有效。（卡普兰和巴尔道夫，2014：23）

语言教育政策

见 **语言教育规划** › P178

语言接触

语言接触（language contact）指的是不同的语言或方言因接触而相互渗透、相互影响的现象。语言接触有三种可能的结果：语言维持、语言转移和新的语言变体的产生。不同的结果取决于交际密度的差异，语言变体之间的差异通常由于交际密度的增加而趋向消失。

人口的流动促成了语言接触，也带来了语言关系中的调整与冲突，这给接触语言学、社会语言学、语言政策研究带来了众多的话题和素材。

一般将语言接触称为“语际生态”，将方言接触称为“语内生态”。语言接触不仅带来语言的丰富发展，也带来语言之间的相互竞争，其中语汇最易受影响。关注语言此消彼长、融合衍变的多维生态，可以为语言接触对全球语言系统的影响提供证据。

> 语言接触是一个社会语言学术语，用来描述语言间相互交流接触的现象。传统上，这一术语描述的是大规模语言使用者（如来自不同社会或不同国家的语言使用者）之间的宏观语言接触。“接触”这个词看起来并没有什么不好，但接触常常是由征服和殖民引发的，结果往往导致

强势语言的传播和随之而来的弱势语言的被破坏。最近的研究更加关注多语环境中的语言接触，这些环境包括学校、宗教、商业、护理等。

（约翰逊，2016：12）

在语言接触过程中，不同语言相互之间总会产生一定的影响。

（约翰逊，2016：12）

尽管早期语言规划框架中提出过中立的语言意识形态，也有一批语言概念（如“母语”“语言能力”“双言制”等）支撑这一观点，但语言接触的结果永远都没有显示出中性或公平。（约翰逊，2016：47）

语言接触、语言选择和语言层级构成了语言景观研究的基本内容。

（库尔马斯，2018：26）

人与人、群体与群体之间会因历史、政治和经济等原因而进行语言接触和语言互动，于是，语言在不断地发展，世界上根本不存在“有限的”和静态的语言。（肖哈米，2018：7）

世界的政治史可谓是语言接触和语言冲突的历史。当今的全球化也意味着越来越多的人发现自己需要与其他语言社团的人交往或是从他们那里获取信息。（赖特，2012：7—8）

在语言政策和语言规划领域，将现代化和民族身份建构中的语言问题作为研究焦点已非主流，许多研究者将注意力转向了语言接触带来的社会、经济和政治影响，特别关注优势和劣势、地位与机会等问题。

（赖特，2012：10）

当一种在社会经济上被边缘化了的不太被广泛使用的语言与一种更有声望、经济价值更高的语言接触时，前一种语言的使用者选择使用后一种语言，或从经济层面考虑，认为应将后一种语言传授给他们的后代。（弗格森，2018：130）

语言经济

语言经济（language economy）指的是基于语言资源的价值、效用和收益等经济特性，而形成的经济活动和社会形象。

布迪厄提出了语言市场（language market）的概念，指的是利用语言资源获取利益的社会空间。语言的市场价值主要由使用该语言的言语共同体的经济实力和供求关系决定。

语言经济学（language economics）研究语言与经济的关系，将语言作为一个经济变量，基于人力资本理论，考察语言地位变化和语言使用状况对宏观经济的作用、对个人收入的影响，计算语言规划的成本收益。研究范围包括：作为人力资本的语言及其投资、经济学视角下语言的产生与演变、语言对社会的经济贡献度、语言产业和语言服务、语言产业经济贡献率、语言产业与文化产业及教育产业的联系、语言政策和规划的经济学分析，等等。

在语言规划中，应该充分考虑语言的经济属性，从语言经济价值角度对语言资源进行评价、选择、配置与管理。例如，要让语言获得价值，一方面要让该语言成为个人进入就业市场的门槛；另一方面，应该将该语言的使用域扩展至包括教育域在内的众多高层领域之中。

母语具有经济学的一些本质特征：价值（value）和效用（utility），费用（cost）和效益（benefit）。母语的经济价值首先体现在其较低的习得成本，其次体现为母语“产品”应用的广泛性上，再次可以反映在母语能力转化为人力资本和社会资本的相对快捷性和便利性上。将少数民族母语能力转换为文化资本和经济资本具有可行性。双语家庭儿童双母语的习得成本低，但可以带来各种红利。双母语人可以将语言能力转换为人力资本与文化资本。从社会资源看，双语者可以有更大的社会网络，其发展空间比单语者要大；从人力资源看，双语者在求学、就业、升职等方面具有潜在的优势，而且可以通过开发自己的双语资源获得经济上的回报。

语言产业（language industry）是语言经济理论研究的对象和出发点，也是语言经济理论与实践结合的契合点。语言产业是国家语言经济的支柱，是推进语言生活进步的重要力量。语言产业不仅成为语言经济活动的核心部分。当能够赚取“语言红利”的语言产业和语言职业形成一定的规模，在语言规划中考虑语言经济问题就会成为一种共识。

语言经济学是从经济角度来考虑语言规划中的问题，关注语言变量和经济变量之间是如何互相影响的。（托尔夫森，2014：167）

土著语言复兴受政策、政治和权力等多种变幻莫测的因素影响，也受到语言市场的影响。（约翰逊，2016：49）

[布迪厄认为]学校是社会秩序再生产的关键场域，这一场域赋予某些语言更多的文化资本，形成了一个认定某些语言合法而某些语言不合法的教育和语言市场。（约翰逊，2016：65）

消除不满、促进长期稳定的最佳方式就是尊重少数民族群体语言价值，并在公民领域给予其存在空间。（弗格森，2018：70）

[费什曼的] GIDS 等级表对于经济因素，即受经济和政治力量影响的“语言市场”认识不足。（弗格森，2018：89）

语言市场不是完全竞争的或者不受任何限制的，而是受制于民族国家。（弗格森，2018：127）

语言测试机制极大地影响了人们对某些语言价值大小的判断。

（肖哈米，2018：55）

地位规划是一种调节语言市场（即语言使用的社会环境）中的语言与它们各自的使用者之间的权力关系的活动。（托尔夫森，2014：166）

语言的市场价值是由该语言在经济中与其他语言的关系所决定的。

（托尔夫森，2014：172）

消费者则会根据语言在语言市场上的价值接受或拒绝。

（托尔夫森，2014：177）

语言经济学研究的是语言与经济过程之间的相互影响。尽管它属于相对边缘的研究，但自 20 世纪 60 年代以来，它一直是经济学家们研究的对象。（里森托，2021：80）

经济学是一个衡量竞争性选择优劣的工具，来确定“最优”选择，即确保稀缺资源得到最佳使用。这个问题被称作“资源配置最大化”。因此，当应用于语言时，经济学就成为对语言政策进行选择、设计和评价的一种有用工具。它提供了一个框架，可用于识别、处理和组织各种

相关可能的语言方案的积极影响（优势或利益）或消极影响（缺点或成本）的信息。（里森托，2021：81）

语言景观

语言景观（linguistic landscape）研究是建立在“公示语”（public sign）的基础上的。语言景观强调特定区域内的语言视角呈现。公共道路标识、广告牌、街道名称、地名、商店标识，以及政府建筑物附属公共标识上的语言，共同形成了某一特定领域、地区或城市群的语言景观。语言景观研究希望通过关注语言选择、语言等级、语言规则、语言指示性或语言读写等内容，来形成一个观察多语现象的新角度。

语言景观可以被看作语言在公共空间的一种使用域，具有象征功能，关注“有—无”“主—次”关系。

语言景观研究的理论依据是地理符号学，即对符号和话语在物理空间中的位置以及我们在该世界中的行为的社会意义的研究。这一概念背后的逻辑是，只有考虑公示语在社会文化背景中的位置，才能真正解释公示语的含义。

语言景观反映了语言与语言群体之间的权力关系。一些语言群体比其他语言群体更容易在公共领域使用他们的语言；主体语言占据主导地位，而一些少数民族语言则难以见到。

城市语言景观中大量的外语文字，为学习者学得和习得语言提供了客观、真实的文字环境。无论在街道、商场等休闲娱乐场所，还是校园、公共图书馆、补习中心等学习场所，这些公共空间中设置和展示的文字往往并不是以语言教学为目的，但它们仍有可能成为二语或外语偶发性学习（incidental learning，又译为“顺势学习”或“附带学习”）的输入来源。例如，学生被问及对周围环境中的语言文字的印象时，常常会列举某些标牌上出现的英语拼写、语法或翻译等方面的错误。这种对标牌上外语形式特征正确与否的思考就属于偶发性学习，有助于巩固他们所学的外语知识。

语言景观是指标记公共范围的具体语言物件，例如路牌、地名和街名、建筑物名、场所名和机构名、广告牌、商业广告、个人参观券和标签、说明书和公共事务表格以及商店名和公共标识等。

（肖哈米，2018：115）

所谓语言景观，就是对多语的公共标识的研究，它已经发展为社会语言学或语言政策研究的一个分支。人们对语言景观的一个主要研究兴趣点是双语或多语城市中公共标识上的语言选择。（斯波斯基，2016：94）

市场里的文字本质上属于公共领域。它改变了物理环境，为市场增加了交际的视觉维度，进而带来新的互动和认知方式。因此，语言景观（或许更确切的说法是城市景观）出现了。在这一景观中，人们不仅能听到语言，而且能看到语言，这就使看到的人可以思考和查看别人刚才或十年前留下的信息。语言史随着刻画的物体和文字历史一起，成为景观的一部分。（库尔马斯，2018：21）

文字的起源与城市化恰好重合，城市里各种复杂的社会组织和经济活动的出现产生了剩余，这样人们无须勉强维持生活。这并非巧合，而是互相促进。因此，语言景观研究必须关注城市。（库尔马斯，2018：21）

研究历史语言景观不具有选择性，这是因为它必须设法研究遗留下来的，即从历史上流传至今的字刻。但是语言景观研究理由的一般设想同样适用于历史场景，即环境中展现的语言不是随意或任意的。

（库尔马斯，2018：22）

语言接触、语言选择和语言层级构成了语言景观研究的基本内容。

（库尔马斯，2018：26）

古代语言景观中书面符号重要的功能在于建立权威和法制、为个人崇拜歌功颂德、通过符号承认相关群体和社会秩序。（库尔马斯，2018：27）

读写能力一旦作为一种可以学习的技能流行起来，人们就意识到文字拥有削弱权威的颠覆性力量。涂鸦（墙上的字）是最有说服力的证明。谁制造的涂鸦？涂鸦在哪里？涂鸦出于什么目的？涂鸦在这三个问题上明显不同于语言景观的其他要素。（库尔马斯，2018：28）

在古代，公开展示的语言标牌是供人们阅读的。一般来说，这意味

着语言景观研究必须讨论“谁能读这个标牌？”和“谁读了这个标牌？”这两个问题。（库尔马斯，2018：31）

自上而下的物品和自下而上的物品构成语言景观要素。语言景观作为一个文化景观是由当事人形成的，在分析中必须考虑施事者与信息内容、语言选择和象征意义相关的可以推断的动机和意图。在语言景观自上而下和自下而上的物品中，文字体现了权力和抵抗二者的辩证关系。文字既是维护制度权威的工具，也是反对掌权者和挑战权威的工具。

（库尔马斯，2018：32，34）

与陌生人交际是公共领域和语言景观的一个本质特征。古代城市语言景观的遗迹提醒我们，文字媒介使这种匿名交际成为可能，这样原作者不知道我们在阅读他们的信息，而我们也永远无法得知原作者是谁。

（库尔马斯，2018：34）

语言景观研究公共领域展示的文字。尽管“公共领域”未必指的是一个可以确定的空间，但它预设的是一个城市化社会。事实上，语言景观是城市语言景观，尤其是在多语环境中。语言景观的所有开创性研究都与城市相关。（库尔马斯，2018：35）

语言景观不是一个中性的或不变的地方，而是一个有利害关系的参与者争夺影响力，并在争夺过程中改变语言景观的领域。

（库尔马斯，2018：35）

语言景观的一个重要特征就是它由公共权力（例如政府标识）和个人、协会或公司来共同塑造。因此，一个国家、一个地区或一个城市的语言景观系统，能够体现并象征居住区内各个言语社区的相对语言权和语言身份。（肖哈米，2018：116—117）

分别代表“自上而下”和“自下而上”不同方向的语言景观标识最能体现影响事实语言政策的语言景观的机制作用。自上而下的语言景观标识就是指由国家和（或）中央机构颁发的标识；而自下而上的标识是指由一些自治的社会行动者制作的标识，这些标识是由个体自行选择的，代表了商店店名、个人宣言或行业等各个领域的内容。

（肖哈米，2018：118）

语言景观是操纵语言的一种重要的政策机制，因为它不仅决定了传递出何种语言意识形态的信息，还决定了选择何种语言。

（肖哈米，2018：127）

除了在语言景观的标识上使用或不使用某种语言具有信息告知的功能，其具体的语言内容也可以传递出信息，而且正是通过对各种名称的选择，语言景观才推动、维持并建立某些语言政策，并把语言意识形态转变成了语言实践。（肖哈米，2018：127）

在公共空间使用语言景观的结果就是重新确认了各种权力的关系。作为一种语言操纵机制，语言景观清晰地表达了谁是当权者，而谁又不是。（肖哈米，2018：128）

语言净化

语言纯洁主义者（linguistic purist）常常呼吁进行语言净化（language purification），这是本体规划的一种形式，主要包括下列几种类型：复古派（尊崇过去的语言）、人种学派（认为农村方言在某种程度上比城市语言更加纯洁）、精英派（认为下层社会的非标准用法需要禁止）、改革派（认为语言应该随着现代社会的发展进行调整）和仇外派（主张清除、取代外来语成分）。

语言净化常常与语言运动、民族主义或宗教信仰密切相连，基本可以看作政治、经济或社会性质的目标。

在大部分国家，语言纯洁主义者都难以达到预期目标，例如，倡导语言纯洁者无法根除语言中的亵渎语和所有外来词。

语言管理涉及语言的形式和语言的纯洁度，但往往是带有宣传某种主张目的的语言纯洁度。（斯波斯基，2011：72）

法兰西学术院的职责是制定法语使用的明确规则，确保法语语言纯洁、表达力强，并且能够用于表达艺术和科学。（斯波斯基，2011：74）

［冰岛的］语言净化运动不是为了净化而净化，而是为了显示与其

竞争语言（即丹麦语）的不同，并与之保持距离。[冰岛语言净化运动的] 主要原因是因为冰岛人的身份受到了丹麦语和英语两大强势语言的威胁。（斯波斯基，2011：71）

词典编纂者对语言的呈现让人们更容易理解语言净化论者的主要关注所在，他们试图净化国家语言，剔除不尽如人意的形式。

（赖特，2012：55）

旨在捍卫独立认同的语言策略包括与复古派的语言纯洁主义运动相关的一些策略。仇外派、精英派和人种学派语言纯洁主义的动机也被加以利用，依此制定相应策略来保持社区语言不受外来因素的侵蚀，防止语言因被低等社会阶层使用而降格，防止语言遭受城市方言的污染。

（埃杰，2012：154）

本体规划培育的目标通过词汇现代化、语体现代化、革新（语言净化、语言改革、语体简化、术语统一）和国际化使语言的功能更强，使语言更加精致。（卡普兰和巴尔道夫，2014：240）

（参见：语言纯洁主义）

语言竞争

语言竞争（language competition）是语言接触中的正常现象，可以激发语言活力，也可能触发各种语言矛盾，应得到语言规划学的重视。国外学界通常将语言竞争置于语言冲突（language conflict）的理论框架内，认为不同民族之间的冲突往往是语言过度竞争造成的，许多政治、经济或社会学的问题往往实际上植根于语言冲突。

社会群体对语言利益的追求而引发的语言竞争和语言冲突已经变成政治角逐的一种形态，其中教学媒介语的语言竞争所引发的语言矛盾乃至语言冲突尤为激烈。家庭是社会细胞，家庭域是人类语言生活的起点与终点，国家和社会中存在的各种语言竞争和语言冲突现象常常会在家庭层面生动地呈现出来。

语言关系安全指的是言语社区中的各种语言处于正常的接触状态，没有严重的语言偏见和语言歧视，语言竞争适度，未上升为语言冲突，社会语言秩序稳定可控。语言冲突的概念应包括语言竞争、语言矛盾、语言争端等隐性的语言不和谐现象，语言冲突是一个从温和到剧烈表现形式的连续统。语言关系和谐度的评估实际上是对“语言关系紧张度”的风险测定，其中涉及从语言竞争到语言冲突、语言暴力这一连续统的安全状况的评估，可以尝试使用语言冲突 Q 值的计算办法。

应该研究语言冲突的机理，透彻剖析国内外语言冲突的案例，制定预防、处理语言冲突的方略，建立解决语言冲突的有效机制；应该密切关注语言舆情，提高对语言冲突的防范应对能力。

语言冲突并不是指语言本身会相互冲突，而是指人们利用语言来引起人们之间的冲突。（斯波斯基，2011：98）

认同问题导致的语言冲突可以和解，也可能成为爆发点，这主要取决于相关社区与其所认为的对手之间的互动。（埃杰，2012：40）

语言冲突并非“必然是根深蒂固的分歧的表现”，而是取决于时势的变化：“其策略和反攻策略可能趋向于理性主义分析的讨价还价模式。”（埃杰，2012：31）

多语国家未必比单语国家更易陷于民族语言冲突。很多语言冲突的原因不是给予了少数民族群体语言权利而是拒绝给予权利。

（弗格森，2018：70）

世界的政治史可谓是语言接触和语言冲突的历史。

（赖特，2012：7—8）

家长面临着来自儿童同龄人和学校等的外部压力，家庭也随之成了语言冲突的角斗场，儿童经常排斥父母所使用的语言，这是社会语言冲突在家庭域的一种表现。（斯波斯基，2016：29）

有几点原因可以说明班加罗尔出现的特定语言竞争和印度全国普遍存在的语言竞争现象。这些原因包括印度的语言联邦制、自由宪法基础、殖民地语言遗产以及受印度新兴的市场地位推动所催生的中产阶级就业繁荣和私营部门流动性激增。它们可以大致分为“邦政府”（或政治）因素和“市场”（或经济）因素。 （里森托，2021：161—162）

语言空间

语言空间（language space）指语言使用的场所和范围，语言使用空间的大小直接影响到语言的生存能力。有的方言受到来自多方面的语言压力，逐渐失去自己的语言空间，呈现濒危趋势。

城市语言规划在很大程度上是对城市语言资源和语言空间的管理与分配，城市外来务工人员所处的社会语言空间标志之一就是语言景观。因此在城市语言规划过程中，应该注重保护当地方言资源，适当保留当地语言的使用空间，避免人们的方言情感向负面转化成为社会问题。

语言空间的划分一般是由以下三个因素来决定的：第一是根据人口结构的划分，即使用某一语言的具体公民，例如，某种语言的使用者或者某一特定族群的成员。第二是根据语言使用地域的划分，即某些预先选定的地区、村庄或城镇，在这些地方某种语言的使用者所占的人口百分比达到一定标准。第三是根据语言功能的划分，即处理国家政府或地方政府在公共事业、私营企业、教育或媒体方面的影响。在划分语言空间的过程中有时只根据其中一个因素，有时则需同时考虑以上三个因素。

（斯波斯基，2011：180）

现有的解释语言权的资料显示，人们普遍倾向于选择最简单的解决方法——按照地区来划分语言空间，这不足为奇。比利时模式就是通过地域特点来划分语言空间，从而解决国内的大多数语言问题的。

（斯波斯基，2011：180）

许多民族国家在它们的宪法或语言法中认可两种官方语言或国语，以便从形式上和法律上划分国家的社会语言空间。（斯波斯基，2011：181）

双语人并非两种语言之和的单语人，事实上，他们形成了双语人自

己所特有的语言空间。（肖哈米，2018：9）

强势语言逐渐入侵到家庭及其他亲密场合的语言空间。

（托尔夫森，2014：315）

语言权利的真相就是创造和维持少数民族的语言空间。

（约瑟夫，2017：68）

语言立法

见 语言法 › P153

语言马赛克

语言马赛克（language mosaic）有两种含义：一是指社会语言学中的语码混用现象，例如，年轻的网民们利用求新求变天性和快速提取百科知识的能力，在网络空间建构一个包含中外古今普方的大杂烩，形成一个“语言马赛克”的多元文化色彩图；二是指基于语言普查结果，在某个地区的语言地图上呈现出的多种语言区域错乱镶嵌，形成不规整语言小块的图案。

在马来西亚的华语电影中，演员在交流时经常出现普通话、粤语、闽南语、潮汕话等多语混杂使用的现象。有时是相同语种混用，如说方言时夹杂普通话，有时则多语混杂使用，形成令人目眩的“语言马赛克”现象。马来西亚华人的语言马赛克实际上是语言融合的表现。

从世界各地带到美国的语言构成了美国复杂的语言马赛克现象。

（斯波斯基，2011：106—107）

印度案例表明，对于具有复杂的语言马赛克的政体来说，认为其语言政策的重点在于解决好各种语言之间的竞争问题，这种想法似乎过于简单了。（斯波斯基，2011：199）

> 语言马赛克的存在最终成了支持原殖民地保留英语的又一因素。
> （斯波斯基，2011：199）
>
> 非洲的语言马赛克问题至今都没有解决好，大家都还是依赖以前的殖民语言。（斯波斯基，2011：203）

语言灭绝

语言灭绝（language extinction）指某一种语言不再被任何人以任何形式使用。语言灭绝既是一种政策结果，也是一种政策行为。

生态语言学对于语言与环境互动关系的研究揭示，语言的大规模快速消亡并非自然现象，社会因素对语言灭绝负有不可推卸的责任。有学者指出，语言灭绝现象不是自然现象，而是由于一帮趣味相投的人蓄意干涉所带来的简单而直接的后果。

“语言灭绝”显然是隐喻性的说法，因为语言无法脱离其说话者而独立存在，它们本身也无法实施行动。语言学界将语言灭绝与同时发生的物种消失进行类比和关联，并将其置于生态学框架内进行讨论。然而，尽管动物灭绝和语言灭绝是两个同步发生的生态现实，人们对语言灭绝以及语言生态的恶化却没有同样地忧虑和关注。

英语在全球广泛传播的过程并不像一些学者所认为的那样是一种自然、中立和有益的过程，英语在全球范围内的广泛使用凸显了文化、经济、政治等领域的不平等，甚至造成了一些语言灭绝的现象。

语言灭绝使人们无法真实感受和接触语言，语言的资源价值也就不复存在。语言灭绝不仅影响民族的生存，还会导致人类文化多样性的消失，从而造成思维和表达的单一或者枯竭，使人类的知识环境及其生命力受到威胁。

> 不论我们如何将语言丧失的原因与语言政策、社会因素、经济因素、宗教因素和政治因素联系起来，事实似乎说明，语言多样性的丧失与其说是语言灭绝的结果，还不如说是语言自杀的结果。（斯波斯基，2011：243）

在世界各个地方，识字和正规教育在孩子们的社会化中起到非常重要的作用，教育体系是语言灭绝的直接推动力。语言灭绝（不是通过自然灭亡而消失，而是被“谋杀”的）导致语言多样性消失时，这些语言的使用者就会被同化到其他语言领域。

（孔特劳等，2014：143—144）

“当前语言灭绝的速度比人类历史上任何时候都快”这种随处可见的说法，仅仅是在炒作一件我们永远不可能证伪的事情。

（约瑟夫，2017：164）

语言民族主义

在文化上，欧洲历来崇尚语言民族主义（linguistic nationalism）传统。语言民族主义始于文艺复兴时期，欧洲国家边境意识增强，宗教改革运动促使各国宗教界改用本国语言，基于全面教育的“想象的共同体”进一步升华了语言民族主义，中央政府开始提高自己选定的标准语言的地位。紧随欧洲大陆的语言民族主义而来的，是美洲大陆上出现了欧裔海外移民的语言民族主义。

语言是最重要的民族属性之一，但不是唯一的属性，也非确定民族认同的必要条件。以语言定义民族、以民族组成国家是起源于近代德国的语言民族主义理论的核心内容，在历史上起过正面作用，也有过负面影响。语言的民族属性标记功能在近代德国和法国表现突出，但在英国、爱尔兰等则相对弱化，甚至若有若无。同主要欧洲国家相比，中国近代和现代语言规划工作更强调语言作为交际手段的工具价值和实用效率。

语言政策的“度”把握不好，容易使语言少数民族担心本族语言受到威胁，进而被语言民族主义者利用，造成国家分裂。南斯拉夫的解体在某种程度上归咎于联邦的语言政策在后期放任语言民族主义泛滥，分裂型语言民族主义严重破坏了国族认同和民族整合，语言民族主义与语言分裂主义均给国家安全带来极大隐患。

在后工业社会中，反抗现代趋势最激烈的形式是在许多国家涌现的语言民族主义。有学者建议将语言民族主义作为国家战略，抵制讲英语的核心圈国家的语言帝国主义。

> 爱尔兰语是爱尔兰作为独立主权国家的第一国语，但是只有一小部分的爱尔兰国民把它作为第一语言来使用。在欧洲再也找不到类似的语言案例。爱尔兰的任何语言民族主义都必须与国内的一个流行广泛的语言观做斗争，这个语言观就是爱尔兰语是爱尔兰社会发展和政治进步的障碍。（斯波斯基，2011：214）
>
> 全球化带来的不仅仅是世界经济和构成统治的政治单位的转型，语言民族主义也应运而生。（托尔夫森，2014：28）
>
> 全世界的人们都在谈论各种形式的身份认同政治，包括怀旧运动（如 20 世纪 80 年代美国的里根主义）、语言民族主义（如匈牙利、南斯拉夫和印度）和好战的宗教激进主义（如尼日利亚和美国的反现代主义的基要主义）。（托尔夫森，2014：30）
>
> 当民族国家和国家文化认同受到削弱，传统的国家决策方式式微，许多人转向语言民族主义以寻求保护。在某种程度上，反全球化的运动体现在语言民族主义运动之中。（托尔夫森，2014：319）
>
> [标准化的精英语言和自发的大众语言之间的] 融合是“母语”概念的起源，随着现代民族主义的出现，“母语”概念得到使用，“母语范畴是自然语言和形式化、规范化语言融合的绝佳场所，而规范化语言是语言民族主义的基础”。（里森托，2021：30）
>
> 在全球化的新经济中，可能存在比我们想象的更多的连续性而非断裂性。尽管如此，我们似乎正在接近用来组织我们生活的语言民族主义（或者说民族语言）政权的极限。然而，我们不知道的恰恰是全球化如何“打破”和“动摇”了语言民族主义，而且还同时复制了它。
> （里森托，2021：48）

语言能力

英文文献中的 language competence、language proficiency、language capacity 和 language ability 均可译为“语言能力”，但这四个英文术语所表达的概念内涵是不同的。其中，language competence 是乔姆斯基提出的与 language performance 相对立的一个概念，指的是说话人的语言知识，即已经掌握语言的规则系统，使得说话者可以生成无限多的合乎语法的句子，并且能够识别语法错误。语言能力是一种理想化的语言概念。

术语 language proficiency 指的是一个人具有的使用语言的技能程度，如一个人读、写、说或理解语言的能力的高低，通常可以通过测试分为不同等级。因此，也可以译为“语言水平”和“语言熟练度”。

另一个术语 language capacity 既可以指一个人潜在的可开发的语言能力（如语言学习潜能），也可以指机构的语言策略能力，如政府服务社会各领域公共事务的语言能力。美国学者提出的“国家语言能力”中的“语言能力”用的就是 language capacity，指的是国家应对特定语言需求的能力，即开发利用语言资源来完成任务的能力。

最后，language ability 指具体的使用某语言的能力。该术语具有元语言功能，使用的范围非常宽泛，既可以用来指内隐的“语言知识”（competence），也可以指外显的“语言水平”（proficiency）。由于 language ability 指的是“具体的、现有的”能力，因此与“潜在的、可开发的”语言能力（linguistic competence）不相同。

一些国家规定，任何外国人想要成为本国的公民，就必须要达到本国提出的严格的语言能力要求。如澳大利亚需要在入籍时测试语言能力（测试的是英语能力），美国的《入籍法》也对入籍美国提出了英语语言能力上的要求。许多企业（特别是跨国公司）会根据语言能力来聘用和解聘员工。

对于为了获得社会提升而希望学习新语言的个人来说，调整自身的语言能力和技能的动机特别强烈。经济状况的差距往往导致工具性动机，有时能引起语言转换，但肯定会激发改进语言、掌握另一语言或者

以其他方式改变个人语言能力的愿望。（埃杰，2012：133，150）

如果该语言缺乏可信的权威，个人也特别容易对自己的语言能力感到不确信。（埃杰，2012：161）

对国家和个人而言，语言能力尤其是能够使用多种语言的能力能够代表一种主要的经济和竞争力资源。（埃杰，2012：168）

语言能力呈现一种代际连续体：老年人精通这一语言，中年人（父母一代）操持双语（衰落语言和主流语言），年轻一代则对衰落语言知之甚少或仅局限于书本上的知识。（弗格森，2018：75）

因为人们生下来能说而不能写，所以学者们反复强调，语言学应该研究自然语言，即人们与生俱来的语言能力。（库尔马斯，2018：1）

把语言能力作为能否获取公民资格的前提条件，是官方机构强行干预语言实践的另外一种表现。尽管越来越多的国家把语言能力作为获得公民资格的基础，但我们仍然无法看出优秀公民和语言能力之间的关系。不过，公民语言能力显然已成了一个操纵和约束语言实践的主要机制，并且国语已成了国家忠诚和身份的象征。就像语言研究院能够以官方名义制定本体政策一样，公民语言能力也可以被政府当成一个主要工具来维持他们的优越地位。（肖哈米，2018：67—68）

把"本族语者"或者"没有口音"的语言作为衡量语言能力的标准，这本身是有局限的。（肖哈米，2018：177）

[在语言调查中，]回答结果通常在表明语言能力的同时也表明了忠诚和身份。（赖特，2012：86）

经济全球化的新体系对双语劳动力的需求量陡然增大，因为许多工作涉及信息处理。信息收集点和传播点也可设在劳动力廉价的地区，但对员工的语言能力要求更高。（赖特，2012：142）

语言的消亡呈螺旋状。如果由于交际者数量的减少和生活区域的缩小造成了很少有机会使用这种语言，那么由于人们使用这种语言场合的缩减而引发的语言能力的丧失就会出现。（赖特，2012：230—231）

只要有学校存在，它们都会把学生社会化的培养任务从家庭中接管过来，该任务的中心特点就是培养年轻学生的语言能力。

（斯波斯基，2011：55）

> 在各个独立的法语国家中，“语言能力”一词指的是“法语的语文能力”，这是各国政府心照不宣的官方政策。（斯波斯基，2011：82）
>
> 海姆斯建议，在任何关于语言使用者和语言使用的完整理论中，需要阐释的是说话人的“交际能力”，其中既包括乔姆斯基所描述的“语言能力”，也包括在特定社会文化环境中进行恰当的互动所需要的社会语言学知识。（约翰逊，2016：29）

语言培育

在布拉格学派的术语中，本体规划是“语言培育”（language cultivation）。豪根的语言培育、语言标准化，以及戈尔曼（Gorman）提到的语码选择、语言精致化都是本体规划的实例。

克洛斯根据语言关系把语言分为距离语言（abstand language）和扩展语言（ausbau language），前者指天生不同的语言，主要是基于语言谱系；后者指原本相同或相近，但由于人为的修改、培育、标准化等措施，而使之成为一种不同的语言。克劳斯的理论模型对于语言标准化研究很有价值。

新诞生的国家都试图通过语言培育的手段来确立本国的标准语言。通常情况下，本土语言要成为国语需要经过语言培育过程，语言培育是语言现代化建设中必不可少的环节。语言培育包括拼写改革、术语统一，或者建立专门负责语言现代化和标准化的机构或组织。

> 语言意识形态是语言培育标准之基础。崇古守旧的人一般都反对引进任何形式的新文化。（斯波斯基，2011：46）
>
> 语言培育变成了语言管理的一个重要内容。在一些国家，英语成为潜在的替代语言，替代那些语言培育状况没那么好的本土语言。
>
> （斯波斯基，2011：199，247—248）
>
> 语言地位的改变必然会带来语言培育的改变。
>
> （斯波斯基，2016：323）

语言培育这一因素在较高层次的教学中担任着越来越重要的角色。（斯波斯基，2016：143）

语言歧视

语言歧视（language discrimination）是一种意识形态、社会结构或社会惯例，其特征是以语言为依据划分群体，并使群体间权力和资源的不平等分配合法化和扩大化。

语言歧视可分为多种类型：一是种族语言歧视，对本民族语言推崇备至，对其他民族语言污蔑打击；二是就业中的语言歧视，在劳动力市场，通用语水平成为外来务工人员、新移民获取工作的障碍；三是性别间的语言歧视，不同性别社会交往过程中生产的男性话语霸权和符号暴力；四是国际学术成果发表中的语言歧视，在同行评议的国际期刊上发表文章，英语具有无可比拟的优势；五是跨文化交际中的语言歧视，交往者对不同语言的评价、态度等造成“语言不安全”（linguistic insecurity）的心理感受。

不受语言歧视包括：不同语言在法律面前一律平等，每种语言都拥有自我表达的权利，有在社区里使用自己语言的权利，有平等的受教育权利。

直到20世纪中叶，当联合国教科文组织采取了推广母语读写能力政策的时候，人们才增强了对语言歧视问题及其对民主政体意识形态上的含义的认识。（库尔马斯，2018：69）

确定官方语言这种做法的主要益处就在于它在法律上具有合法性。因为当群体或组织“被迫”在具体的环境中使用了某些特定的语言时，他们实际上也履行了减少语言歧视的义务，这是官方语言的决策和制裁效力。（肖哈米，2018：62）

保护少数民族个体免遭歧视的国际法在各个领域都得到了独立发展。这些法律条文充当了反对语言歧视的法律手段，因而无须出台专门保护少数民族的法律。（赖特，2012：184）

美国心理学协会为了避免语言中出现异性偏见而制订了语言使用指南。与“同性恋”一词相比，现在人们更喜欢使用“性别倾向”（sexual orientation）、“女同性恋者”（lesbian）和“男同性恋者”（gay）等词汇。

（斯波斯基，2011：26）

［美国1964年颁布的《民权法》规定，］所有接受了美国联邦政府资助的项目和活动都不能有任何种族歧视、肤色歧视和国别歧视的行为和态度。后来的几个重要法庭裁决都是根据《民权法》第6款来处理语言歧视问题的。（斯波斯基，2011：112）

1948年，《世界人权宣言》（第2.1条）把语言作为评价人权的标准之一，看是否存在由于语言歧视的原因而把某些语言排挤在外的现象。

（斯波斯基，2011：132）

欧盟的语言政策，以及《欧洲人权公约》，往往将语言权利归入少数族群权利，将语言歧视纳入对少数族裔歧视的范围内。

（约翰逊，2016：123）

菲利普森造了语言歧视（linguicism）这个词，与种族歧视（racism）、性别歧视（sexism）等词汇在形式上同根、在内涵上相呼应。菲利普森认为，英语语言帝国主义就是语言歧视的一个“例子”或“子类型”。

（约瑟夫，2017：56）

语言权利

一般认为，语言权利（language right）是从民权和人权衍生而来的，因此，语言人权（linguistic human right）是更为基础的概念，而语言权利则是仅仅与语言的使用相关的术语。

其实，在文献中，“语言权”一词出现得比“语言人权”更早。有人不喜欢“语言人权”这个术语，认为其中的“人”字是一个冗词——难道还有不属于人类的语言权？

语言权产生于非歧视原则和言论自由原则。当这种语言权应用于个体时，内涵已经比较明确具体了，但族群的语言权问题在西方仍颇具争议性。有人甚至认为集体语言权与个人语言权在实施方面往往相互冲突：保护一门语言往往需要强迫个人去学习或使用这门语言。

1966 年通过的《国际民权和政权盟约》第 14 条涉及司法行政中的语言权问题：被指控的犯罪嫌疑人有权要求司法部门用他或她自己所熟知的语言来解释对他或她的指控；任何被告都有权要求法院为他或她提供免费的口译服务。语言权强调人们有权通过自己掌握的语言获得国家机关提供的服务信息。1990 年，联合国组织正式通过了《保护移民工人及其家庭成员权利国际公约》，该公约的内容中包含了语言权利条款。

语言权利主要有两种基本类型：第一种是“语言不受到歧视的权利”，这在本质上是一种受保护权；第二种是“在社区生活中使用母语的权利”，这实际上是一种表达权。语言权利话语将“母语”概念视为一种单一的、同质性身份的表达。但是，对于许多群体而言，他们已经发展出了多语的、多面而动态化的身份，这样的母语观念将迫使他们做出与交际实践相违背的简单选择。

用自己最熟悉的语言表达思想的权利，以及理解社会和被社会理解的权利，都是基本的集体语言权，但这类语言权还是“消极语言权”，虽然可以避免因不会说不同语言而遭受歧视，却不能保证语言的使用权。因此，“积极语言权”则超越了有限的权利，认为语言多样性与生物多样性一样重要，要求政府采取措施，主动保护特定语言，或创造条件促进该语言的使用。

有学者建议放弃用“语言权利”这一说法，而改用一个更广泛的概念，如“语言公民身份”（linguistic citizenship）。这不仅因为人们对语言权利的理解千差万别，而且很少能与多语社区中实际的语言使用联系起来，还因为语言权利概念起源于欧洲的民族主义观念。

欧洲安全与合作组织就与语言相关的多样化融合、语言地位、姓名权、母语教育等议题提出的建议主要有《关于少数民族教育权利的海牙建议书》（1996 年）、《关于少数民族语言权利的奥斯陆建议书》（1998 年）和《关于少数民族切实参与公共生活的隆德建议书》（1999 年）。

我回避使用“语言权”一词，而更喜欢说“有关语言的人权和民权”，目的是为了避免人们对语言的神化以及有时候由于使用了“语言权”术语而导致我们对人的忽略。（斯波斯基，2016：288）

［西班牙］加泰罗尼亚对待语言权利问题的方式实质上是以此来为该社区，即自治区政府，争取政治权利，而非为个人争取使用某种语言表达和服务的权利。（埃杰，2012：25）

语言权利既是个人问题也是集体事业；该权利是不可剥夺的，在任何情况下都应当保障其得以行使。《世界语言权利宣言》草案第3条对此有明确规定。（埃杰，2012：36）

温和派既赞同少数族群的语言权利，也接受多数群体的语言权利。（埃杰，2012：37）

民族主义负载着权利的理念，既包括集体的权利，也包括个体的权利，不仅仅涉及语言权利，也涵盖政治和经济权利。

（埃杰，2012：38—39）

《澳大利亚国家语言政策》的动机基本上和《欧洲区域或少数民族语言宪章》倡议者的动机相类似：明确语言权利。（埃杰，2012：100）

至少是1910年以来，日本实行拒绝赋予在日朝鲜人权利尤其是语言权的政策。（埃杰，2012：102）

［美国宪法］没有构想任何平衡语言权利的体系，此举的目的在于加强美国的“大熔炉”性质，尽管美国宪法没有像法国那样彻底地剥夺群体特权，但的确设想到了为了个体民主的大业而牺牲群体特权。

（埃杰，2012：107）

人们通常所指的“语言权利”更准确地说其实是此类权利的“诉求”；其隐含意思是，自然法中存在着这样的权利，因此应该被纳入宪法或法规。（约瑟夫，2017：60）

群体的语言权利问题有可能被认真对待，但个体的语言权利却没有被认真对待的可能：个体的问题似乎是随民主法则产生的，少数应当服从多数，而不是反过来。（约瑟夫，2017：60）

近年来，语言权利概念已经延伸至一切与政府或公共机构有关的语言交际，不再只局限于教育领域。（约瑟夫，2017：61）

语言权利问题最正义的解决方案是让单一民族国家中的所有团体在所有领域内（如教育、政府、广播等）享有平等的语言权。

（约瑟夫，2017：62）

较之近期移民，土著少数民族（很久以前移民的后裔）更有权利主张语言权利。（约瑟夫，2017：63）

这里存在一个内在的悖论，因为“语言权利”只能给予少数族群，他们需要这种权利，因为他们的语言受到威胁，多数族群语言则没有这种情况，结果可能是多数族群开始认为，正是因为给予了少数群体语言权利，自己反而受到了威胁。多数族群自己的语言权利总是被忽略的，没有得到法律承认或保护；语言权利的真相就是侵蚀他们的权利以创造和维持少数民族的语言空间。（约瑟夫，2017：68）

语言权利实际上就是对权利的索取，这种索取不一定会经立法确认。（约瑟夫，2017：164）

族裔语言，即其在该国的历史比该国国语的历史更为久远的语言，往往比移民语言更容易享受到特殊语言权利，但这样做的道德基础无论如何都是不稳固的。（约瑟夫，2017：164）

语言权利的索取和履行需要尽力做出区分：一种是原意完整的、有意的索取与刻意的履行；另外一种是引申、部分隐喻的意义上的索取和履行，而当代身份认同话语更多时候指的是后者。

（约瑟夫，2017：165）

在少数民族语言权利领域，语言规划一直保持着传统上的跨学科特征。（弗格森，2018：12）

很多民族冲突和语言冲突的原因不是给予了少数民族群体语言权利，而是拒绝给予权利。（弗格森，2018：70）

随着在国家和超国家层面少数民族语言权利意识的不断加强，以及对于语言多样性的文化甚至经济价值的不断认识，政府非常可能会出台更具包容性的政策。（弗格森，2018：110）

在20世纪80和90年代，美国发生激烈的意识形态争论，这一争论关于美国是否应当采用美国黑人英语来教非裔美国学生读写，非裔美国学生是否应当努力纠正他们的口语，以便缩小他们的变体和美国标准英语之间的差距。因为这一争论与身份认同和语言权利有关，所以不可能有客观的解决方法。（库尔马斯，2018：64）

当代民族国家的一个重要特征就是对不同群体的认可，尤其是认可那些生于本国，但家庭语言和社区语言不是国语的人。这些群体正在主张自己的个体权益和语言权，他们要发出自己的声音，要得到认可，要得到表现。（肖哈米，2018：36）

在大多数情况下，我们应当给予弱势语言一定的官方地位，并把这个作为迈向保护语言权利的一步，而不能把官方语言变成排斥他人的合法借口。（肖哈米，2018：63）

学生必须要用新语言学习所有的学业课程，这个目标就侵犯了他们的语言权利。同样，不给学生提供适应性的双语教育的做法也被视为对他们语言权利的侵犯。（肖哈米，2018：91）

语言测试就像一道屏障，阻止某些人进入中小学、大学和工作领域，而且公民资格测试可以把使用其他语言的人排除在外。这样，语言测试就成了违背民主进程和侵犯语言权利的机制。（肖哈米，2018：108）

以语言测试为政策机制所表现出来的语言政策，往往与官方语言政策相矛盾，而且常常侵犯语言权利。（肖哈米，2018：112）

一个国家、一个地区或一个城市的语言景观系统，能够体现并象征居住区内各个言语社区的相对语言权和语言身份。

（肖哈米，2018：116—117）

语言权利的问题就是根植于这种情形之下的：当一些人因为缺乏某种语言的能力时，他们就无权去参与社会活动。（肖哈米，2018：150）

大部分民族国家都承认：原住民群体享有语言权利，也就是说原住民“生”而拥有语言权利。但是，这些国家对待移民的态度却不尽相同，它们常常连第二代（或第三代）移民的权利都不予认可。

（肖哈米，2018：150）

语言权利作为语言政策的组成部分，常常被人们遗忘或忽视。大部分语言政策都只关心语言秩序，因此，当政策制定者考虑到国语至高无上的法律地位时，他们并不会关注个体的语言权利。（肖哈米，2018：151）

为了给［语言权］下定义，有些人拿语言自由与宗教信仰自由作比较。在某些方面，它们之间的确是有类似的方面。（赖特，2012：181）

欧安组织的［语言权利］立场体现在一系列文件中：《海牙建议书》（1996年）关于少数民族受教育权利的条款，《奥斯陆建议书》（1998年）关于少数民族的语言权的条款，《隆德建议书》（1999年）关于少数民族有效参与公众生活的条款。（赖特，2012：191）

现有的关于通用语、语言权和濒危语言的研究工作仍然受到民族主义范式框架的制约。（赖特，2012：243）

美国土著人的语言权利是他们自治权的体现。

（托尔夫森，2014：273）

美国现有的有关语言权的判例法基本上是以反歧视法为依据的，而反歧视法中蕴涵了一个这样的假设，即英语之外的语言都是低人一等的。（斯波斯基，2011：124）

尽管美国的语言管理以前一般都是由各州来负责，各州制定的语言政策就反映了国家的语言信仰，但是，从1962年开始，美国《民权法》第6款被广泛地实施，这使得英语水平欠缺者有机会获取美国联邦政府为他们提供的服务和资助的项目。另外，美国《民权法》第6款的广泛实施还有助于保护美国不懂英语的公民的语言权利。

（斯波斯基，2011：125）

第二次世界大战以后的一段时间里，人们对语言权的关注只集中在语言少数民族的个人权上，而非语言少数民族的集体权。

（斯波斯基，2011：133–134）

欧盟已将少数民族语言权的实施情况看作新成员国入盟的标准之一。现在，欧盟和联合国的相关文件都包含了少数民族语言权的内容——各国政府的公共事务机构要根据实际情况提供少数民族语言的服务。（斯波斯基，2011：136）

有些人认为政府有道义责任保护语言的多样性，就像政府有道义责任保护生物的多样性一样。持有这种观点的人会毫不犹豫地更加赞同语言权的观念。（斯波斯基，2011：243）

就像从民权或人权中推导出宗教权一样，我们也可以从民权或人权中推导出人们应当享有的语言权，这种类推并不难。但是许多语言人权的提倡者对此问题得寸进尺，他们把保护少数民族语言的责任强加于国家，并把这种责任看作国家保护语言多样性责任的组成部分。

（斯波斯基，2011：146）

欧盟的语言政策，以及《欧洲人权公约》，往往将语言权利归入少数族群权利，将语言歧视纳入对少数族裔歧视的范围内。

（约翰逊，2016：123）

语言人权可以从问题和资源两个框架内进行理解。这两者表面看起来是对立的，但事实上是互补的。第一，人们需要用语言人权来防止语言成为一种问题或者给人们带来问题；第二，为了使语言被认为或者成为一种积极的资源，人们需要能够行使语言权利。

（孔特劳等，2014：5—6）

语言人权从根本上包括两种权利：在居住国以标准的方式学习官方语言的权利；学习和使用母语的权利。（孔特劳等，2014：87）

语言人权对于语言多样性的维护是一个必要（但不充分）的前提条件。（孔特劳等，2014：153）

［有的人］为了获得经济利益而不是维持基本的生存需要被迫让其语言流失，这不仅侵犯了经济人权，而且侵犯了语言人权。

（孔特劳等，2014：162）

语言人权

见 语言权利 › P201

语言认同

语言认同（language identity）是指个人或社群对某种语言或方言的价值评价和行为倾向。评估语言认同，要从语言认知（语言的价值、活力、发展前景等）、情感态度（对语言的情感偏好，如是否动听、亲切等）和行为倾向（日常生活中使用该语言的频次）三个方面来进行。因此，一般认为语言态度是语言认同的构成要素之一，语言认同的外延更大。

语言态度（language attitude）是对不同语言变体的喜好评价和情感反应。语言态度可以表征刻板印象，即听者利用语言线索（例如口音）推断说话者的社会身份，并基于这种分类将说话者与该群体的刻板印象关联。对语言态度的研究通常置于语言认同理论框架中。

当前，语言认同研究范式出现了四个方面的转变：（1）从结构主义向建构主义转变，开始重视认同的建构过程、机制和驱动因素；（2）从关注语言态度等主观因素向语言行为倾向等客观因素转变，开始重视认同的实践性和社区层面的他者认同；（3）拒绝将语言认同视作一种静态身份标识，开始关注语言认同的动态流变和认同逆转现象；（4）从单一语言认同向双重语言认同的转向，开展了双母语现象的研究。

> 语言认同感在民族国家表现得最为明显。人们普遍认为，法国是语言认同概念的发明国。在法国大革命之前，法兰西学术院的建立就是想要削弱地方势力，但是只有在法国大革命中，人们才发现语言认同是民族精神形成的基础。（斯波斯基，2011：84）
>
> 语言文化中的一些要素（如语言态度）常常被描绘成语言政策的产物，[其实，] 它们应该是语言政策的基础。（约翰逊，2016：3—4）
>
> 双语教育是社会和文化转变的工具。一旦非洲语言在课堂中的使用是合法的，那么在课堂外的使用也会越来越合法，从而为社会语言态度的转变提供了可能性。（约翰逊，2016：66）
>
> 如果当地的语言态度并不能反映宏观语言政策的意图，要实施多语制的国家语言政策是很困难的。（约翰逊，2016：102）

政治观念和政治运动有时会利用各类语言态度和语言政策，将其作为推进政治议程的手段。（约翰逊，2016：128）

语言态度的情感因素很容易转移到那些说该种语言的人身上，因此人们经常倾向于认为某一语种的言说者都很有吸引力，或者所有使用某一遭人鄙视、惹人讨厌的方言的社区本身也应得到蔑视与憎恶。

（埃杰，2012：127）

语言态度很可能与人们对许多其他社会现象的态度紧密相关，语言活动家通常在其他领域也十分活跃。（埃杰，2012：129）

爱德华兹（Edwards）设计的、用来测量语言态度的量表使用了以下三个指标：优越性—低劣性、具有吸引力—不具有吸引力、动态—静态（即［语言］是否具有活力）。（埃杰，2012：130）

为了［对语言态度的评测给出有意义的概括总结］，我们确立了四个测量指标——优越性、活力、吸引力及行动，并给每个测量指标分配了强度指数。（埃杰，2012：184）

近年来的语言身份认同研究都将语言认同视为一种表述“行为的”（performative）话语。（约瑟夫，2017：64）

在语言作为表现和沟通的工具之前，语言认同就已经事实上执行着并决定着这些功能。（约瑟夫，2017：92）

在非洲，许多不同的语言都是某些决策的产物，这些决策破坏了语言作为连续体的存在，这些由“局外人做出的决策忽视了当地群体的社会语言认同”。（弗格森，2018：4）

全球化与个人和社区的语言态度及语言行为之间有着复杂、多变和特殊的联系，因此也就对普通教育（包括语言教育）可能产生多样的影响。（托尔夫森，2014：43）

语言韧力

见 语言活力 › P176

语言融合

在人类历史上，语言融合（language integration）的向心力与语言分化（linguistic fractionalization；language diversification）的离心力长期抗衡。一方面，政治、经济因素的影响，如教育体系、征兵制度、政府机构、爱国主义等，促使我们接受语言规范化；另一方面，个体倾向于使用偏离规范的富有诗性的、创造性的语言，选择有个性的语码、专用语和行话。二者一直处于矛盾之中。

语言融合是语言接触引起的一种语言演化，与语言认同、语言适应、文化趋同等概念紧密相关。

> 语言融合与同化建立在语言身份重新构建的基础上。伴随公共语言的熟练掌握，相关族群社群的语言身份重新构建成了一种新的身份。
>
> （孔特劳等，2014：85）
>
> 需要了解那些促进语言融合和标准统一的社会力量，例如，印刷资本主义的崛起、工业化和加速发展的城镇化、军事征募制、大众教育的引入，以及20世纪大众传媒的发展。（弗格森，2018：23）
>
> 现实中有不计其数的语言混合和语言融合现象。硬要给语言筑上固定边界（如通过语言的各种头衔和名分来划分语言）是人为的做法。
>
> （肖哈米，2018：10）
>
> 将语言的交际功能和身份认同功能结合起来的愿望是相关规划的核心。这一愿望对于民族建构至关重要，所以国家领袖总会鼓励民族社团内部进行语言融合和同化，并对“局外人”的渗透加以控制。
>
> （赖特，2012：8）
>
> 获取社团内的语言融合，将国家语言区别于语言连续体内的其他方言，这是民族主义规划早期的目标之一。（赖特，2012：35）
>
> 工业化促进了语言融合。工业发展从范围广泛的全国性受托区吸引所需要的劳动力，因此形成的城镇成为语言大熔炉。
>
> （赖特，2012：37—38）

语言统一可能是有规划的，也可能是无规划的，经常作为其他方面的国家建构策略的附带效应而发生，或者仅仅是经济或政治行为中的一个意外收获，而不是带有促进语言融合的初衷。（赖特，2012：40）

民族国家建构的政治历史表明，有意识地促进语言融合是民族国家发展的一部分。（赖特，2012：41）

民族主义运动总会关注语言，并努力将自己的语言与别人的语言区分开来，也不能否定他们在力所能及的地方寻求语言融合。

（赖特，2012：44）

鼓励民族交际共同体内部的语言融合，其目的是实现语言形式的差异最小化和语言功能的差异最大化；[换言之，] 将误解最小化，将交际效率最大化。（赖特，2012：46）

随着各种新思潮不断深入人心，[人们] 开始集中关注个人自由和权利，而不是社会凝聚力，聚焦于语言融合的缺陷，寻求在制度内部允许多元语言制度存在的方式。（赖特，2012：95）

也许全球化思想观念中存在融合型动机因素，认为承担全球化角色的人和机构在文化上是中立的想法可能是愚蠢的。然而，最大的不同在于，不存在一个处于中心地位、全面要求文化和语言融合的全球性社团。超国家层面在民族身份和民族忠诚问题上不会自始至终保持兴趣。国家要求公民忠诚的做法在全球化层面上是不存在的。（赖特，2012：241）

语言社会化

语言社会化（language socialization）理论起源于20世纪80年代，最早主要应用于母语习得研究，后来逐渐成为二语习得研究的新范式。语言社会化理论借鉴了（社会）语言学、人类学、社会学、心理学等多学科的相关内容，结合了语言习得和社会化两个领域的理论和研究方法，着重关注语言、文化和社会的互动关系。

语言社会化包括“在社会化过程中使用语言”和“通过语言使用实现社

会化”两个部分，两者互为依托，是同一过程的两个方面。语言学习是个体社会化的过程，儿童或初学者在文化浸染和互动交流中自然地习得语言知识、语用规约和社会规范，即在语言学习中接受相应的价值观、行为方式和社会习俗，成为合格的言语社区成员，从而实现社会化的过程。

语言社会化理论认为语言学习并不是孤立的，而是与学习者所参与的社会交互过程密切相关。许多社会文化信息，如社会习俗和规范、社会观念和价值观等都是通过语言的习得内化为学习者的知识系统的。

家庭是儿童语言社会化的第一个场域，社区中的幼儿同伴交往能力也会促进幼儿语言社会化的发展，玩伴效应（peer effect）在儿童语言社会化过程中扮演着非常重要的角色。

语言社会化理论强调人与社会的交互作用，是语言学习者通过语言学习文化并掌握在各种社会情境中如何正确使用语言代码的过程。语言社会化受到主观或客观多种因素的影响，强调身份认同和学习者的个体能动性。

语言社会化理论的目的是揭示语言学习者是如何通过参与有组织的社会文化活动习得语言和文化的，强调语言学习和使用的宏观与微观语境对社会化过程的影响。在任何环境中，语言学习者都处在一种由社会、文化和政治所塑造的交际环境中，通过学习成为其中有能力的参与者。

> 儿童在家的语言发展过程是一个语言社会化的过程。儿童通过与年长者或语言使用经验老到者的不断接触，从而习得了他们必备的语言知识和语言实践能力，最终成为或被认为是他们所属社区的合格成员。
>
> （斯波斯基，2016：21）
>
> 虽然学校教育在聋哑孩子的语言社会化过程中依然起着重要作用，然而，听觉专家强烈反对手语，20 世纪 60 年代末，他们建议家长不要将孩子送入聋人俱乐部。　　（卡普兰和巴尔道夫，2014：183）
>
> 众所周知，学校是语言社会化和语言习得的一个重要机构，因而众多致力于威尔士语语言复兴的工作者都为威尔士语教育而殚精竭虑。
>
> （弗格森，2018：100）

语言生态

语言生态（language ecology）指语言的外部动态环境，包括语言生存、使用、发展、消亡等。把语言环境视作语言生态，是一个隐喻式表述。语言生态学是对任何一种语言及其所处的环境所产生的各种相互影响的研究。从语言生态视角看，语言研究不能从语言自身开始，而应该从某一特定的区域、环境开始。非隐喻范式注重话语的生态效应，包括语言使用对健康生态观的鼓励和消解。

语言生态学（ecology of language）有豪根模式和韩礼德模式。在韩礼德看来，语言生态具有整体性、系统性、选择性和演进性等特点。豪根把语言生态作为一种隐喻来看待，把语言和言语社区的关系比喻为生物与自然环境的关系，强调语言多样性对于语言生态平衡的重要性，重点研究语言与周围环境（自然环境、社会环境、心理环境）之间的相互作用。

语言生态观一方面将社会因素视作影响语言生态系统变化的外部因素，另一方面将社会因素视为语言生态系统最重要的组成部分（内部因素）。语言生态学可以唤起研究人员关注语言、语言使用者和周围社会环境之间的关系，这一环境正是语言政策与规划和语言使用运行的场所。

语言生态伦理强调各语言生态位的和谐共生，提倡科学保护各民族语言和各地方言，构建和谐语言生态，避免国家语言资源遭受侵蚀、衰减和流失。

语言景观研究是考察一个城市社会语言生态的好方法；定期跟踪网络语情、舆情，是考察一个社会网络语言生态的好方法。

> 在某些社会环境下，僵化的语言政策无法适应当地社区复杂多变的社会语言生态；在其他环境下，语言政策自身可能就是不固定的、变化的，受制于各种解读和实施的情况。（托尔夫森，2014：11）
>
> 混合语言库在多语地区或语言接触区的个体世界以及社会语言生态中是常见的。（托尔夫森，2014：23）
>
> 成年人倾向于将学生的家庭语言环境和交际言语库认定为单质的，

也就是说，在整个言语社区多多少少都是相同的语言实践；然而青少年则将其描述为更加多样化的异质的语言生态。（托尔夫森，2014：277）

传统观念上的“语言”和“身份”很难恰当地描述多语社区中语言生态的复杂情况。（托尔夫森，2014：314）

［韩礼德指出，］我们必须慎重地使用语言生态的比喻，因为人类对构成语言生态的组成部分尚不清楚，而且，我们没有理由从保护生物多样性的必要性隐喻到保护某些语言多样性的必要性。

（斯波斯基，2011：9）

语言帝国主义和语言灭绝现象既不是自然现象，也不是在不断变化的语言生态中各种因素相互作用而导致的综合结果，而是由于一帮趣味相投的人蓄意干涉所带来的简单而直接的后果。换句话说，它们是语言管理的后果。（斯波斯基，2011：91）

从语言生态的角度来看待语言政策具有两重含义：第一，这意味着我们在研究某一社区的社会语言库时，不能仅仅考虑那些被指定为官方语言的方言变体或者那些仅代表了某些具体族群的语言变体，而要考虑到该社区的所有语言变体，因为语言变体是构成社会语言库的成分。

（斯波斯基，2011：245）

作为一个指导性或启发性的隐喻，语言生态学逐渐应用到语言规划与政策的研究中，它关注存在于任何特定的语言生态系统中的多种语言和多语制度以及该生态系统中每一种语言的价值。

（约翰逊，2016：51）

生态取向的语言政策与规划需要广度（对广泛的语言生态系统保持兴趣）和深度（对任何特定生态系统中的细节密切关注）。

（约翰逊，2016：52）

如果我们让生态隐喻展现出来，就必须考虑到，生物进化必须确保优胜劣汰，同时，生态系统都是由捕食者与被捕食者双方共同构成。因此，尽管这个隐喻可以解释为什么我们要拯救濒危语言（以便不破坏语言生态平衡），但是将某些语言描绘成更适合于在语言进化中生存，或

者作为“捕食者”之类的高等语言，在这种研究路径中是肯定不会受到欢迎的。（约翰逊，2016：53）

从语言生态自身，语言生态与语言规划的联系，以及它们之间的纵向的（历史）、横向的（不同政府组织间）的相互关系诸方面考察［任何语言规划行动］。（卡普兰和巴尔道夫，2014：160）

对于“人随地迁”的文化来说，被迫迁徙他乡，对语言和文化具有毁灭性的打击，培育多语种和小语种的语言生态被破坏了。

（卡普兰和巴尔道夫，2014：170）

如果不提供新的“生态连接点”（ecological link），文化要素和自然环境的各种交际现象严重扰乱语言生态，许多语言终将消失。

（卡普兰和巴尔道夫，2014：216）

原来能够自我调节的语言生态，现在成为不断需要人为干预的语言生态。［我们］不能紧盯着单一语言，保护语言就意味着要么修复语言生态系统，要么人为创造一个语言能够生存的环境。

（卡普兰和巴尔道夫，2014：226）

语言变化和语言转用时刻在发生，从语言生态角度看，语言规划提供了一种积极主动的方式，可以对语言多样性得以生存的环境施加影响。（卡普兰和巴尔道夫，2014：226）

［土著语言，］要和英语这样的现代化语言相抗衡，必须扩大其实际使用场合、拥有自己的语言生态环境。通过编写词典、发展文学，在学校或媒体使用而使之知识化，有助于巩固该语言在当地语言生态中的地位，提高其长期生存的机会。（卡普兰和巴尔道夫，2014：251）

英语传播对全球语言多样性构成了威胁。它破坏了语言生态，直接危及一些语言并且使另外一些语言边缘化——主要通过把它们从科学传播和高等教育等重要公共领域中排挤出去。（弗格森，2018：129）

当今越来越多的国家正在广泛使用英语的现象，就是语言实践和语言生态的一部分。（肖哈米，2018：52）

公共空间的语言也可以看作一种语言生态。（肖哈米，2018：113）

语言声望

语言声望（language prestige）是指语言文字及其变体的声誉或形象，与宏观的语言舆情和微观的语言态度紧密相关。

语言规划可以分为五类：地位规划、本体规划、习得（教育）规划、声望规划和话语规划。其中，声望规划是针对语言声誉和形象的规划，通常是语言地位规划的一个先决条件或前提。通过提高特定语言的威望和情感附加值，刻意营造一种有利的心理环境，以利于语言政策的制定和推广。

> 人们通常认为语言标准化会提高语言声望，并通过教育传播语言，提高识读水平，从而有利于语言复兴。（弗格森，2018：108）
>
> 双语教育对于语言复兴有重要意义，尤其能够提高语言声望，扩大识读能力，吸收语言使用者。（弗格森，2018：110）
>
> 市场是通用语出现的催化剂，语言声望的大小或人们对该语言爱憎的程度决定了人们是使用该语言还是回避该语言。
>
> （斯波斯基，2016：247）

语言市场

见 语言经济 › P183

语言适应

语言适应（language adaptation）在本质上是一种语言选择，是说话人为了满足交际需要而进行的自我调适，通过选择语言变体和调整言谈风格来适应交际语境和所在语言群体。

文化适应（acculturation 或 cultural adaptation）是来自非本族文化者对

新文化中的行为模仿所导致的心理变化，包括对目标语言的掌握程度、对本地风俗的熟悉程度、对本地文化接受价值程度。移民虽有可能实现文化适应，适应移入地的语言与文化，但不一定能在心理认同层面完成社会融入（social integration）。一般认为，第一语言习得是社会化过程中的“语言适应”，而第二语言习得是“文化适应”，外语学习则是“跨文化适应”（transcultural adaptation）。

社会适应分为行为适应、心理适应、语言适应、思维适应和文化适应五个层级。语言适应是社会文化适应的一个重要指标。男性在行为适应和心理适应上都超过女性，但女性在语言适应方面优于男性。

在语言政策与规划研究中，人们重视进城务工人员子女小学阶段的语言适应问题、异地搬迁式扶贫中搬迁群众的语言适应问题、来华留学生在中国大学的语言适应性问题，等等。

语言适应可分为“暂时语言适应”和“长期语言适应”两种情形。“暂时语言适应”是在一次次具体的会话中发生的语言适应行为，而“长期语言适应”是由无数个“暂时语言适应”累积而形成的近乎永久性的变化。儿童在言语社区中的语言社会化过程就是长期语言适应。参照与我们互动的每一个讲话人，不断调整自己的语音习惯，这是人类与生俱来的习惯。每个讲话人都会经常调整他的言语习惯，以适应那些同他交谈的人。

语用学的语言适应行为解释性框架大多面向暂时语言适应，如“合作原则”“礼貌原则”“面子理论”。社会语言学界的“听众设计”（audience design）范式和语码转换理论也主要面向暂时语言适应。所谓“听众设计”，即“讲话者根据听众设计自己的话语风格”，说话人采取何种方式取决于对听话人的评价。

“语言趋同”（linguistic convergence）和“语言偏离”（linguistic divergence）关注说话人各种相对确定或稳定的社会变量（如民族、性别、社会阶层等）所体现的系统语言特征，而不是具有可变性的社会地位、社交角色等所体现的语言特征，以及研究说话人如何通过一定的言语行为去实施特定的交际目的，可以用于解释新方言形成，以及方言拉平等长期性的语言适应现象。

皮亚杰（Piaget）从认知心理学出发指出，语言之所以具有构建作用，归根到底是因为人的认知机制具有适应性功能，或通过构建术语或通过修正已有的术语使得语言适应表达人类新知识的需要。

> 在词典中，文化适应、本土化和创新已经产生了与英式或美式英语最明显的差异，亚非新英语的特殊性也最充分地显现这种差异。
>
> （弗格森，2018：161）
>
> 由于需要长时间的参与，也许还有文化适应问题，民族志研究方法并不总是特别适用于［语言］政策研究，［特别是］当政策进展非常迅速时。（约翰逊，2016：139）
>
> 围绕语言复兴的各种行动就是常常由国家实施的地位规划、本体规划和习得规划。也就是把这种语言作为媒介在一定的机构使用（地位规划），通过规范化和标准化使这种语言适应特定用途（本体规划），最后让使用者在接受教育的过程中使用这种语言的书面语和口语形式（习得规划）。（赖特，2012：224—225）

语言素养

见 读写能力 › P15

语言态度

见 语言认同 › P208

语言同化

语言同化（language assimilation）是指一种语言排挤或替代其他语言，

从而导致其他语言趋于消亡的现象。它往往是通过双语制道路过渡的，是一种语言的言语群体向另一种语言的言语群体迁移的渐进过程。

语言同化过程存在一种经典的“三代模式”：第一代人主要讲母语；第二代人能够使用双语；第三代失去自己的祖传语，转用其他语言。

语言同化派和语言多元主义（language pluralism）是相互冲突的思潮。同化派认为，一种共同的语言可以成为把人们紧密联系起来的一个重要的工具或一个必要的纽带。考虑到某些地区民族关系紧张，同化派认为双语教育和其他多元语言主义政策不利于国家的统一。同化派观点的依据是文化和社会与民族国家同质的传统观念。同化派常常把统一性和同质性混为一谈。强制性的语言同化不仅本身极不正义，而且往往起到适得其反的作用。面对强迫的语言同化，社区可能公开捍卫自己的独特性，经常会与那些强势的周边社区发生政治冲突，或者也可以暗地里默默地坚持自我认同，避免极端形式的冲突。语言多元派认为，政府应该放弃强势同化的初衷，开始将移民出身的多样化视作一种资源，将保留语言和文化传统视作一种机遇而非威胁。

> 同化派论点中最为核心的概念是国家统一和共同利益。同化派坚持认为，只有抛弃不同的民族语言情感，支持一种统一的语言和文化，才能最大限度地提高社会凝聚力和社会公平。然而，同化派所描述的自发移民和机遇到了多元派那里就变成了强拉硬拽和持续歧视。
>
> （弗格森，2018：67—69）
>
> 美国英语协会（US English）[是一个同化主义者组织（assimilationist Group）]，目前在全国拥有 170 万会员。（弗格森，2018：42）
>
> 同化派或许夸大了少数民族所要融入的社会的同质性，为他们提供了一个剪辑版的民族文化，而这一版本基本与主流群体文化相同。
>
> （弗格森，2018：69）
>
> 是同化，还是在宿主国家依然保留不一样的身份认同？在这一问题上，移民本身的行为表现也各不相同。一个普遍认可的观念是，同化和融合总是会发生在第二代或第三代移民身上。（埃杰，2012：109）

同化政策一般未经无权社区的认同便由有权者自上而下地实施了，经常在政治上、社会上或经济上表现出一定程度的野蛮和暴力。

（埃杰，2012：153）

北魏孝文帝（471—499年在位）强力推行同化政策，宣布宫廷内外都要讲北方方言，同时下令全国的学堂要教授这种语言。

（卡普兰和巴尔道夫，2014：58）

同化主义者（assimilationist）政策或整合主义者（integrationist）政策都不适合移民浪潮不断的国家。“动态的公民身份”（fluid civic identity）理论接受公民所拥有的多元文化和多语言。

（斯波斯基，2011：124）

拉丁美洲的语言政策是实行同化主义，即想方设法把殖民语言强加于其他语言的使用者，不管他们是移民、奴隶还是土著居民。

（斯波斯基，2011：163）

美国基于《土地分配法和义务教育法》的强迫同化思想，为土著青年建立了寄宿学校。学生在那里不仅要修剪头发、穿着制服、进入基督教堂，而且还不得在校内使用土著语言，违反规则就要受到处罚。

（约翰逊，2016：17）

早在十八世纪，人们就开始探讨和争论语言在国家认同中的作用。语言成了权力、意识形态、民族主义、忠诚度、爱国主义和同化运动的象征。（肖哈米，2018：26）

公民语言能力显然已成了一个操纵和约束语言实践的主要机制，并且国语已成了国家忠诚和身份的象征。这种机制可以间接制定事实语言政策，也能间接揭示语言如何成了国家忠诚、爱国主义的象征，它还体现了民族国家对移民进行同化的意图。（肖哈米，2018：68）

语言测试在多元文化和多语社会中扮演着特殊的角色，具体表现在：在测试中使用某些语言而不使用另一些语言，或者是把测试用来体现“同化”的意识，而不体现“认可”和“互动”的意识。

（肖哈米，2018：100）

同化，［少数民族］就丧失了自己的独特性和特有的身份；不同化，就会被边缘化而常常处于不利的地位，容易变成国民怀疑的目标。

（赖特，2012：15）

为国家建构服务的语言政策和语言规划的目标是同化和聚合，而不是承认多样性。后现代主义范式对此类活动的基础提出了挑战，因此两者不可调和。（赖特，2012：94）

在历史上，美国联邦法院和联邦政府一贯支持通过文化消亡来实现语言同化和文化同化。［美国］内战结束后，美国土著儿童在寄宿制学校里受到强制性同化，在那里英语是强制使用的，而使用他们自己的语言是不被允许的。（托尔夫森，2014：86）

语言推广

“语言传播”（language spread）既可以指语言自然发展壮大而传播到各地，也可以指某种外部力量有意识、有目的地传播语言。第一种含义类似于文献中经常使用的“语言扩散”（language diffusion）一词，第二种含义则等同于文献中的“语言推广”（language promotion）。尽管三个术语意义存在差别，但在不同文献中，它们指的常常是同一个概念。

语言传播研究是语言社会学研究的一个子领域。库珀在《语言传播的研究框架》中，将语言传播定义为“采用某种语言变体实现特定交际功能的交际网络比例不断扩张的过程”。

在全球化趋势不断加快的今天，世界主要国家的语言规划和语言政策均体现出越来越重视语言传播和语言推广的趋势。

弗格森说，宗教已经成为导致语言变革和语言扩散的最强大的力量之一。（斯波斯基，2011：57）

法国在法国本土以外地区的法语语言政策是语言推广政策中最成功的例子之一。（斯波斯基，2011：82）

语言政策对英语的推广是有影响，但是影响英语推广的主要因素不是各帝国本身或主要的语言推广运动（例如，法语、西班牙语和葡萄牙语还在利用这些运动来推广）。（斯波斯基，2011：101）

根据菲利普森的观点，美国的语言传播机构是该国的出版社和大学。因为出版社出口英语书籍，而大学则接受外国留学生。

（斯波斯基，2011：98）

菲利普森指出使用传统术语，如“语言传播”和“语言死亡”，都存在一个问题，那就是压制少数民族语言和土著语言的当事方会变得模糊不清。（约翰逊，2016：50）

语言传播模式会利用外交政策［工具］，［从对教育领域的非正式介入，到采取］外交、经济和军事措施。（孔特劳等，2014：84）

尽管有人赋予市场“自然”的特征，认为“自然”是一种不可抗拒的、未知的诱惑，但我们不能把语言传播看作一个“自然”的过程，因为它显然是由非市场因素发起和推进的。（孔特劳等，2014：130）

通常是非市场力量诱导一种语言获得更广泛交流的语言的地位，没有“自然”发生的语言传播。（孔特劳等，2014：137）

海外政府及其相关语言推广机构的帮助至关重要，资助形式有：提供资金、免费的教学材料、语言顾问以及资助大学讲师席位等。

（卡普兰和巴尔道夫，2014：176）

语言传播更多是文化变迁的结果而非原因；“入侵”的语言更可能做出改变以适应新的文化，而“语言帝国主义”的“受害者”完全有能力将强加给自己的入侵语言当作反抗帝国主义和阶级压迫、获得解放的最有力工具之一。（约瑟夫，2017：60）

语言的超集体特性有助于解释为何语言推广趋于获得一种自我加强的动力。虽然超集体的概念植根于集合行为之中，能阐明语言推广的动态，但它只能部分解释个人起初为何选择习得这种而不是那种第二语言。（弗格森，2018：125）

语言帝国主义是一种强势的自上而下，而非自下而上的语言传播理论，因为它似乎认为，语言政策或规划有非凡的力量，可以影响语言行为发生变化。（弗格森，2018：116）

语言推广与民族主义意识形态相关联，因此强势语言已然成了国家意图中不可或缺的一部分，同时其他语言则遭到边缘化和污名化。

（肖哈米，2018：28）

正是语言推广以及强迫其他群体（尤其是非洲、亚洲和中东的群体）学习某种语言的行为，把“语言即民族”的观念传播开来，超越了民族国家的范围。（肖哈米，2018：35—36）

帝国主义的不同阶段与不同速度的语言传播联系在一起。在早期，帝国统治阶级往往不愿意把规范化的、有声望的帝国语言推广给受过教育、懂双语的上层阶级以外的人们。（赖特，2012：107）

对于受到威胁的语言社区来说，最好的应对方法也许就是尽可能地将其语言扩散到更多的使用域，包括当地政府行政领域、商业领域和教育领域。（托尔夫森，2014：315）

语言维持

语言维持（language maintenance），又称“语言保持”，指群体或个体（特别是在多语地区的移民当中）继续使用母语的现象。家庭结构、社区语言态度、区域人口流动性和国家语言政策，都对语言维持产生影响。语言维持是语言传承的必由之路，因而是祖传语研究的重要内容。

费什曼的扭转语言转用理论对于理解旨在帮助濒危语言维持的语言管理来说是意义重大的。扭转语言转用理论的发展趋势是把所有的语言政策问题都看成是一种“二选一”的问题。（斯波斯基，2011：242）

在新西兰，语言维护和复活的相关资金一直投在毛利语上，但是，很多工作不是政府（即教育部）而是毛利人自己发起的。

（卡普兰和巴尔道夫，2014：247—248）

如果双语教育的唯一目的就是语言维持，那么它存在的理由就要大打折扣了。（弗格森，2018：103）

近2000年来，犹太人的教育系统得到了本社区的支持，教育系统一直负责希伯来语的语言维持工作，它们为所有的男孩提供各个级别的希伯来语读写能力的教学。（斯波斯基，2011：215）

美国的西班牙语社区很少采取任何行动来提高本社区成员西班牙语的读写能力，美国西班牙语的语言维持主要是依靠民权而产生的有关双语教育的项目。美国西班牙语的维持依赖于连续不断的西裔移民的到来。（斯波斯基，2011：227）

澳大利亚为支持新移民的语言而制定的语言维持政策“积极但无效”。人口普查证实了澳大利亚的所有移民族群转用英语的比例与日俱增。澳大利亚社会的流动和人口的分散都正在打断“社区—家庭—邻居”之间的连接。事实上，澳大利亚的国家教育考试委员会想出了多种方法来减少移民学生对家庭语言的了解。（斯波斯基，2011：232—234）

多语教育尽管对于促进和发展土著语言和少数民族语言十分必要，但是并不足以保护这些语言。学校和所在的社区，往往是基层语言运动的发源地，有利于促进语言复兴、语言维持和语言发展，他们的努力是绝对必要的。（约翰逊，2016：49）

（参见：语言转用）

语言文化

美国学者哈罗德·希夫曼（H.F. Schiffman）在《语言文化和语言政策》（*Linguistic Culture and Language Policy*）一书中，从语言政策与语言文化的相互关系出发，考察20世纪中后期法国、印度、美国等地的语言政策，发现语言政策是建立在“语言文化”（linguistic culture）基础上的。“语言文化”是包括意识形态、语言态度、价值观、立场、民俗、神话在内的信念系统，在实践中它们往往成为政策制定、传播和实施过程中的隐性决定力量。

希夫曼的主要观点是语言政策基于“语言文化”。他认为语言文化中的一些要素（如语言使用、语言态度等）常常被描绘成语言政策的产物，“显然，它们应该是语言政策的基础。也就是说，那样得出的有关语言和政策之间可能存在因果关系的结论，在我看来是完全颠倒了”。

（约翰逊，2016：3—4）

斯波斯基认为语言政策发源于言语社区中的语言信仰和语言意识形态，这一思想与希夫曼关于语言政策与语言文化紧密关联的理念非常相似。（约翰逊，2016：4—5）

重视对语言文化职能的规划，重视从语言的隐性文化职能上进行语言规划，显得尤其重要。（约瑟夫，2017：序言 2）

希夫曼提倡在一个更广阔的研究框架之下，通过描述语言政策的形成过程来刻画一种语言政策；同时还要观察不同语言文化环境中内隐的、隐性的大众政策是如何影响语言政策的。（肖哈米，2018：51）

语言消亡

语言消亡（language loss）指一种语言由于失去交际功能和使用的人而消失。一种原因是该语言社群因为战争或自然灾害而集体灭绝，另一种更常见的原因是该语言社群的成员集体转用了其他语言。

学者重视语言消亡现象，是因为他们认为：（1）作为社群身份认同的语言应该受到尊重；（2）正如生物多样性对于大自然是有益的，语言多样性对于人类也是有益的；（3）语言是文化的载体，一种语言消亡了，与这种语言相关的遗产知识就会严重丧失；（4）对人类而言，各种语言都有独特的奥秘，构成了其他事物所不能替代的资源。

家庭层面的语言政策（即低于国家层面的语言政策）最终决定着语言保持和语言消亡。（斯波斯基，2011：65）

许多语言纯粹主义者（language purists）认为，从别的语言中借用词汇是语言消亡的第一阶段。当然，这并不是必然的现象，例如，像英语这样的接受性和开放性语言，它也许从外来词的借用中获益匪浅。

（斯波斯基，2011：13）

导致地方语言消亡的原因不是中央政府积极主动的语言管理政策，而是当地人口和经济的变化。（斯波斯基，2011：85）

克洛斯对语言消亡的潜在原因做过调查，他发现大多数语言变项（例如，语言的大小、语言培育的层次或语言使用的地点）都具有正反两方面的影响。（斯波斯基，2011：107）

菲利普森指出传统术语，如"语言传播"和"语言死亡"，都存在一个问题，那就是压制少数民族语言和土著语言的当事方会变得模糊不清。（约翰逊，2016：50）

语言消亡比以前更快的一个因素是市场的加快发展。这实际上把"自由市场"体系看作一种政治体系而不仅仅是一种经济体系。

（孔特劳等，2014：144）

在语言死亡之前，就已经进入了一种停滞、废弃的状态，其典型社会语言标志为该语言由公共领域退缩至纯私人领域，如家庭、街区等，这使其丧失了语域，最后又进一步退缩至单一文体。

（弗格森，2018：75）

语言消亡主要有两条途径。较为罕见的一种情况是使用该语言的人口相对突然地灭绝，如早期欧洲殖民者给美洲土著社区带来疾病，或种族屠杀。相比之下，更为常见的一种情况是，语言消亡是一种语言转用过程的结果，该过程相对较长，典型的语言或社会语言衰亡标志会在一定的时期显现。（弗格森，2018：75）

语言消亡最直接的原因是该语言在家庭内代际传递中的中断，从人口分布看表现为持该语言的老年人占多数，年轻人数量则下滑。

（弗格森，2018：75）

除了语言消亡的直接原因之外，我们还需考察一下另外一些因素，这些因素促使少数民族语言使用者认为保持自己语言的机会成本高于转用主流语言的机会成本。（弗格森，2018：75）

即使在一种本土语言消亡之后，传统知识确实还会存在一段时间；

但是语言消亡后，这些知识的丰富程度和多样性将很快不复存在。

（赖特，2012：214）

语言消亡是剥削、战争、种族灭绝或大灾难引起的副效应，当弱小民族遭到强大民族征服和取代时，或者当自然灾害袭击时，语言消亡的一幕在人类历史上一定是一次又一次地上演。不管是种族遭到彻底毁灭，还是因为变得过于弱小而很难以独立社会的形式存在，反正他们的语言消亡了。（赖特，2012：223）

任何有关语言消亡的分析都必然会密切关注到语言习得情况，特别是关注孩子们“在双语环境中只使用其中一种语言”的情况。

（托尔夫森，2014：274）

语言信仰

见 语言意识形态 › P231

语言选择

语言选择（language choice）是语言政策的核心内容。语言选择在本质上取决于人们对语言使用恰当性的理解。

语言管理就是为了能够控制他人的语言选择而有意采取某些显性行动，家庭语言规划就是试图管理家庭成员的语言选择，语言教育政策意在影响教育领域的语言选择。在语言景观研究中，语言选择和语言层级构成了基本内容；语言测试作为一项社会评估系统也在一定程度上影响了语言选择。地位规划、本体规划和习得规划都属于影响人们语言选择的方式。

语言选择具有政治敏感性。在美国，语言选择被视为民权的一个重要部分，但经济优越、政治强权、文化威望或者技术霸权都对语言选择施加了外部压力。

语言景观作为一个文化景观是由当事人形成的，在分析中必须考虑施事者与信息内容、语言选择和象征意义相关的可以推断的动机和意图。（库尔马斯，2018：32）

尽管语言具有私人性，个体可以进行自由的语言选择，但语言也具有社会性，因为人类是社会动物，他们在社会环境中使用语言，并通过语言来进行交际和创新活动。（肖哈米，2018：6）

自下而上的标识是不同地区的人们为了表达自己微弱的愿望而做出的语言选择。（肖哈米，2018：128）

几乎所有的产品都有标签，大部分产品都附有说明书。这些标签上的语言也可以被当成用来表明语言等级和语言选择的一种机制。

（肖哈米，2018：130）

在自下而上的公共标识上，语言体现出了各种语言选择、多语混用和各种融合语的合法性，而且这些语言现象通常并没有严格地遵守纯洁的句法和词法规则。（肖哈米，2018：164）

词典提供语言的理想化形式，展现出它应该是什么样的，而不是它事实上是怎样的。所使用的例子来自公认的文学经典以及知识社团和上流阶层使用的语言。（赖特，2012：55）

传统的自由主义对待语言少数民族问题的反应是实施善意的忽略政策，即允许任何社团使用他们选择的语言来组织社团生活。

（赖特，2012：180）

土著青少年所面临的语言选择难题：祖传语一方面是“真正”土著人身份的核心要素，另一方面也阻碍了青少年的社会经济流动。

（托尔夫森，2014：15）

既然禁止讨论种族问题，那么语言选择也就演变成种族差异更加突出的替代物。（托尔夫森，2014：228）

语言政策被看作既是隐性的又是显性的，既是事实的又是法律的，包含了语言实践、语言意识形态、语言态度以及普遍深刻地影响人们在日常生活中语言选择的各种正式和非正式的机制。

（托尔夫森，2014：263）

在语言复兴中，年轻人毫无疑问是最为关键的利益相关者；毕竟，他们的语言机遇和语言选择将决定他们的祖传语的未来……民族志监控可以使影响青少年语言选择和语言实践的现实语言政策变得清晰可见。

（托尔夫森，2014：274，279）

有三大因素影响到［家庭领域的］语言选择：一是说话者的语言能力，因为对其他语言一无所知的人往往谈不上语言的选择；二是说话者为自己而做出语言选择的愿望，因为说话者在交流时选择自己擅长的语言更有优势；三是说话者为听众而做出语言选择的愿望，因为只有满足了听众的语言需求才能达到成功的交流。（斯波斯基，2011：52）

很多家庭可能根本就没有显性的语言管理，只有一些根据语言实践和语言意识形态而做出的简单的语言选择。（斯波斯基，2011：52）

每个机构和正规的社会团体都有自己的语言政策，这些语言政策毫无疑问要表现在浅显易懂的语言实践上，有时也会表现在影响语言选择的语言意识形态上，偶尔还表现在显性的语言管理行为上。

（斯波斯基，2011：61—62）

认为语言意识形态决定语言政策的想法是危险的。事实上，人类对语言选择和语言价值的信仰常常南辕北辙，也往往变化无常，它们随世界环境的变化而变化，而且最起码在一定程度上容易受语言实践和语言管理的影响。（斯波斯基，2011：109）

主流群体在公共语言选择上似乎起到关键作用。如果一个主流群体首先和某一特定语言联系在一起，并且这个主流群体有足够大的权力，它的语言选择就会被转移到兴起的国家机构和经济领域。

（孔特劳等，2014：82）

语言在社会上的声望和影响势力是家庭语言选择的决定性因素。

（斯波斯基，2016：246—247）

控制了学校的人，他们也就控制了过去，因为他们控制了历史课的教授；他们还可以重构社会阶层的现状，因为通过语言选择和语言标准的实施可以起到强大的个体乃至群体分化作用；他们还可以塑造未来，因为他们可以教育走向未来的孩子——也包括不作为，任由孩子们毁掉。

（约瑟夫，2017：54）

语言意识

语言意识（language awareness）是关于语言的认识和看法，尤其指对语言结构和语言使用的合理性及合法性的认知。

语言意识协会（www.languageawareness.org）将语言意识界定为“语言的显性知识，对语言学习、语言教学和语言使用的有意识的认知和敏感”。倡导语言意识，旨在提高人们对语言符号的关注度，反对将语言当作司空见惯的交际工具而对其形式不予理睬。

语言意识是指在微观层面对语言本体形式特征的认知，以及在宏观层面对语言经济、文化属性的认知。语言意识形态（language ideology）则是一种语言上的觉悟，包括人们对语言及语言使用的评价、期望，关注语言地位、权力上的不平等。在语言规划学界，语言意识常常与语言教育（元语言意识）、语言的经济价值、文化价值等话题相关；而语言意识形态常与政治相关，涉及身份认同、对语言法规的知晓度、对语言权利的认识度等话题。语言意识关注政策影响语言使用的效度，语言意识形态探究政策的意图。

“语言意识”研究主要有三个维度：一是哲学中关于语言既是一种实在，也是人类生存方式的“实体语言意识”（entity language awareness）；二是教育学中重视语言表征形式的“元语言意识”（metalinguistic awareness）；三是社会学和政治学中关注语言与权力关系的“批评性语言意识”（critical language awareness）。

随着语言意识研究领域的扩大，语言意识形态成了语言意识的下位概念，与批评性语言意识相当。

> 双语能力的发展能够带来特别的、微妙的认识优势，如元语言意识、发散思维能力、交际敏感性和场独立性的提高。
>
> （弗格森，2018：59）
>
> 在法国，影响较大的法语学会建立于1635年，当时社会具有强烈的语言意识，同时社团内的精英对法语愈加认可，对语言的使用也有一定的控制。
>
> （赖特，2012：53）

体验思考“语言”促使国民去思考如何使用恰当的词汇以及根据情况和说话对象进行恰当的口头表达，可以提高国民的语言意识。

（托尔夫森，2014：191）

语言意识形态

有关语言意识形态（language ideology）的定义千差万别，最大的区别在于持中立立场还是持批判立场。前者趋向于将语言意识形态描述成“关于世界上语言性质的通识性观念”，是关于语言的元语言论述（如语言资源观）；后者倾向于将语言意识形态描述成“维护社会权势的认知策略”，基于社会利益和政治偏见，认为某些语言变体更加自然或更为规范，有助于使社会统治机制合法化。语言意识形态影响了我们对平常事物的理解；它们形成了一系列关于语言和语言使用的“常识”信念。语言意识形态影响语言使用者所有选择的理解、信念和期望，包含了说话者有时对适当语言形式和功能的理想化评价和判断，以及对遵循或实现传统期望的个人和群体的看法。

实际的语言行为可能并不总是与明确宣布的语言意识形态相一致。一方面，意识形态可以包含内部相互矛盾的元素。另一方面，与语言和语言使用相关的意识形态并不存在于概念上或时间上的真空中；它们与其他核心信仰和相关议程重叠并不断共享社会和概念领域，这些信念和议程影响着有关教育、工作的适当选择的决策，在不断变化的政策流中的政府政策等。

不能假设同一个言语社区的成员都有着相似的语言意识形态，因为有社会划分（阶级、性别、宗族、阶层等）的多元化。语言意识形态在引导语言使用者体验的社会结构和其中所实践的谈话形式之间起着中介作用。换言之，无论是家庭、社区、学校，还是职业场所或宗教机构，都影响着他们的语言意识形态建构。

语言意识形态可以理解为一种语言信仰（language belief），这是斯波斯基语言政策研究中的关键因素，核心价值在于赋予语言以某种价值或地位。语言政策的成败往往取决于社会关键主体能否形成一致的语言意识形态。在语言规划中，把语言视作问题、资源或权利，都是一种意识形态，倡导语言安全、语言服务、语言产业，也是语言规划中的一种语言意识形态。实际上，在一些学者看来，语言政策本身就是意识形态问题。

> 当说话人贬低某些变体时，他们是在描述并固化霸权的语言意识形态。（库尔马斯，2018：42）
>
> 语言信仰或语言意识形态是对语言本身和语言使用的信念。（斯波斯基，2011：7）
>
> 简单地说，语言意识形态就是没有管理者的语言政策，是人们认为在语言方面自己应该做的事情。（斯波斯基，2011：17）
>
> 在法国大革命之初，法国就有人认为使用其他语言是不爱国的行为。这种语言意识形态一直延续着，并在1994年颁布的《杜蓬法》中得到了重申。法国在语言意识形态方面是单语制国家，但是在语言实践中却不是这样。（斯波斯基，2011：75，77）
>
> 20世纪20年代，美国出现的排外潮也许代表了整个国家语言意识形态取向。（斯波斯基，2011：106）
>
> 认为语言意识形态决定语言政策的想法是危险的。（斯波斯基，2011：109）
>
> 虽然从语言意识形态上强调语言中心论的行为可以使语言维持问题经常处于显著位置，但是它也无法阻止语言的转用。（斯波斯基，2011：230）
>
> 土著语言［复兴］计划遇到了“经济理性主义”语言意识形态的挑战。（斯波斯基，2011：233）
>
> 语言信仰和语言价值观是言语社区中语言使用的理想情况和语言使用的实际情况的基础。（斯波斯基，2011：17）
>
> 语言标准化的根本动机是人们对语言正确性的语言信仰，即人们认为语言中存在着一种正确的和理想的语言形式，这种形式不同于一般的语言实践。（斯波斯基，2011：33）
>
> 语言信仰不是简单和永恒的意识形态，而是充满矛盾的多种思想的整合。（斯波斯基，2011：125）

语言信仰体现了人们对各种语言变体的价值观，人们在语言实践中依据自己的语言信仰从各种语言变体中做出必要的选择。语言管理就是试图努力改变其他人的语言价值观或语言实践行为。

（斯波斯基，2011：208）

一项语言政策可以从一种特定的语言意识形态中产生，一项政策也能够催生一些语言意识形态，或者一项语言政策必须依赖某些语言意识形态才能得以阐释（有意图地解释）或援用（有选择地使用）。

（约翰逊，2016：7）

语言政策是语言意识形态的实例化。（约翰逊，2016：84）

语言意识形态和语言政策之间存在关联，然而要在语言政策文件中识别整体性的语言意识形态，存在一定的困难。认为一些语言政策反映了特定的语言意识形态是一回事，而宣称语言政策是特定语言意识形态的产物则是另一回事，因为这意味着其间存在必须能被证实的因果关系。（约翰逊，2016：106—107）

语言政策是其制定者意图的表征，这些意图用以隐性或秘密地制定实际的语言政策，正是通过这些不同的机制使得语言意识形态得以影响语言实践。（约翰逊，2016：107）

语言政策文件往往由多位作者参与撰写，对于制定该政策的目标，这些作者本身就可能无法达成一致意见。因而政策文本可能会反映出多项政策目标，它们之间也许是相互矛盾的。最终的政策文本是谈判和妥协的结果，在语言意识形态上具有异质性。（约翰逊，2016：232）

如果语言权利话语的目的是为少数族群提供保障的话，该话语所有基础性概念都需要被解构和重建，其基础就是当地族群的语言意识形态。（托尔夫森，2014：120）

语言法是非常有力的政策机制，因为它有惩罚和制裁做后盾，能够确保政策的执行，并将语言意识形态转化为语言实践。

（肖哈米，2018：59）

通过语言教育政策这种机制，语言意识形态可以转化为语言实践。

（肖哈米，2018：77）

语言测试是权力群体强制推行的一种有力工具，旨在维持语言意识形态和影响语言的优先性、实践性和规范性的标准。

（肖哈米，2018：95）

公共空间语言景观是维持某些理想化的语言意识形态的机制。

（肖哈米，2018：127）

语言意识形态是指一系列关于语言的信念，例如：相信掌握了某一群体的语言就表现出了对该群体的归属感，确定在特定社会中某些语言的等级和身份，确定应当“如何”使用语言以及如何学习和教授语言等。最著名的语言意识形态就是通过群体来区分语言，或者运用语言来标记群体，这样，掌握某些权力语言就意味着忠诚、爱国和包容，而掌握“其他”语言则意味着相反的价值。（肖哈米，2018：134）

语言信念就是隐藏于每个政策背后的关于语言的意识形态。

（肖哈米，2018：52）

语言运动

语言运动（language movement）是为了影响语言政策的一种社会活动，通常由语言活动人士（activist）积极推动。例如，白话文运动是推动汉语书面语发生最大变化的一场语言运动；20 世纪中叶，孟加拉国人为了保卫自己的母语，掀起著名的“孟加拉语言运动”（Bengali Language Movement）；为了简化法律语言，采用平实的法律语言，避免不必要的冗词赘语，美国国务院、法规译审和外事司发起了简明语言运动。

对简明语言运动而言，美国参议院通过《政府通信简明语言法》（Plain Language in Government Communications Act）是一个成功。

（库尔马斯，2018：84）

宗教领域出现支持本土语化或翻译的简明语言运动，本土语化和翻译使得新的思想和经济活动领域出现。（库尔马斯，2018：85）

美国为了确定英语的官方地位而发生了重要的语言运动，尽管在非官方的情况下英语已然成了权力语言和强势语言。这种语言运动背后的动机就是要排斥或拒绝移民，并维持主体人群的权力。

（肖哈米，2018：62）

夏威夷语言运动的目标是使已毕业的学生“在心理上认同夏威夷语是他们的优势语，并与同龄人和以后自己的孩子说夏威夷语”。

（托尔夫森，2014：272）

印度东北部的阿萨姆邦举行过语言运动，试图把阿萨姆语作为当地的官方语言，并希望以此来帮助当地人获得更多的工作机会。

（斯波斯基，2011：2）

凯末尔领导下的土耳其语言运动是一个语言净化方面富有戏剧性的例子。（斯波斯基，2011：29）

“太阳语言理论”（Sun-Language Theory）对部分语言净化工作进行了解释。该理论认为土耳其语是最早的人类语言，并支持土耳其语从欧洲语言中借用词汇，其理由是这些欧洲语言的词汇原先是从土耳其语中借用过去的。但在凯末尔去世之前，他已经认识到这次语言运动是失败的。

（斯波斯基，2011：30）

直到20世纪50年代，法国可能都还有许多人只会科西嘉语一种语言。但是现在科西嘉的语言运动与地方政治运动没有了任何联系。

（斯波斯基，2011：80）

“法语国家组织”是一个国际性的语言运动组织，它包含30多个国家的政府和非政府部门的精英，法语是这些国家的官方语言。

（斯波斯基，2011：83）

在美国，西班牙语运动要求美国各地的西班牙语教学得到同样的认可。该语言运动与民权方法紧密相连，因为美国人就是利用民权方法来要求获得社会、政治和经济上的平等的。（斯波斯基，2011：210）

语言少数群体在语言运动中的成败不仅取决于该语言在少数群体内部的使用情况，而且还取决于外部条件，即少数群体是否能成功地劝说由多数民族所构成的政府认可其语言。（斯波斯基，2011：222）

除非语言成了民族或宗教运动中的一个核心问题，并成功地获得了政治权力，否则语言运动不可能取得成功。（斯波斯基，2011：230）

库珀以女权主义语言运动促进中性语言的使用为例，说明了微观层面的语言规划可以滚雪球般扩大到社会层面。（约翰逊，2016：36）

新西兰以毛利语（Maori）为教学媒介语的语言运动通常被认为是一个成功的语言复兴项目。（约翰逊，2016：48）

莫桑比克的语言教育政策代表了非洲撒哈拉沙漠以南地区的大型语言运动，目的是通过语言政策改变殖民遗留的单语症状，尤其是通过双语教育将那些过去被排除在教育体系之外的非洲语言纳入进来。

（约翰逊，2016：62）

威尔士语言运动提出了一系列要求，如威尔士语和英语地位应该平等、在国家教育中教授威尔士语并用威尔士语进行教学、公民有获得威尔士语的政府服务的权利、在公营部门实现双语就业、建立使用威尔士语的媒体以及一个永久性的语言团体等。语言运动家们显然希望操威尔士语的人都留在威尔士，同时竭力阻止非威尔士语使用者——尤其是那些有幼年子女且不准备支持用威尔士语进行教育的人——移居本地。然而，这种对自由移民的阻挡无疑是违背民主原则的。（埃杰，2012：33，35）

认同的强烈表现形式——民族主义——是语言运动的主要动机。民族主义者通常是语言运动家，而大多数语言运动家也是广义上的民族主义者。（埃杰，2012：38，40）

少数民族语言运动［参与者］大多属于中产阶层，受过良好教育，政治热情很高。（弗格森，2018：106）

语言政策

见 语言规划 › P167

语言治理

见 语言管理 › P162

语言秩序

语言政策是一种权力机制，用以构筑语言等级，从而让占主导地位的集团或语言享受特权，同时剥夺了他人平等获取政治权利和经济资源的资格。国家电视台的电视节目可以起到话语规划的作用，即通过电视屏幕表现对多语制的态度，从而建构当前的语言秩序（linguistic order）。

> 语言等级体系的存在始终得到一些人的赞赏。统治者们意识到，人们使用一种语言而不是另一种语言反映了经济、政治、文化和技术方面的权力关系状况，那样做可以提升自己在谈判中的地位。
>
> （赖特，2012：101）
>
> 语言等级体系似乎是国家为普及读写能力和教育付出的代价，为社会流动和公民的自由流动付出的代价，为包容的政治体制和民主参与付出的代价。（赖特，2012：236）
>
> ［许多人］都渴望语言秩序，努力确保语言不向下滑行，并积极著书立说——如斯威夫特（Swift）的建言，邓肯（Duncan）和洛思主教（Bishop Lowth）的语法，最著名的当然要属约翰逊博士（Johnson）编撰的字典——这些都推动了现代标准英语的创立。
>
> （弗格森，2018：23）
>
> 在语言规划中存在语言等级差异：少数民族语言或土著语言位于底部，而那些经过精心规划的语言，如殖民者的语言，则位于顶部。
>
> （约翰逊，2016：27—28）
>
> 不断发展的世界语言秩序既是语言的牢房也是避难所。
>
> （孔特劳等，2014：180）

国际层面上的语言等级与国家的民主没有直接的关系。

（孔特劳等，2014：33）

似乎新兴工业化国家在重走发达国家少数民族语言边缘化的道路。因此，语言多样性被转变成语言等级次序，而少数民族读写教育产生或增强了不平等性。（库尔马斯，2018：73）

大部分语言政策都只关心语言秩序，因此，当政策制定者考虑到国语至高无上的法律地位时，他们并不会关注个体的语言权利，也不会依据不同的语言群体来制定具有决定性和类别化的语言政策。

（肖哈米，2018：151）

语言忠诚

语言忠诚（language loyalty）指的是人们对本民族语言具有深厚的情感和积极的态度，并在实践中倾向于使用本族语、传承本族语，在行动上为维护本族语做出努力。

在某些特定区域，弱势语言群体在语言态度上排斥强势语言，忠诚于自己的方言，这有助于形成方言岛。

语言自我认同就是一种语言忠诚，将自己视作某种语言的所有者。然而在界定一个人的母语时，相对于自我认同而言，他者认同的参考价值更大，这也是遵循群体优先的原则。

在语言传承中，一些家长对社会声望较低的母语表现出相当低的语言忠诚度，不愿意将其传承给下一代，甚至阻止孩子学习，因为他们坚信这种语言完全消失是迟早的事。

语言景观可以体现族群的语言活力，也可以提升该族群的语言忠诚度。

摩洛哥的语言政策涉及柏柏尔语的各种变体。柏柏尔人的语言忠诚度很高，而且柏柏尔政党都希望学校教授柏柏尔语。

（斯波斯基，2011：151）

对语言忠诚的研究表明，语言信仰影响家庭语言管理。

（斯波斯基，2016：34）

印度的语言忠诚和语言利益，总是像流体和橡皮圈那样容易随性而变，为的是满足政治议程的需要。（约翰逊，2016：119）

当局常常运用一些策略来维持他们的控制力并压制“其他人”的要求，例如利用语言忠诚、爱国主义和集体认同等意识形态。

（肖米哈，2018：46）

政府的意识形态包括语言忠诚、爱国主义和集体身份，也包括必须维持“正确和纯洁的语言”或者“本族人的语言变体”的内容。

（肖哈米，2018：79）

对语言地位和声望的感知对跨代语言传递和语言忠诚至关重要。

（赖特，2012：233）

菲律宾召开了制宪会议，代表们在年龄、语言忠诚度倾向、政治观点等几方面都有较大分歧。（卡普兰和巴尔道夫，2014：88）

语言主义

语言主义（linguicism）是一种类似于种族主义和种族歧视的态度。考虑到语言与文化身份和民族国家之间具有象征性的联系，所以在全球范围内推广某种强势语言，就意味着传播该语言所承载的意识形态，这被称为语言主义。英语在全世界的扩散催生了阴谋论（conspiracy theory）、语言主义和语言帝国主义（linguistic imperialism）。另外，“种族化语言主义”（racialized linguicism）则表示语言主义与种族歧视相叠加的综合歧视。

斯古纳伯–康格斯和菲利普森提出了一个新概念——语言主义。他们称语言主义就是强势语言对弱势语言的蓄意毁灭。正如种族主义和性别歧视主义过分地强调某一种族或某一性别一样，语言主义也过分地强调了某一种语言。（斯波斯基，2011：91）

> 语言主义是斯古纳伯-康格斯创造的一个术语，指的是“使群体间的权力和资源（物质层面和非物质层面）分配不平等现象合法化、可实施和可复制的各种意识形态、社会建构和实践行为”。
>
> （约翰逊，2016：50）
>
> 语言主义被定义为“意识形态、结构和实践，它们使基于语言划分的群体之间权利和资源（物质的和非物质的）的不平等分配合法化，并且实行和重复这种不平等分配”。（孔特劳等，2014：144）

语言转用

语言转用（language shift）是20世纪中叶出现的研究领域，它最初出现在研究语言接触的文献中。人们发现，语言消亡是语言转用过程的一种结果，因此语言转用一直与语言保持并用，也常与语言忠诚共现。弗格森的“双言制”研究对语言转用领域产生了重要影响。

语言转用研究领域建立的关键文献是费什曼在1964年发表的一篇题为《语言保持和语言转用研究领域：定义及未来发展的建议》的文章。费什曼确定了3个研究主题：（1）调查习惯性语言使用；（2）研究影响语言保持和语言转用的超语言因素；（3）研究语言态度、语言政策在语言转用方面的作用。

> 当经济压力或政治压力要求一个语言社团的人必须和另一个说不同语言的社团接触，并在后者的语言环境中开展某种交际时，前者就必须做出某种语言顺应，要么体现为语言转用，要么体现为社会双语。
>
> （赖特，2012：7）
>
> 语言转用首要的一个原因就是父母认为濒危语言不能提供足够的劳动力市场价值，因而不值得向子女传递。（弗格森，2018：88）
>
> 在语言同化及随之发生的语言转用中，起关键作用的因素可能是物质利益。在殖民政权或者征服民族允许被征服者中的一些人成为经济和政治统治上层集团中的一部分的地方，那些渴望社会流动并乐于融入帝

国制的人经常会出现语言转用。（赖特，2012：110）

语言转用有着天然的阻碍，语言使用者不会放弃关乎自身身份认同的语言而去使用一门只有实用性的语言。（赖特，2012：130）

对外来人口的同化备受争议，一个观点就是那些自愿移入的外来人口权衡了文化、语言遗产与经济利益，进而认为要想移居成功，语言转用是必须迈出的一步。（赖特，2012：198）

出现语言转用的地方就会出现身份的改变。（赖特，2012：220）

从本质上说，促使语言转用的动力都是来自人口、社会经济和政治等非语言因素。我们很难看清语言管理工作除了延缓语言的最终丧失之外还能做些什么。（斯波斯基，2011：242）

把语言转用视为个体渴望从自己的原有族群移往更宽广天地所付出的代价，这或许是一个经过仔细考虑的决定，但是有时候人们对此缺乏认识。（赖特，2012：223）

这里存在一个根本的困境。一方面，国家意识形态都鼓励少数民族中发生语言转用；另一方面，为了语言保持，少数民族将要付出高昂的代价——在国家内部被边缘化。（赖特，2012：235—236）

无数对土著语言发展和教学感兴趣的组织和个人，在世界范围内开展了无数次阻止土著语言灭绝，或者说至少阻止语言转用的行动。

（托尔夫森，2014：298）

学校教育是语言转用的主要手段。

（卡普兰和巴尔道夫，2014：248）

扭转语言转用（reversing language shift）是整个地位规划领域的一个组成部分，这一部分致力于提高那些使用者较少、使用域较小的语言的社会生活状况。……扭转语言转用的研究代表了一种试图改变语言不平衡的努力，这一努力让人们直接关注下列事实：在各大洲成百上千万的小语种使用者不仅相信母语会给他们个人和集体的生活带来创造性与延续性方面的价值，而且数以百万计的小语种使用者也在参与各种个体的和集体的活动，以期帮助他们的母语扭转语言转用进程，因为这一进程已经威胁或已经吞没他们的母语。（约翰逊，2016：48—49）

> 民族语言媒体实在是一枝靠不住的芦苇秆……逆转语言转用不应过于依赖它们。（弗格森，2018：87）

> 关于扭转语言转用的责任依然是一个问题。有些人认为政府有道义责任保护语言的多样性，就像政府有道义责任保护生物的多样性一样。持有这种观点的人会毫不犹豫地更加赞同语言权的观念。
>
> （斯波斯基，2011：243）

> 移民潮、城市化、语言消失和语言转用通常被认为是“全球化”所带来的。农村的空心化伴随着快速的语言流失和语言转用，尤其是地区方言的流失以及城市通用语和学校语言的习得。
>
> （托尔夫森，2014：9，28）

> 家庭语言政策已经日益成为检验是否发生语言转用的一个常用标准。在强迫或社会压力下，摒弃祖传语的决定往往是由最年轻的语言使用者做出的，他们会反过来影响成年人的语言实践。
>
> （托尔夫森，2014：275）

语言资本

见 **语言资源** › P242

语言资源

语言资源（language resource）就是将语言视作一种可以开发利用的资源，而不是一种待解决的问题。徐大明在《语言资源管理规划及语言资源议题》一文中指出：“语言规划就是语言资源的管理，而语言资源的意义在于语言管理。”李宇明在《中国语言资源的理念与实践》一文中指出，语言资源可分为口头语言资源、书面语言资源和语言衍生资源（语言知识、语言技术、语言艺术、语言人才等）三类，并认为要较好地解决语言资源分类问题，必须建立语言资源的功能观，将公民多语能力视为国家重要的语言资源，既重视语言资源的获取、加工和管理，更重视语言资源的开发和利用，将国家语言资源转化为语言能力。

中国在21世纪初开始在语言规划中实践语言资源理念，建立了国家语言资源监测与研究中心，相继开展了中国语言资源有声数据库建设和中国语言资源保护工程，并与联合国教科文组织联合召开了“世界语言资源保护大会”，发布了《岳麓宣言》，成为世界上提倡语言资源理念、开展语言保护最为突出的国家。

布尔迪厄提出了“语言资本”（language capital）这一概念，认为语言资本是人力资本的一个子集。语言资本是一个主体所拥有的语言资源和语言能力的总和，表现为经济资本、社会资本和文化资本三种形式。语言是依附于人体的，不同的说话人拥有不同的语言资本。

如果一种语言不首先在使用中实现某种功能，那么就很难开发其相关的语言资源。（弗格森，2018：195）

如果能实现由丰富的语言资源所带来的经济优势，那么濒危语言幸存的概率就会大大提高。（斯波斯基，2011：210）

教师在创造性地阐释和援用自上而下的语言政策时，或在参与当地语言政策制定过程中，都发挥着重要作用。在这两种情形中，语言政策执行者都可以将学生的母语作为语言资源运用到课堂实践中。

（约翰逊，2016：51）

有时教师可以选择在教学中纳入学生的第一语言，从而为其作为一种语言资源提供使用空间。（约翰逊，2016：91—92）

对于复兴那些濒危的土著语言，基于语言资源观的语言政策能够并且确实可以起到作用。（约翰逊，2016：103）

对语言进行严格分类对于在校学生来说是非常不利的，这样做忽视了学生所拥有的各种语言资源。（肖哈米，2018：82）

将语言归结为社会产物的实证基础之一就是世界上存在着丰富的语言资源。（赖特，2012：5）

> 不像几乎所有的其他资源，语言资源是用之不竭的。语言是一种财富，人人都可以利用而不会减少其储存量。用得越多，就变得越有用，没有一个人能够用光分配给他人的语言资源。（赖特，2012：243）

> 对于家长、学生和社会公众来说，英语能力和英语教学受到高度重视，他们把英语视作一种“语言资本”。（弗格森，2018：191）

> 语言是一种可以在语言市场上进行协商的语言资本，它反映了一个社会的权力关系。那些掌握标准语的人拥有了最大的语言资本，因此他们会竭尽全力地维持这种优势。（肖哈米，2018：148）

语域

语域有两个含义：（1）基于语言本体视角的语域（register）指某一交际环境中习惯使用的语言变体，如新闻用语、科技用语；（2）基于语言使用视角的语域（domain）指语言的使用范围，也称为语言域，由参与者、地点和话题三个部分构成，如家庭域、学校域、学术域、商业域等。语言政策与规划文献中的语域通常指后面一个概念。

某一语言所适用的语域越多，就越具有活力。家庭域、学校域、司法域、政府域、宗教域、企业域都是常见的语域。任何语域都只是语言生态中的一个部分，每个语域通常都要受到更大范围的社会语言生态的影响。

> 在社会语言学或语言社会学的著作中，关于语言变体及其与特定语境或语域的关系方面的知识，以及关于语言与社会的关系方面的知识，经常作为表现语言的社会意识的重要元素反复出现。
>
> （埃杰，2012：123）

> 语言变体与语域关系的知识要求对某一特定社会及所谓的得体行为具有更加精深的理解和体验。这一决定论观点认为，某一特定语言变体仅限于某一特定语域使用，因此，只有贵族能够使用贵族语言，特定宗教性质的语言变体必须在宗教文本中使用，诸如生命的意义等严肃话题

只能用“学术”或者“哲学”术语进行讨论。（埃杰，2012：123）

能在新西兰社会使用毛利语的语域似乎也没有扩大。

（卡普兰和巴尔道夫，2014：197）

采用国际语言授课，使用者必须已经完全熟悉（完全流利使用）该语言的普通语域才有可能。（卡普兰和巴尔道夫，2014：201）

在语言死亡之前，就已经进入了一种停滞、废弃的状态，其典型社会语言标志为该语言由公共领域退缩至纯私人领域，如家庭、街区等，这使其丧失了语域，最后又进一步退缩至单一文体。

（弗格森，2018：75）

威尔士语已经被排挤出诸多语域（如教育、法律、政府、科技），上层社会持续英语化。将威尔士语逐出司法和行政领域的一个影响是语域范围的缩小及更为明显的声望的丧失。（弗格森，2018：91—92）

在科学领域长时间使用英语，会导致其他语言产生语域萎缩现象，即由于使用不足而导致一种语言的科学词汇和语体资源产生枯竭，就像肢体因缺乏锻炼而出现萎缩一样。（弗格森，2018：132）

我们不但要观察人们所处的整个言语社区，也要观察那些显著地影响这些言语社区的诸多社会政治单位。我把这些社会政治单位叫作语言域。语言域包括参与者的角色、事情所发生的现实或虚拟地点以及事情的典型功能和主要话题。在同一个语言域或言语交流系统内的成员对那些他们认可的语言、语言变体和语言变项具有相同的价值观。

（斯波斯基，2016：335）

家庭语言政策可以作为提高工作效率的一个重要措施，依次为那些影响范围更大的语言域（如宗教域、学校域、企业域、民族域甚至政府域）服务。（斯波斯基，2016：336）

军队案例似乎证实，一个强大的、组织严密的语言域完全有可能执行和修改自己的语言管理计划。（斯波斯基，2016：342）

国家语言政策的实施要依靠基层和各语言域众多的配套政策，明白这一事实毫无疑问有助于我们理解为什么国家语言政策经常雷声大雨点小。（斯波斯基，2016：344）

> 语言域首先是指一个社会空间，例如家庭、学校、小区、教堂、工作单位、媒体机构、各级政府。每一个语言域都有自己的语言政策。
>
> （斯波斯基，2016：4）

> 当某些语言变体的经济价值表现得非常有限时，该社区的语言使用域就会受到持续的侵蚀，特别是当双言制限制了这些社区语言，以至于学习这些语言的机会也随之变得十分有限时，侵蚀情况更加严重。
>
> （托尔夫森，2014：315）

原住民语言

见　**土著语言** › P108

Z

政策文本分析

政策文本分析（policy text analysis）是理解、阐释、评估政策的基本手段，包括主题词分析、词频分析、叙事分析、互文分析、情感分析、形象感知分析、隐喻分析、特征分析、意识形态分析、文本可视化分析等多方面的内容。

和其他政策文本一样，语言政策文本也会不断借用以前的政策措辞。语言政策依靠互文性与过去和现在的各种不同的语言政策文本和话语相关联。互文性分析关注多个政策文本的词汇语法特征之间的关联，这些特征呈现在同一项语言政策的多个政策文本或多个版本中。

语言政策文本可以从以下渠道获得：官方和非官方的语言政策表述，与语言政策行为主体（即政策制定者、阐释者和实施者）的访谈记录，媒体报道，公共标识语，在会议、课堂和社区中自然发生的言语互动记录，等等。

因果关系这一点非常重要。在没有确凿证据的情况下，严谨的语言政策研究不应当在政策意图、政策文本和政策结果之间做出任何因果关系方面的判断。（约翰逊，2016：4）

特定政策文本具有多种解读和实施方式。（约翰逊，2016：96）

研究政策形成时期的话语和相关责任人，研究政策制定者自己对政策意图的阐释，他们的信仰有助于形成政策文本的内部和外部话语，也有助于形成对政策文本的解释。（约翰逊，2016：108）

为政策的产生和延续创造舆论的话语，包括政策外部话语和政策内部话语。政策外部话语即围绕语言政策文本的话语（不论是显性的还是隐性的），可以通过与其他政策文本和话语的互文性和互语性显示出来；政策内部话语即具体政策自身的话语权。同样值得关注的是地方性的和社会性的话语，它们与政策话语相互影响。（约翰逊，2016：143）

任何特定的语言政策文本，无论是书面的还是口头的语言政策话语产品，都是话语实践的产物，应该在多层次的（话语）背景下进行分析，（如有关语言、语言使用者和语言教育的机构和社会话语等）。

（约翰逊，2016：148）

批评话语分析之所以能够很好地应用于语言政策研究，是因为：（1）照顾到了多层次的社会文化，在其中，语言政策文本得以制定、阐释和援用；（2）既考虑到对文本内部语言的精细分析，又考虑到多层社会文化实践之间的关联，这些关联将在“文本的表面特征上留下痕迹”。

（约翰逊，2016：150）

语言政策，特别是由多位作者制定的语言政策，通常是意见折中和多次修订的产物。因此，最终的政策文本可能会呈现出内部意见相左和观点杂陈的特点。（约翰逊，2016：198）

［关于语言政策文本分析：］在这项政策中，哪些是流行话语？哪些

是强势话语？哪些是有争议的话语？政策文本如何反映了其创作者声称的意图？或者，哪些方面没有反映出来？（约翰逊，2016：212）

语言政策文件往往由多位作者参与撰写，对于制定该政策的目标，这些作者本身就可能无法达成一致意见。因而政策文本可能会反映出多项政策目标，它们之间也许是相互矛盾的。最终的政策文本是谈判和妥协的结果，在语言意识形态上具有异质性。（约翰逊，2016：232）

所有的语言政策研究都需要一定的历史—文本分析。历史—文本分析法包括考察政策文本和其他能够揭示所研究语言政策的历史文献。（约翰逊，2016：237）

国家政策的改变并不会与之前政策保持指导思想上的一致与统一，反而会在政策文本与话语上呈现着许多差异，教育工作者必须根据自己的理解来施行这些政策。（托尔夫森，2014：133）

主导语言

见 强势语言 › P67；主体语言 › P248

主体语言

“主体语言”这一概念有两个含义：第一，主体语言（majority language）指在一个国家或社区中占人口大多数的语言，与少数民族语言相对，主要从语言的社会可见度和显著度两个方面来衡量；第二，在多语情景下的语码转换中，主体语言（matrix language）是在句子语法框架中起决定作用的语言，与嵌入语言（embedded language）相对。

主导语言（dominant language）是一个国家或社区中的优势语言，主要从语言的社会地位和社会声望两个方面来衡量。一般而言，主导语言是一种在经济、政治、司法和文化层面的强势语言。

在大多数情况下，主体语言就是主导语言。但是有时非主体语言（少数人语言）也会成为主导语言，例如在殖民地，殖民者虽然人数不占多数，但其语言很可能就是当地的主导语言。

> ［语言分工］并非天生就有的，而是社会历史构建的结果，而书面规范成为主导语言霸权地位的承重柱。（库尔马斯，2018：43）
>
> 让懂得一种主导语言的人来转写他们本族没有文字的语言的情况：在初始阶段，因为转写的文本看起来到处是不一致的地方，也缺少表明高层次单元（转写的文本好几页都没有一个标点符号或缩进来表示一个新单位的开始），所以它们很难看懂。经过一段时间，通常受到研究者做法或主导语言文字文化的强烈影响，一套更为一致且“有序”的转写做法会出现并直接进入言语社区正在出现的读写能力中。
>
> （库尔马斯，2018：47）
>
> 很明显，主导语言的读写能力对移民具有实用性，但是他们出生语言的读写能力是否对他们的孩子具有实用性，这在很大程度上取决于这种语言的地位。（库尔马斯，2018：70）
>
> 学校认为这些少数民族学生的语言知识与主体语言不同，仅仅掌握前者还不够，认为只有主体语言的知识才有更大的实用价值。
>
> （肖哈米，2018：100）
>
> 英格兰中心论和专业主义共同为英语作为主导语言披上了合法的外衣。（约瑟夫，2017：57）
>
> 在一个主导语言，即英语，与机遇和社会流动紧密相连的社会，如果实施开明的多元政策，允许选择语言的自由，法语将陷入长期的衰落。（弗格森，2018：34）

自上而下的语言政策

传统的政策研究着眼于技术层面的实施工作，将政策视为自上而下的过程，认为政策制定者的意图是预先存在的。自上而下的语言政策（top-down language policy）是当权者实现其霸权意图的机制，这一进程往往通过教育者来促成。然而，也有一些研究关注教育工作者是如何抵制自上而下的语言政策的，或是如何以意料之外的和富于创造性的方式来解读和援用这种政策的。

自上而下语言政策的影响和效果取决于各种语言规划背景下实施者的语言信仰和语言行动。自上而下的语言政策有时在实践中是行不通的，无论先前考虑得有多么周全。由于不是每个受到影响的人都能考虑在内，尤其是在包含上百、上千甚至上万个受影响个体的学区内设计语言政策，因此集体反抗很有可能发生，需要进行变更调整。这不应该被看作失败，而应是语言政策进程的一部分，最终会有更合适的语言政策诞生。

> 语言使用的自上而下和自下而上的视角之间的对比，对于认清不同国家的语言现实非常重要。（埃杰，2012：113）
>
> 同化政策一般未经无权社区的认同便由有权者自上而下地实施了，经常在政治上、社会上或经济上表现出一定程度的野蛮和暴力，就像法国处理地区问题时的情况一样。（埃杰，2012：153）
>
> 由于政府偏好自上而下的做事风格，不考虑所在环境的语言实际，而强制推行计划，结果往往是时深日久后发展方向陡转，这些诸多因素综合到一起，导致语言政策的目标落空。
> （卡普兰和巴尔道夫，2014：252）
>
> 语言帝国主义是一种强势的自上而下，而非自下而上的语言传播理论，因为它似乎认为，语言政策或规划有非凡的力量，可以影响语言行为发生变化。由于语言帝国主义如此强烈地强调自上而下的强加过程，它忽视或削弱了之前提到的自下而上规划的可能性。
> （弗格森，2018：116，120）
>
> 如果某一语言使用者更愿意学习和使用其他语言来增加他们的就业机会，那么官方自上而下地认可和推广某种语言本身并不能改善其语言地位。（弗格森，2018：136）

以社会因素为基础的声望不是一朝一夕就能改变的，它会顽强地反抗自上而下的规划，因此非常可能有一部分印度人会打出坚持英式标准英语的旗号，建立教授英式发音规范的机构。（弗格森，2018：178）

某个团体或机构暗中积极抵制一项显性的语言政策。这样一来，隐性的语言政策既可以是自上而下的政策进程和组织行为，也可以是自下而上的政策进程和组织行为。（约翰逊，2016：10）

撰写语法书以及编撰词典是一种自上而下的语言规划，因为这些是由一些权威（或自称为权威的人）炮制出来的，然后面向群众继续推广。（约翰逊，2016：15）

老师的语言行为在一定程度上要受到学区课程规划、高校课程或学区督导的影响。因而，任何特定语言政策的影响——即使是所谓的“自上而下”的政策——都要依赖于不同的阐释和援用，这一进程跨越多个环境，涉及多个语言规划和语言政策的活动层面。（约翰逊，2016：15）

尽管在美国及世界各地都存在自上而下消除土著语言的行为，但也出现了一些试图挽救和振兴土著语言的重要努力，它们来自基层，是自下而上的。（约翰逊，2016：19）

如果在研究中专注于自上而下的语言政策中的各种蓄意、恶意和不公正现象，就会让教育现实中的霸权政策话语更加具体化。在阐释和援用自上而下的语言政策时，教育工作者具有自己的主观能动性。自上而下的（政策）话语在持续的话语生成和互动中，总是在不断进行协商，这意味着政策实施者可以正式地（以制定政策文本的形式）和非正式地（在课堂层面）通过创造性的和不可预知的方式来援用语言政策。（约翰逊，2016：51，53，55）

假如我们只是简单地区分自上而下（即从政府开始）和自下而上（即从草根开始）两种语言活动之间存在的差异，那么，我们就可以说在以色列于 1948 年建国之前希伯来语的复活与复兴行为完全取决于自下而上的语言活动。（斯波斯基，2016：256）

［在语言景观中，］“自上而下”的流动源于被授权向平民百姓传播信息的公共机构，而“自下而上”的流动则包括任何具备写作能力的人

制造的物品。在语言景观自上而下和自下而上的物品中，文字体现了权力和抵抗二者的辩证关系。文字既是维护制度权威的工具，也是反对掌权者和挑战权威的工具。（库尔马斯，2018：32，34）

语言规划者不要幻想能够控制一个国家的语言景象。因为总有一些人希望建立他们自己的规划，并且从底层来抵制那些自上而下强加于他们身上的政策。（肖哈米，2018：51）

还要注意的是，当人们把语言用作一种实现意识形态或创造事实政策的工具时，所有的社会群体都会利用这些机制（或政策工具），无论是自上而下还是自下而上的群体。（肖哈米，2018：54）

显然，大多数国家为了操纵语言而广泛使用语言官方化这种机制，但是，这个机制也常常受到批评。因为它缺乏民主性，它是自上而下地强制推行语言政策的一种工具，并且自上而下强制地利用语言这种工具，把语言意识形态转换为语言实践。（肖哈米，2018：63）

标准化的典型做法就是政府在语言学家的协助下，自上而下地强制地推行一种标准，并对人们的言语行为进行约束，由此在人们的言语表达和言语自由上增加了重要的限制。（肖哈米，2018：64）

要观察官方的、自上而下的语言政策的效果，我们就必须要考虑事实语言政策，后者往往反对或“违反”公开的和正式的语言政策。

（肖哈米，2018：73）

政体的语言教育政策是自上而下强制颁布的，它很少遇到抵制的现象，因为通常大部分学校和教师都会遵守政策。（肖哈米，2018：77）

具体说来，无论是在国家、州或省、城市或地方的各个层级，语言教育政策基本上都是自上而下制定的，民众往往无法参与。因此，这是一种专制的政策制定方法。（肖哈米，2018：89）

因此，我们不仅要了解语言教育政策的意图和效果，还要观察那些不在自上而下的政策系统之内，却能反映政策效果的特定实体、学校和课程。（肖哈米，2018：93）

自上而下的语言景观标识就是指由国家和（或）中央机构颁发的标识；而自下而上的标识是指由一些自治的社会行动者制作的标识，这些

标识是由个体自行选择的，代表了商店店名、个人宣言或行业等各个领域的内容。（肖哈米，2018：118）

自上而下的语言景观反映了希伯来语作为主要国语的官方地位，也反映了阿拉伯语作为以色列官方语言的地位。（肖哈米，2018：126）

公共空间能够更深层次地体现语言政策，因此它能使我们更加深入地了解官方语言政策与各群体表达诉求之间的矛盾，这一点从自上而下和自下而上的语言标识中可以体现出来。（肖哈米，2018：138）

然而在过去，语言政策主要是指自上而下的机制，如今，民主意味着所有的群体都可以利用这些机制或政策工具来从事协商、对话和斗争等民主实践。（肖哈米，2018：139）

无论在国家级、州或省级还是在城市的层级，抑或在各种集合体的内部，语言政策、语言教育政策和语言测试都常被当作服务中央政府的工具，被中央政府以“自上而下”的方式来加以推行，并被强行地纳入教育体系和政治体系之中。这种自上而下的强制方式因而就可以被理解为一种专制的制定语言政策的方法，也可以被看成一种统领政治和统治社会的形式。（肖哈米，2018：143）

这种语言干预主要是自上而下的，且大都能取得成功。这在过去和现在都是很不寻常的。大多数自上而下的语言政策和语言规划都会徒劳无功。但是，由于语言政策与语言规划认同并支持主流意识形态，因此目标一般都能实现。（赖特，2012：47）

国家自上而下制定的政策受到以下人群不断变化的需要的推动：那些原先是农业生产者后来成为都市工人的人，以及这些人的雇佣者。（赖特，2012：63）

唯一的严重缺陷就是大多数未来国民不会讲这两种语言，因而它们必须通过严密规划自上而下地强制施行。（赖特，2012：72）

自上而下的政策只有当自下而上的行为模式（或者能够使之）与之相一致时，政策才会成功施行。（赖特，2012：73）

印尼语本体规划是经典的自上而下的做法，是 20 世纪 60 年代和 70 年代技术专家治国思想的典型，有些精神一直传至今天。（赖特，2012：86）

即使在具有革命性的社会中尝试这样的努力，强迫整个国家自上而下都改换语言，这样的任务也不可能完成。（赖特，2012：137）

根深蒂固的农村方言虽表达了一种身份特征，却可能会受到自上而下的强制规范化的逐渐削弱。（赖特，2012：208）

批评家指出历史—结构方法过分强调自上而下的规划和决策，而他们认为应当更多地关注于语言使用者个体、教师、家长、管理者和社区的局部性决策。（托尔夫森，2014：33）

如果缺乏地方支持，国家政策就会失效。推广单语制的自上而下的语言政策也不一定会被不折不扣地执行。（托尔夫森，2014：128）

需要自上而下和自下而上的参与，可靠的语言、财政和技术方案，真正的教育改革，以使土著语言能够在教育和广阔的社会中有自己合适的位置。所有这些都需要土著民族自己以及社会其他群体的积极参与。（托尔夫森，2014：305）

自上而下的语言政策很难处理好复杂的社会生态，因为这种社会生态涉及多语社区所特有的语言和身份认同的复杂关系。更加有效而成功的方式就是走自下而上的民主决策过程。（托尔夫森，2014：316）

自下而上的语言政策

语言政策不一定需要由权威机构来颁布，它们也可以源于自下而上的运动或草根组织。自上而下的语言政策是由某些管理部门或权威机构或个人提出的宏观语言政策；自下而上的语言政策（bottom-up language policy）是经社区产生并影响社区的微观或基层语言政策。

单单是政治家和知识分子能够用该语言作演讲是毫无意义的，更重要的是社会各个阶层的人们都能用该语言提交纳税申报单、写支票、支取福利报酬。如果没有自下而上的优势体现，没有所有社会阶层能够共享的认同，那么语言政策就只是一个空洞的、象征性的手势，一个知识

分子的游戏。（埃杰，2012：38）

为了巩固语言复兴的目标，我们有必要在不同层面采取有力措施，需要自上而下和自下而上的参与，可靠的语言、财政和技术方案，真正的教育改革，以使土著语言能够在教育和广阔的社会中有自己合适的位置。（托尔夫森，2014：305）

自上而下的语言政策很难处理好复杂的社会生态，因为这种社会生态涉及多语社区所特有的语言和身份认同的复杂关系。更加有效而成功的方式就是走自下而上的民主决策过程。应该让社区自己来决定是否、何时以及如何用自己的母语来实现自己受教育的权利。

（托尔夫森，2014：316）

积极性高昂的社区在教育政策的制定和实施过程中能够起巨大的作用。虽然多数语言政策是自上而下的，来自最基层的“自下而上”的解决方案实际上也非常可行，可以充分挖掘迄今尚未开发的人力和物力资源。（卡普兰和巴尔道夫，2014：223）

语言政策不是简单的“自上而下”或“自下而上”的行为，而是具有多层结构关系的活动。（约翰逊，2016：5）

语言政策可以由一些管理机构从“顶层”提出，属于一种自上而下的语言政策；语言政策也可以由社区提出，旨在影响该社区，属于一种自下而上的语言政策。然而，语言政策一般是通过多个“级别”的政策创建发展而来的，甚至一项通常被认为是自下而上的语言政策，如为一个学区制定的学区语言政策，对于一些人（如学区中的教师或学生）来说，仍然是自上而下的。因此，“自上而下”和“自下而上”两个术语是相对而言的，这取决于谁来制定语言政策，谁去阐释和实施语言政策。同时，语言类别内部和类别之间也有重叠。也就是说，一项语言政策可以同时是“自上而下的”和“自下而上的”。（约翰逊，2016：8—9）

“自上而下的语言政策”和“自下而上的语言政策”之间的区别通常被描绘成“国家语言政策”和“社区语言政策”之间的区别，这其实未能反映出影响语言政策决策的多重情形，也未能注意到决策权能以何种方式在“社区”中不平等地分配。此外，“自上而下”和“自下而上”

的语言政策二分法限制了语言政策发展的多层次性，仅仅将其一刀切地定为政策“制定”与政策“实施”两个部分，这就模糊了语言政策主体与进程在互动方式上的多样性和不可预知性。（约翰逊，2016：102）

由于语言政策进程的多层次性，要决定某个政策是“自上而下的”还是“自下而上的”，就取决于是谁来制定政策和实施政策，以及在哪一层次制定和实施。例如，对于每个州的教育官员来说，联邦教育政策无疑是自上而下的，而学区的教育政策则是自下而上的；然而，对于学区内的老师来说，该学区的教育政策就是一个自上而下的政策。因此，所谓的“上”和“下”，其实是相对的。（约翰逊，2016：102）

协作性的语言规划和政策制定往往被称为“基层的”或“自下而上的”，它可以理解为由社区制定、为社区服务并受社区影响的语言政策。

（约翰逊，2016：201）

语言帝国主义是一种强势的自上而下，而非自下而上的语言传播理论，因为它似乎认为，语言政策或规划有非凡的力量，可以影响语言行为发生变化。（弗格森，2015：116）

英语的传播既是帝国主义的结果，也是反殖民斗争的副产品。这里更普遍的观点是由于语言帝国主义如此强烈地强调自上而下的强加过程，它忽视或削弱了之前提到的自下而上规划的可能性。

（弗格森，2018：120）

语言立法要想获得成功，就必须让人们真正的需求“自下而上”地进入语言立法。此外，语言“多数”群体的感受也不容忽视，否则就会适得其反，最终阻碍语言少数群体权利的实现而非起到推动作用。

（约瑟夫，2017：164）

祖传语

移民家庭的子女如果从小转用了其他语言，那么父母的语言还是孩子的“母语”吗？这一问题存在广泛争议。为了解决这类问题，有些学者提出了

“祖传语”（heritage language）的概念，从文化传承视角给语言命名，而不考虑是否传承成功，是否真正具有母语能力。

从 20 世纪 90 年代末起，heritage language 作为一个通用术语逐渐在北美流行开来，其概念内涵类似于其他地区的“家庭语言”（home language）、“社区语言”、“外来语言”、“民族语言”（ethnic language）以及“少数民族语言”等术语。

起初，美国学者将 heritage language 定义为“除英语以外的所有语言”（languages other than English, LOTE），后来又把土著印第安语也纳入其中，并将定义细化为“除英语以外的、与个人有着某种文化关联的语言”。

目前术语 heritage language 在国内有多个译名，包括“遗产语”“传承语”“继承语”“族裔语”“祖裔语”“族裔传承语”“祖籍传承语”和“祖语”。在这八种译名中，除了“语”字外，出现最多的是“祖”“传”和“承”三个字。我们建议取其中的“祖”和“传”两个字，将其译作“祖传语”。之所以采用“祖”字，是因为一些西方学者常常将 heritage language 等同于 ancestral language（“祖先的语言”）；之所以采用“传”字，是因为这方面的研究就是为了“传承语言文化”。同时，“祖传”一词常常表明某物具有一定的价值，值得珍惜和传承下去，如“祖传手艺”“祖传秘方”等，并且表达出 heritage 一词所具有的“语言资源”含义，即译名“遗产语”欲传达的意义。最后，通常在提到“祖传（的东西）”时，人们往往担心能否继续传承、会不会失传这类的问题，这正是 heritage language 目前所面临的最大问题。

应该注意，“裔”指的是“后代”，因此“祖裔”这一说法不成立，词典中也未见收录；“族裔”指的是某一族群的后代，如“华裔”，但我们从不说“华裔语”，“族裔语”这一译名也不太可取。另外，历史语言学已有“祖语”（ancestral language）的概念，指的是某种语言的祖先语言，如现代英语的祖语包括中古英语、古英语、原始日耳曼语和构拟的原始印欧语。祖语概念的视角是由今及古，祖传语概念的视角是由古及今。

拥护单语制论点的浪潮并没有妨碍移民对他们祖传语的忠诚：他们继续把祖传语作为家庭语言和社区语言来使用；他们继续使用祖传语

发行报纸；他们带着维持双语教学的思想进入20世纪。

（斯波斯基，2011：109）

尽管美国愿意承认公民拥有在某些场合继续使用其祖传语的权利，但同时也希望这些公民能够更好地习得英语。（斯波斯基，2011：122）

儿童的语言习得在很大程度上取决于儿童所处的语言实践。例如，移民父母会为自己孩子不懂自己祖传语中的某些词汇而感到沮丧，他们没有意识到自己在日常语言交流中也经常使用居住国语言的借词来代替自己母语中的一些词汇。如同语言政策的其他方面一样，语言管理也可应用于具体的语言域中。例如，在家庭域中，移民家庭的父母为了保留自己的祖传语而做出种种努力的行为便构成了他们的家庭语言管理。

（斯波斯基，2016：5—7）

时间和金钱能使濒危的祖传语得到复兴。（斯波斯基，2016：11）

宗教语言政策能够支持祖传语的维持，其作用不可小视。宗教群体、民族群体和传统群体三者往往相互交错，难以区分，但它们都为宗教语言和祖传语的维持提供了支持。（斯波斯基，2016：61，72）

在家庭域，家长往往会鼓励孩子继续使用祖传语，以便保持语言的多样性。（斯波斯基，2016：128）

政府可以为某些语言少数族群提供语言传承的机会，使得他们能够实现把自己的祖传语传授给孩子的愿望。（斯波斯基，2016：236）

许多民族国家都禁止或不提倡祖传语教育项目。有些国家虽然制定了多语政策，但在它们的语言实践中，大多数精力都放在了国家强势语言霸权地位的建设上。（斯波斯基，2016：237）

许多继承语学校为只用英语教学的公立学校提供了用母语进行的辅助教学。（托尔夫森，2014：86）

土著青少年所面临语言选择难题：祖传语一方面是“真正”土著人身份的核心要素，另一方面也阻碍了青少年的社会经济流动。年轻人在面对自己的祖传语这一土著身份的关键符号同时也是社会经济发展的障碍时，需要掌控好这种互相冲突的意识形态和话语。

（托尔夫森，2014：15，261）

只有从经济和商业领域汲取经验的改革及行动方式才是实现教育成功的唯一途径。这一观念甚至影响到了针对美国学习者的以祖传语西班牙语开展的教学，这些学习者现在发现，教材与课程更强调作为商业语言的世界西班牙语的学习，而并非许多美国社区中存在的西班牙语变体的学习。（托尔夫森，2014：49）

大多数仍在使用土著语言的人主要生活在阿拉斯加和美国西部地区，而纳瓦霍部族中仍在使用祖传语的人数（约 17.8 万人）要比其他美国印第安人和阿拉斯加土著人中使用祖传语的人数的总和还要多。

（托尔夫森，2014：264）

21 世纪美国土著的语言政策与规划很大程度上关注的是语言复活和将土著语言作为第二语言教授给祖传语学习者。然而，令人困扰的现实是，即使有更多的美国土著儿童进入以英语为主要语言或唯一语言的学校，他们仍在继续受到歧视，并被认为是“英语能力不足者”，需要上补救性课程。（托尔夫森，2014：264）

美国联邦政府自第一次涉足印第安人的教育起，就无情地实施了以灭绝土著人的语言和文化为目的的教育政策：用英语替代祖传语；用基督教替代异教信仰；替代一切经济、政治、社会、法律和艺术制度。

（托尔夫森，2014：265）

在语言复兴的努力中，年轻人毫无疑问是最为关键的利益相关者；毕竟，他们的语言机遇和语言选择将决定他们的祖传语以及文化传承的未来。（托尔夫森，2014：274）

在强迫或社会压力下，摒弃祖传语的决定往往是由最年轻的语言使用者做出的，他们会反过来影响成年人的语言实践。但是，近期的青少年研究显示，尽管年轻人可能是语言濒危的动因，但当他们所处的环境和语言学习机会发生改变时，青少年仍然可能会激活他们的祖传语，并使语言发展到具有能产性的阶段，他们也成为推动祖传语走向未来的关键作用者。（托尔夫森，2014：275）

青少年常常表现出学习祖传语的愿望，但同时他们也会因为语言错误受到嘲笑而表现出恐惧的心理，这在青少年语言研究中都普遍有

所发现。（托尔夫森，2014：275）

显在的家庭语言政策强调无论何时都要尽可能地说祖传语，这一家庭的努力要比任何部落语言政策和规划都更为有效。

（托尔夫森，2014：276）

一些年轻人正通过双语教育项目在学校里学习祖传语的读写技能，但当他们与土著语本族讲话人交际时，他们有时会掩盖或否认具有这一能力。在同龄人中间或者与成人交际时，年轻人可能并不愿意展现出祖传语的能力或者是学习兴趣。他们交际言语库的混杂性导致了语言不安全感，也导致了成年人认为青少年对祖传语漠不关心。

（托尔夫森，2014：278—279）

很多青少年正在将选择学习祖传语作为一种身份认同的行为，显示自己属于某个特定的群体。当学习者的家庭—社区语言环境的异质特性及其交际言语库的混杂性被承认或被看作资源而不是语言缺陷的时候，以上这些努力才会变得更为有效。同样重要的是，要以个人有意义的方式和学界认可的方式，为年轻人创造使用他们祖传语的机会。

（托尔夫森，2014：279—280）

2

第二篇

术语对照表

一、英汉术语对照

A	
aboriginal language	原住民语言
absolutist	绝对论者
abstand language	距离语言；天生不同的语言
abusive language; curse	詈词
academe	学术界；学术环境
academic domain	学术语域
academy	研究院
accent	口音
acceptability	可接受度
access to English	英语接触
accommodation	迁就；顺应
accommodation theory	顺应理论
accommodation to dominant culture	适应主流文化
acculturation; cultural adaptation	文化适应
acquisition planning	习得规划
acrolect	上层方言
additional language	附加语言
additive bilingualism	增益性双语现象
administrative language	行政用语
affective regime	情感机制
affective turn	情感转向
African languages	非洲语言

agency	能动性；机构
allochthonous language	外来语言
allograph	字素变体；异体字
alternative education	替代性教育；非主流教育
ancestral language	祖语
Anglicization; Englishization	英语化
anglocentricity	英语中心主义
anglophone	讲英语的人；操英语者
anthropology	人类学
anti-language planning	反语言规划
applied linguistics	应用语言学
appropriate expression	得体表述
appropriateness	得体性；恰当性
appropriation of English	英语援用
archaizing language purism	泥古的语言纯洁主义
archetype	原型
artificial language	人工语言
assimilationism	同化主义
assimilationist	同化主义者
assimilationist policy	同化政策
assimilation-oriented policy	同化取向的政策
associate official language	副官方语言
asylum language policy	庇护性语言政策

attitude survey on standard language	标准语语言态度调查
attitudinal vitality scale	态度性活力指标
audience design theory	听众设计理论
ausbau language	扩展语言；经培育而成的语言
Auslan	澳大利亚手语
authenticity	正统性；真实性
authorized language	授权语言
autochthonous language	原生语言
autonomous standard language	自主标准语言
autonomy in school management	学校自主管理

B

balance of power	权力平衡
banal nationalism	日常民族主义；庸俗民族主义
basilect	下层方言
bawdy talk	流氓话
bed-rock language	基础语言
bidialectalism	双方言现象
bilingual area	双语区
bilingual community	双语社区
bilingual competence	双语能力
bilingual education	双语教育
bilingual family language policy	双语家庭的语言政策
bilingual intercultural education	双语跨文化教育
bilingualism	双语制；双语现象

bilingual policy	双语政策
bilingual proficiency	双语水平
bilingual speaker	双语使用者
biliteracy	双语读写能力
biliterate	双文者；识两种文字者
biolinguistic diversity	语言生态多样性
bookish borrowing	书面语借词
borrowing	语言借用
bottom-up language policy	自下而上的语言政策
braille	盲文
British sign language	英国手语
business English	商务英语

C

caretaker speech	保姆式语言
case law	判例法
center and periphery	中心和边缘
centrality of native speakers	母语者中心地位
centre-periphery thesis	中心—外围边缘理论
Chinese community	华语社区
Chinese graphology	汉字学
Chinese society variant	华语社会变体
citizenship law	公民法
citizenship test	入籍语言测试
civic culture	公民文化

civic realm	公民领域
class aspiration	阶级愿望
class difference in identity	阶级认同差异
class difference in language	阶级语言差异
class hatred	阶级仇恨
class marking	阶层标记
class solidarity	阶层趋同
class system based on examinations	基于考试的阶层制度
cline of varieties of English	英语渐变群
closed entity	封闭实体
code choice	语码选择
code-mixing	语码混合；语码混用
code-switching	语码转换
codification	编典；编制标准；语码化；符码化
codification of international norms	国际标准的编典
coinage	新造词
collective language right	集体语言权利
collective unitary identity	集体统一身份
colloquial variety	口语变体
colonial English	殖民英语
colonial language	殖民宗主国语言
colonial language policy	殖民地语言政策
colonization	殖民化
common core variety	共核语言变体

common language	共同语；通用语
common underlying bilingualism proficiency	深层共享双语能力
communication disorder	交流障碍
communication potential	交际潜力
communicative language teaching	交际语言教学
communicative repertoire	交际言语库
community language	社区语言
community language planning	社区语言规划
community of communication	交际共同体
community of speakers	说话者社区
competence nativelike	母语水平目标
competition view on language planning	语言规划竞争观
complementarity principle	互补原理
comprehensibility	可理解性
computer-mediated communication	以电脑为媒介的交际
conception of nationhood	民族观念
connectedness	连通性
conservative language planning	保守性语言规划
constructedness of language	语言构成性
constructive language planning	建设性语言规划
consumerism global culture	消费主义全球文化
contact language	接触语
context	情境；语境

Continental idealism	欧洲大陆理想主义
corpus of academic	学术语料库
corpus planning	本体规划
corpus study	语料库研究
correctness doctrine; doctrine of correctness	语言正确主义
cosmopolitanism	世界主义
covert language policy; implicit language policy	隐性语言政策
covert prestige	隐性声望
creole	克里奥尔语
criterion-referenced assessment	标准参照评估
critical discourse analysis	批评性话语分析
critical language awareness	批评性语言意识
critical language policy	批评性语言政策
critically endangered language	极度濒危语言
critical writing	批判性写作
cross-border language; trans-border language	跨境语言
cultivated language	培育语言
cultivation	培育功能
cultivation planning	培育规划
cultural assimilation	文化同化
cultural capital	文化资本
cultural cringe	民族文化自卑感
cultural diversity	文化多样性

cultural exclusion	文化排除
cultural genocide	文化灭绝
cultural homogeneity	文化同一性；文化同质性
cultural homogenization	文化同质化
cultural hybridity	文化混杂
cultural identity	文化认同
cultural pluralism	文化多元主义
cultural practice	文化实践
cultural reproduction	文化再生产
cuneiform script	楔形文字
curriculum	课程大纲
cursive	草书体文字
curtailing use of English	削减英语使用

D

de facto language behavior	事实语言行为
de facto language policy	事实语言政策
de jure language policy	法定语言政策
dead language	死语言
de-anglicization	去英语化；去盎格鲁化
declining language	衰退型语言
de-colonization	去殖民化
de-contextualization	去语境化
de-dialectalization	去方言化

deep structure	深层结构
de-ethnicization	去民族化
deferential address	恭敬称谓
definitely endangered language	确认型濒危语言
demographic factor	人口统计因素
destructive language planning	破坏性语言规划
de-territorialization	去边界化；去领域化
de-territorialized ethnic community	去领土化社区；侨居社区
development view on language planning	语言规划发展观
developmental bilingual education	发展型双语教育
deviation of New Englishes	新英语偏离
diacritic	变音符；附加符
dialect	方言
dialectalization	方言化
dialect continuum	方言连续体
dialect difference	方言差异
dialogism	对话性
diaspora language	侨民语言
differentiation	区别化
digital divide	数字鸿沟
diglossia	双言制；双言现象
diglossia continuum	双言制连续体
digraph	合成符
discourse planning	话语规划

discourse schema	话语图式
discretionary power	自由裁量权
discrimination against non-native speakers	歧视非母语者
discursive reproduction	话语产出
domain; register	语域
dominant discourse	主流话语
double immersion school	双浸学校
dual language program	双语教学项目
dual mother language	双母语
dyslexia	阅读障碍；诵读困难

E

early multilingualism	早期多语现象
ecolinguistics	生态语言学
ecological position	生态位置
ecological view on language planning	语言规划生态观
ecology of language	语言生态学
economic value of English	英语经济价值
educated language	学得的语言
educational linguistic right	语言教育权利
educational linguistics	教育语言学
educational parity	教育均值
educational planning	教育规划

egalitarian discourse community	平等话语社区
elaborated code	复杂语码；精致语码
elaboration	扩建标准；完善功能；完善化
elite closure	精英闭环
elite racism	精英种族主义
elites dominant policy	精英支配型政策
elitist purism	精英纯洁主义
embedded language	嵌入语言
embodied habit	社会生活习惯
emergency language service	应急语言服务
emotional cost of language deserting	语言抛弃的情感代价
endangered language; threatened language	濒危语言
endoglossic	族内语
endonormative	内源规范
endonormative standard	内生标准
English as a Lingua Franca (ELF)	作为通用语的英语
English as a Second Language (ESL)	作为第二语言的英语
English as inner circle	作为内圈的英语
English competence	英语能力
English diffusion paradigm	英语传播范式
English dominance	英语主导地位
English globalization	英语全球化
English hegemony	英语霸权

English indigenization	英语本土化
English-medium private school	英文私立学校
English spread	英语传播
enrichment-oriented linguistic right	充实性语言权利
entity language awareness	实体语言意识
epistemology	认识论
equality view on language planning	语言规划平等观
error	偏误
ESL user	英语二语使用者
Esperanto	世界语
ethnic conflict	民族冲突
ethnic group membership	族群身份
ethnic identity	民族认同
ethnic language	民族语言
ethnic minority	少数民族
ethnography of communication	交际民族志
ethnography of speaking	言语民族志
ethnolinguistic identity	民族语言认同
ethnolinguistic nationalism	民族语言民族主义
ethnolinguistic vitality	民族语言活力
ethnomethodology	民俗方法论；常人方法论
ethnonationalism	民族国家主义
Euro English variety	欧洲英语变体
European lingua franca	欧洲通用语

evidentiality	言据性
exogamy	异族通婚
exoglossic	族外语
exonormative standard	外生规范
expanding circle	扩展圈
expediency-oriented language policy	权宜性语言政策
expertise	专业知识；专家知识
exposure to varieties	接触多种变体
extensive cross-border language	广布跨境语言
external linguistics	外部语言学
external network effect	外部网络效应
extinct language	绝迹语言

F

false consciousness	虚假意识
family language planning	家庭语言规划
family language policy	家庭语言政策
family of languages	语系
father tongue	父语
field independence	场独立性
first language	第一语言
first nation	世居民族；美洲印第安人
fixed language	定式语言
flexible planning school	弹性规划学派
focalization	焦点化

folk linguistic right	民间语言权利
folk multilingualism	民间多语现象
footing	话语立场
forced acculturation	强制文化适应
forced assimilation	强制同化
foreign language	外语；外国语
foreignness	外来性
formalism	形式主义
fossilization	石化
foul word	下流词汇
functional demarcation of languages	语言功能划分
functional domain	功能域
functional justification for language policy	语言政策象征性诠释
functional literacy	功能性读写能力
functional planning	功能规划
functional potential	功能潜力
fusion	融合语

G

gender marking	性别标记
gendered language	性别化语言
generative semantics	生成语义学
genetic code	遗传密码
genocide	种族灭绝

genre	语类；文体风格
Germanic languages	日耳曼语族
global diglossia	全球双言制
global English	全球英语
global language	世界性语言
global language constellation	全球语言集团
global language hierarchy	全球语言层级
global spread of English	英语全球传播
glocalization	全球本土化
governance system	治理体系
governmentality	治理术
Graded Intergenerational Disruption Scale (GIDS)	代际语言断层等级表
grammatology	书写学；文字学
graph	字符
grapheme	字位
graphemics	字位学
graphetics	语相学
graphization	文字规划
graphy	书写单位；书写符号
group bilingualism	群体双语现象
group language right	群体语言权
group marker	群体标记

H	
habitus	惯习；习性
heritage language	祖传语；传承语
heritage speaker	祖传语者
heterogeneity	异质性
hidden agenda	隐秘动机
hieroglyph	象形文字
high variety	高变体
home language	家庭语言
home stimulation	家庭激励
homogeneity	同质性
homogenization	同质化
honorific appellation	敬称
host language	宿主语言
host language community	宿主语言社区
humanistic view on language planning	人文主义语言规划观
hybridity of varieties	变体混杂
hybridization	语言混杂
hypercentral language	超核心语言
hypercorrection	矫枉过正

I	
identifier	识别标志；识别码
identity	认同；身份
identity feature	身份特征

identity politics	身份认同政治
ideological agenda	意识形态意图
image planning	形象规划
imagined community	想象的共同体
imagined speech community	想象的言语社区
immersion camp	语言浸没营
immersion education	浸没教育
immersion English education	英语浸没教育
immersion school	语言浸没学校
immigrant minority	移民少数族群
immigration language	移民语言
immigration language test	移民语言测试
incidental learning	偶发性学习；顺势学习；附带学习
indigenous language	土著语言
indigenous language policy	土著语言政策
indirect speech act	间接言语行为
individual bilingualism	个体双语现象
individual language right	个体语言权利
inner language	内语言
institutional bilingualism	制度化双语现象
institutional control	制度控制
institutional discourse	机构话语
institutionalized multilingualism	制度化多语现象
institutional recognition	制度性认知

institutional support	制度支持
institutional view	制度观
instrumentalism language policy	工具性语言政策
instrumental motivation	工具性动机
integration	一体化
integrationist	整合主义者
integrative motivation	融入性动机
intellectual capital of language	语言知识资本
intellectual climate	学术思潮
intellectual context	学术语境
intellectual paradigm	学术知识范式
intelligibility	可懂度
interaction	言语互动
interdiscursive analysis	互语性分析
interdiscursive link	话语联系
interethnic language	族际语言
intergenerational maintenance	代际语言维持
intergenerational transmission	代际传承
interlanguage	中介语
interlanguage analysis	语际分析
interlanguage paradigm	中介语范式
interlocutor	会话者
internalization	内化
internal linguistics	内部语言学

International Adult Literacy Survey	国际成人读写能力调查
International Auxiliary Language	国际辅助语言
International Corpus of English	国际英语语料库
international English	国际英语
international language	国际语言
International Literacy Prize	国际扫盲奖
international organization	国际组织
International Phonetic Alphabet (IPA)	国际音标
interpretability	可解释性
interpretation	解读
intersubjective norm	主体间性规范
intertranslatability	互译性
intervention	干预措施
intimacy	亲密
intimidation	恐吓
intonation	声调
intralanguage analysis	语内分析
intrusive language	侵入性语言
isogloss	同言线；等言线
isopleth	同文线；等值线

J

jargon	行话

K

kana majiri	汉字假名混用

kin country	亲缘国
kin society	亲缘社区
knowledge-based industry	知识产业
Koine	柯因内语
L	
laissez-faire language policy	放任自由性语言政策
language academy	语言学会；语言研究院
language acquisition	语言习得
language acquisition policy	语言习得政策
language activism	语言激进主义
language adaptation	语言适应
language allocation	语言配位
language appropriation	语言援用
language-as-problem view	语言问题观
language-as-resource view	语言资源观
language-as-right view	语言权利观
language assessment	语言评估
language assimilation	语言同化
language assimilation view	语言同化观
language attitude	语言态度
language attrition	语言磨蚀
language awareness	语言意识
language behavior	语言行为
language belief	语言信仰

language bill	语言法案
language censorship	语言审查制度
language census	语言普查
language change	语言变化
language choice	语言选择
language code; linguistic code	语码；语言代码
language colonialism	语言殖民主义
language commodity	语言商品
language community	语言共同体；语言社区
language competition	语言竞争
language conflict	语言冲突
language contact	语言接触
language cultivation	语言培育
language death	语言死亡
language decentralization	语言去中心化
language decline	语言衰落
language deficit	语言赤字
language development	语言发展
language development scale	语言发展等级
language diffusion	语言扩散
language diffusion policy	语言传播政策
language discrimination; linguicism	语言歧视
language dissemination	语言散播
language dividend	语言红利

language documentation	语言保存
language domain	语言域
language dominance	语言优势
language dynamics	语言动态
language ecology	语言生态
language economics	语言经济学
language economy	语言经济
language education	语言教育
language education policy	语言教育政策
language emergency service	语言应急服务
language empowerment	语言赋权
language endangerment	语言濒危
language engineering	语言工程
language equality	语言平等
language equation	语言平衡
language evolution	语言演进
language exchange	语言交换
language exclusion	语言排外
language extinction	语言灭绝
language family tree	语言谱系树
language flagship	语言旗舰项目
language function	语言功能
language goods	语言货品
language governance	语言治理

language guarantee	语言保障
language harmony	语言和谐
language hegemony	语言霸权
language hierarchy	语言等级
language icon	语言图标
language identification	语言识别
language identity	语言认同
language ideology	语言意识形态
language imposition	语言强加
language independence	语言独立
language industry	语言产业
language-in-education planning	语言教育规划
language inequality	语言不平等
language instrument	语言工具
language integration; language blending	语言融合
language integration view	语言融合观
language interest	语言利益
language intervention	语言干预
language item	语言项
language law; language act	语言法
language legislation	语言立法
language liberty	语言自由
language life	语言生活
language limitation	语言局限

language literacy	语言素养
language localization	语言本土化
language loss	语言消亡；语言丧失
language loyalty	语言忠诚
language maintenance	语言维持；语言保持
language maintenance mechanism	语言维护机制
language management	语言管理
language market	语言市场
language mobility	语言流动性
language modernization	语文现代化
language mosaic	语言马赛克
language movement	语言运动
language murder	语言谋杀
language nest	语言巢
language normalization	语言规范化
language obsolescence	语言过时
language of diplomacy	外交语言
language of instruction; teaching language	教学用语
language of the scriptures	经文语言
language of treaties	条约语言
language of wider communication	交际面广泛的语言
language perception	语言感知
language personality	语言个性
language planning	语言规划

language planning view	语言规划观
language pluralism; linguistic pluralism	语言多元主义
language pluralism view	语言共生观
language police state	语言卫道士
language policy	语言政策
language policy action research	语言政策行动研究
language policy ethnography	语言政策民族志
language policy implementation	语言政策执行
language policy originalism	语言政策原旨主义
language politics	语言政治
language pollution	语言污染
language practice	语言实践
language preservation act	语言保护法
language prestige	语言声望
language prestige planning	语言声望规划
language problem	语言问题
language production	语言产出
language proficiency test	语言水平测试
language promotion	语言推广
language promotion policy	语言推广政策
language proscription	语言剥夺
language protection; language conservation	语言保护
language protectionism	语言保护主义
language public opinion	语言舆情

language purification	语言净化
language purism; linguistic purism	语言纯洁主义
language purity	语言纯洁
language rationalization	语言合理化
language reclamation	语言再生
language regime	语言制度；语言机制
language relationship	语言关系
language renewal	语言更新
language repertoire	语言库
language replacement	语言取代
language requirement	语言要求
language resource	语言资源
language restriction	语言限制
language retention	语言保留
language revitalization	语言复兴
language revitalization plan	语言复兴计划
language revival	语言复活
language right	语言权利
language security	语言安全
language service	语言服务
language shift	语言转用
language situation	语言状况
language skill	语言技能
language socialization	语言社会化

language solidarity	语言同等关系
language space; linguistic space	语言空间
language specification	语言规范
language spread	语言传播
language standard	语言标准
language standardization	语言标准化
language statistics	语言统计
language status	语言状况
language stereotype	语言刻板印象
language stigmatization	语言侮辱
language strategy	语言战略
language structure	语言结构
language suicide	语言自杀
language suppression	语言抑制
language test	语言测试
language trade	语言贸易
language transaction cost	语言交易成本
language transfer	语言迁移
language treatment	语言疗法
language union	语言联盟
language unit	语言单位
language vacuum	语言真空
language variation	语言变异
language variety	语言变体

language view	语言观
language violence	语言暴力
language vitality	语言活力
language war	语言战争
languaging	语言交际
leaky diglossia	有漏洞的双言现象
legitimate language	合法语言
legitimation	合法性
lexifier	上层语
limited English proficiency (LEP)	粗通英语者
limited-English-proficiency learner	英语能力有限学生
lingua franca	族际通用语
lingua franca core	通用语核心
lingua franca phonological core	通用语语音核心
linguicentrism	语言中心论
linguicide	语言绝迹
linguicism	语言主义；语言歧视
linguistic and cultural hierarchy	语言文化等级
linguistic anthropology	语言人类学
linguistic authority	语言权威
linguistic capital	语言资本
linguistic characteristic	语言特征
linguistic citizenship	语言公民身份；语言公民权
linguistic competence	语言能力

linguistic convergence	语言趋同
linguistic correctness	语言正确性
linguistic creativity	语言创造力
linguistic-cultural homogeneity	语言文化同质性
linguistic culture	语言文化
linguistic deficit	语言缺陷
linguistic determinism	语言决定论
linguistic dislocation	语言错位
linguistic divergence	语言偏离
linguistic diversity	语言多样性
linguistic emancipation	语言解放
linguistic environment	语言环境
linguistic ethnic attribute	语言民族属性
linguistic ethnocentrism	民族语言优越论
linguistic fractionalization; language diversification	语言分化
linguistic habitus	语言惯习
linguistic hierarchization	语言等级化
linguistic homogeneity	语言同质性
linguistic homogenization	语言同质化
linguistic human capital	语言人力资本
linguistic human right	语言人权
linguistic imperialism	语言帝国主义
linguistic insecurity	语言不安全
linguistic institutional equality	语言制度性平等

linguistic instrumentalism	语言工具主义
linguistic intrinsic value	语言内在价值
linguistic isolation	语言隔离
linguistic landscape	语言景观
linguistic liberalism	语言自由主义
linguistic majority	语言主体民族
linguistic minority	语言少数民族
linguistic nationalism	语言民族主义
linguistic order	语言秩序
linguistic region	语言区
linguistic repertoire	语库
linguistic resilience	语言韧力
linguistic resistance	语言抵制
linguistic riot	语言暴乱
linguistics	语言学
linguistic secularism	语言世俗主义
linguistic streamlining	语言简洁化
linguistic unification	语言统一
linguistic variable	语言变项
linguistic world	语言世界
literacy	读写能力
literacy education	读写能力教育
literacy program	语言读写项目
literary language	文学语言

living language	活语言
loan blend	半借词；音义混译词
loan shift	借词音变
local dialect	地方话
local language; vernacular	地方语言；本地话
local parochial nature	地方狭隘性
logoscentrism	逻各斯中心主义
low variety	低变体
M	
machine translation	机器翻译
macroacquisition	宏观习得
macro language planning	宏观语言规划
macrosociolinguistics	宏观社会语言学
maintenance bilingual education	维持性双语教育
majority language; matrix language	主体语言；多数人语言
Mandarin; *putonghua*	普通话
marginalization of indigenous language	土著语的边缘化
marginalized language	边缘化语言
marked language	标记性语言
mechanism	机制
media mix	媒介组合
medium of instruction	教学媒介语
meso language planning	中观语言规划
mesolect	中层方言

meso-level language policy	中观语言政策
meta-analysis	元分析；荟萃分析
metalinguistic awareness	元语言意识
metaphor	隐喻
metaphorical code-switching	喻义型语码转换
metropolitan language	宗主国语言
micro language planning	微观语言规划
micro planning	微观规划
middle class	中产阶级
migration demographic pressure	移民人口压力
minority language	少数民族语言
minority language policy	少数民族语言政策
minority language right	少数民族语言权利
mixed language	混合语
mixed school	混合学校
modernism	现代主义
modernization	现代化
monolingual education	单语教育
monolingual ideology	单语意识形态
monolingualism; unilingualism	单语制；单语现象
monolingual society	单语制社会
monolingual speaker	单语者
monomaniac	偏执狂
moribund language	垂死语言

morphology	形态学
motherese	儿语化语言
mother tongue	母语
mother tongue education	母语教育
movable type	活字印刷
multiculturalism	多元文化主义
multidimensional sociolinguistic space	多维社会语言空间
multigraphism	多文字现象
multilingual activist	多语倡导者
multilingual community	多语社区
multilingual context	多语格局
multilingual education	多语教育
multilingualism	多语制；多语现象
multilingual policy	多语言政策
multilingual postcolonial state	多语后殖民国家
multiliteracy	多元读写能力
multimodality	多模态
municipal language policy	城市语言政策
mutual intelligibility	互懂度

N

nation state	民族国家
national agenda	国家意图
national consciousness	民族意识
national curriculum	国家课程大纲

national identity	国家认同
nationalism	民族主义
nationalist ideology	民族主义意识形态
national language	国语
national language capacity	国家语言能力
national minority	少数族群
national origin	来源国
national unity	国家统一
nation-building	国家建构
nationhood	民族性
nation-state	单一民族国家
Native American languages	美洲原住民语言
native language	本族语；第一语言
nativelike proficiency	接近母语者语言水平
native speaker	母语者；本地人
native speakerism	母语者崇拜
nativism	本土主义；天赋论
nativity	本土性
nativized variety of English	英语本土化变体
natural bilingualism	自然双语现象
natural communicative concentration	自然交际聚合体
natural intergenerational transmission	语言代际自然传承
negative face	消极面子
neoliberalism	新自由主义
neoliberal language policy	新自由主义语言政策

neoliberal view on language planning	新自由主义语言规划观
neologism	新词
neutral language	中立语言
New Englishes	新英语
New Englishes genesis	新英语起源
New Literacy Studies	新读写研究
nominalism	唯名论
non-autonomous language	非自主语言
non-native norm	非母语规范
non-prestige dialect	弱势方言
non-prestige language; non-dominant language; minor language	弱势语言；非主导语言
non-standard usage	非标准用法
norm	规范标准
norm codification	标准制定
norm selection	标准选择
norm-referenced assessment	常模参照评估

O

obscene language	淫秽语言
obscenity	下流话
occupational language use	职业语言使用
offensive language	冒犯性语言
official indigenous language	土著官方语言
official language	官方语言
one-nation one-language policy	一国一语政策

onion-like language policy	洋葱式多层语言政策
orthography	正字法
outer circle	外圈
overinterpretation	过度解读
overt language policy; explicit language policy	显性语言政策

P

paralinguistic behavior	副语言行为
passive bilingualism	被动双语现象
pause filler	停顿用词
peer effect	玩伴效应；同伴效应
performance variety	使用型变体
performativity	行为性
peripheral language	外围语言
personal right	属人权
philology	文字学；语文学；文献学
phonetic writing system	音素文字系统
pidgin	皮钦语；洋泾浜
plausibility	认可度
pluralism	多元主义
pluricentric language; polycentric language; shared community language	多中心语言
plurilingualism	个人多语现象
policy appropriation	政策援用
policy creation	政策创制

policy discourse	政策话语
policy engagement	政策参与
policy evaluation	政策评估
policy formation	政策制定
policy goal	政策目标
policy implementation	政策执行
policy implementational space	政策实施空间
policy instantiation	政策落实
policy intention	政策意图
policy intentionality	政策意向性
policy justification	政策理据
policy localization	政策本土化
policy manipulation	政策操作
policy silencing	消除政策杂音
policy study	政策研究
policy text analysis	政策文本分析
politeness theory	礼貌理论
political centralism	政治集权
political correctness	政治正确
political entity	政治实体
political factor	政治因素
politics of language	语言政治学
polyglossia	多言制
positive face	积极面子

positivist thinking	实证主义思维
post-apartheid	后种族隔离
postcolonial context	后殖民语境
postcolonial language policy	后殖民语言政策
postcolonial society	后殖民社会
postcolonial state	后殖民国家
postcolonial view on language planning	后殖民主义语言规划观
post-creole continuum	克里奥尔语演化连续体
postmodern view on language planning	后现代语言规划观
post-nationalist	后民族主义
post-structuralism	后结构主义
poverty-alleviation language service	减贫语言服务
power language	权势语言；实力语言
powerless language	无权力语言
practicality	实用性
pragmatics	语用学
pragmatism	实用主义
prescriptivism	规定主义
prestige dialect	声望方言；强式方言
prestige language; dominant language; major language	强势语言；主导语言
prestige planning	声望规划
prestigious standard written variety	高声望标准书写变体
primordialism	原生论
principle of personality	属人原则

principle of territoriality	属地原则
print language	印刷语言
priority language	优先语言
productive bilingualism	生产性双语现象
profane language	亵渎神灵的语言
professionalism	专业主义
promotion-oriented language policy	促进性语言政策
promotion-oriented language right	促进性语言权利
propaganda anxiety	宣传焦虑
proximate language	亲缘语言
psycholinguistics	心理语言学
public sign	公示语
public space language	公共空间语言
public sphere	公共领域
purism ideology	纯洁主义意识形态
purity view on language planning	语言规划纯洁观
Q	
Q value of language	语言 Q 值
R	
racialized linguicism	种族化语言主义
rational choice	理性选择
realism	现实主义
Received Pronunciation	标准发音（英国英语）
receptive skill	接受性技能

re-contextualization	再语境化
regional accent	地方口音
regionalization	区域化
regional lingua franca	区域通用语
regional mandarin	地方普通话
regional official language	区域性官方语言
regional organization	区域组织
regional variety	区域变体
register atrophy	语域萎缩
relexification	词汇重构
remove class	置换课程
repression-oriented language policy	压制性语言政策
resisting language shift	阻止语言转用
restricted code	有限语码
restriction-oriented language policy	限制性语言政策
revalorization	价值重估
reversing language shift	扭转语言转用
rhetorical strategy	修辞策略
ritual language	仪式用语
Romance languages	罗曼语族
Rosetta Stone	罗塞塔石碑
rule of rapport	和睦原则
rural dialect	乡下方言

S	
Sanskritization	梵语化
Sapir–Whorf Hypothesis	萨丕尔—沃尔夫假说
schema of three circles of English	英语三圈模式
school-based language revitalization	校本语言振兴
school textbook	学校教科书
science domain	科学语域
scientific entity	科学实体
script	文字
script reform	文字改革
second language	第二语言
secular vernacular	世俗语言
semantic extension	语义扩展；引申
semantic restriction	语义限制
semilingualism	半语现象
separate domain	单独语域
separate underlying bilingualism proficiency	深层分离双语能力
sheltered immersion teaching	庇护式沉浸教学
sign language	手语
sign writing	手语文字
signed English	英语手语
sinophone	华语圈
situational code-switching	情景型语码转换
slang	俚语

slip of the tongue	口误
social actor	社会行动者
social exclusion	社会排斥
social feature	社会特征
social identity theory	社会认同理论
social reproduction	社会再制；社会再生产
social structure	社会结构
socioeconomic inequality	社会—经济不平等
sociolect	社会方言
sociolinguistic balance of power	社会语言权力平衡
sociolinguistic characteristic	社会语言特征
sociolinguistic context	社会语境
sociolinguistic ecology	社会语言生态
sociolinguistic repertoire	社会语库
sociolinguistic setting	社会语言情景
sociolinguistic situation	社会语言状况
sociolinguistic survey	社会语言学调查
sociolinguistic variation	社会语言变异
source community	源社区
source language	源语言
spatial practice	空间实践
Speech Accommodation Theory	言语调节理论
speech act	言语行为
speech chain	言语链

speech community	言语社区；言语共同体
speech community planning	言语社区规划
speech event	言语事件
speech island	言语岛
speech pattern	言语模式
speech repertoire	言语库
spelling reform	拼写改革
spelling tradition	拼写传统
split language	并合语
spontaneous speech	自然言语
stakeholder	利益相关方
stance	立场
standard language	标准语
standard pronunciation	标准发音
standard variety	标准变体
standard written print English	标准书面印刷英语
state apparatus	国家机器
state institution	国家机构
state nation	国家民族；国族
state school; public school	公立学校
state service	国家服务
status planning	地位规划
statutory law	成文法
street language	街头语言

stress-timed language	重音计时语言
structuralism	结构主义
structured immersion instruction	结构性沉浸教学
style shifting	风格转换
subgroup	亚族群
subject language	课程语言
substrate language	低层语
substratum	底层语言
subtractive bilingualism	缩减型双语现象
subvariety	亚变体；亚变种
Sun-Language Theory	太阳语言理论
superstrate language	上层语言
superstratum	表层语言
supraethnic identity	超种族身份
supranational organization	超国家组织
swearing	咒骂语
syllabic writing system	音节文字系统
syllable-timed language	音节计时语言
symbolic belonging	符号化归属
symbolic capital of language	语言象征性资本
symbolic violence	象征性暴力
systemic-functional grammar	系统功能语法

T

taboo	禁忌语

tag question	反意疑问句
target language	目的语；目标语
teaching model	教学模式
teaching overseas	海外教学
technist positivism	技术学派实证主义
terminology	术语
term planning	术语规划
territorial right	属地权
threshold hypothesis	阈限假说
time-space compression	时空压缩
titular language	名义语言；有名无实的语言
tokenism	象征主义
tolerance language right	宽容性语言权利
tolerance-oriented language policy	宽容性语言政策
tonic stress	语调重音
top-down language policy	自上而下的语言政策
trading language	贸易语言
transcultural adaptation	跨文化适应
transformative pedagogy	转型教学法
transitional bilingual instruction	过渡性双语教育
translanguaging	超语实践
transliteration	转写；音译词
two-way bilingual	双向双语
two-way immersion	双向浸没教学

U	
understandardized alphabetized	书写标准不健全
unicode	统一码
Unified Arabic Sign Language	统一阿拉伯手语
unity	统一性
Universal Grammar	普遍语法
universalization	普遍化
universal language scheme	全球通用语构想
unplanned planning	计划外规划
unwritten language	无文字语言
urban language life	城市语言生活
urban vernacular	城市方言
usage	惯用法
use-oriented testing	实用性测试

V	
validity	效度
variation	变异
variety	变体
vernacularism	本地语表达
vernacularization	本地语化
vernacular language	本地语；白话
vibrato	颤音
view of nations	国家观
voice quality	音色

W	
weak language	弱小语言
working language	工作语言
workplace language policy	职场语言政策
World Englishes	世界英语
world language system	世界语言系统
World Standard Print English (WSPE)	世界标准书面英语
writing reform	书写体系改革；文字改革
writing system	文字系统
written form	书写形式
written language	书面语
written resource	文字资源

X	
xenophobia	语言排外主义
xenophobic purism	排外纯洁主义

二、汉英术语对照

A	
澳大利亚手语	Auslan
B	
半借词；音义混译词	loan blend
半语现象	semilingualism
保姆式语言	caretaker speech
保守性语言规划	conservative language planning
被动双语现象	passive bilingualism
本地语；白话	vernacular language
本地语表达	vernacularism
本地语化	vernacularization
本体规划	corpus planning
本土性	nativity
本土主义；天赋论	nativism
本族语；第一语言	native language
庇护式沉浸教学	sheltered immersion teaching
庇护性语言政策	asylum language policy
边缘化语言	marginalized language
编典；编制标准；语码化；符码化	codification
变体	variety
变体混杂	hybridity of varieties
变异	variation
变音符；附加符	diacritic

标记性语言	marked language
标准变体	standard variety
标准参照评估	criterion-referenced assessment
标准发音	standard pronunciation
标准发音（英国英语）	Received Pronunciation
标准书面印刷英语	standard written print English
标准选择	norm selection
标准语	standard language
标准语语言态度调查	attitude survey on standard language
标准制定	norm codification
表层语言	superstratum
濒危语言	endangered language; threatened language
并合语	split language

C

草书体文字	cursive
颤音	vibrato
常模参照评估	norm-referenced assessment
场独立性	field independence
超国家组织	supranational organization
超核心语言	hypercentral language
超语实践	translanguaging
超种族身份	supraethnic identity
成文法	statutory law
城市方言	urban vernacular

城市语言生活	urban language life
城市语言政策	municipal language policy
充实性语言权利	enrichment-oriented linguistic right
垂死语言	moribund language
纯洁主义意识形态	purism ideology
词汇重构	relexification
粗通英语者	limited English proficiency (LEP)
促进性语言权利	promotion-oriented language right
促进性语言政策	promotion-oriented language policy

D

代际传承	intergenerational transmission
代际语言断层等级表	Graded Intergenerational Disruption Scale (GIDS)
代际语言维持	intergenerational maintenance
单独语域	separate domain
单一民族国家	nation-state
单语教育	monolingual education
单语意识形态	monolingual ideology
单语者	monolingual speaker
单语制；单语现象	monolingualism; unilingualism
单语制社会	monolingual society
得体表述	appropriate expression
得体性；恰当性	appropriateness
低变体	low variety

低层语	substrate language
底层语言	substratum
地方话	local dialect
地方口音	regional accent
地方普通话	regional mandarin
地方狭隘性	local parochial nature
地方语言；本地话	local language; vernacular
地位规划	status planning
第二语言	second language
第一语言	first language
定式语言	fixed language
读写能力	literacy
读写能力教育	literacy education
对话性	dialogism
多模态	multimodality
多维社会语言空间	multidimensional sociolinguistic space
多文字现象	multigraphism
多言制	polyglossia
多语倡导者	multilingual activist
多语格局	multilingual context
多语后殖民国家	multilingual postcolonial state
多语教育	multilingual education
多语社区	multilingual community

多语言政策	multilingual policy
多语制；多语现象	multilingualism
多元读写能力	multiliteracy
多元文化主义	multiculturalism
多元主义	pluralism
多中心语言	pluricentric language; polycentric language; shared community language

E

儿语化语言	motherese

F

发展型双语教育	developmental bilingual education
法定语言政策	de jure language policy
反意疑问句	tag question
反语言规划	anti-language planning
梵语化	Sanskritization
方言	dialect
方言差异	dialect difference
方言化	dialectalization
方言连续体	dialect continuum
放任自由性语言政策	laissez-faire language policy
非标准用法	non-standard usage
非母语规范	non-native norm
非洲语言	African languages

非主流语言	non-dominant language
非自主语言	non-autonomous language
风格转换	style shifting
封闭实体	closed entity
符号化归属	symbolic belonging
父语	father tongue
附加语言	additional language
复杂语码；精致语码	elaborated code
副官方语言	associate official language
副语言行为	paralinguistic behavior
G	
干预措施	intervention
高变体	high variety
高声望标准书写变体	prestigious standard written variety
个人多语现象	plurilingualism
个体双语现象	individual bilingualism
个体语言权利	individual language right
工具性动机	instrumental motivation
工具性语言政策	instrumentalism language policy
工作语言	working language
公共空间语言	public space language
公共领域	public sphere
公立学校	state school; public school
公民法	citizenship law

公民领域	civic realm
公民文化	civic culture
公示语	public sign
功能规划	functional planning
功能潜力	functional potential
功能性读写能力	functional literacy
功能域	functional domain
恭敬称谓	deferential address
共核语言变体	common core variety
共同语；通用语	common language
官方语言	official language
惯习；习性	habitus
惯用法	usage
广布跨境语言	extensive cross-border language
规定主义	prescriptivism
规范标准	norm
国际标准的编典	codification of international norms
国际成人读写能力调查	International Adult Literacy Survey
国际辅助语言	International Auxiliary Language
国际扫盲奖	International Literacy Prize
国际音标	International Phonetic Alphabet (IPA)
国际英语	international English
国际英语语料库	International Corpus of English
国际语言	international language

国际组织	international organization
国家服务	state service
国家观	view of nations
国家机构	state institution
国家机器	state apparatus
国家建构	nation-building
国家课程大纲	national curriculum
国家民族；国族	state nation
国家认同	national identity
国家统一	national unity
国家意图	national agenda
国家语言能力	national language capacity
国语	national language
过度解读	overinterpretation
过渡性双语教育	transitional bilingual instruction
H	
海外教学	teaching overseas
汉字假名混用	kana majiri
汉字学	Chinese graphology
行话	jargon
合成符	digraph
合法性	legitimation
合法语言	legitimate language
和睦原则	rule of rapport

宏观社会语言学	macrosociolinguistics
宏观习得	macroacquisition
宏观语言规划	macro language planning
后结构主义	post-structuralism
后民族主义	post-nationalist
后现代语言规划观	postmodern view on language planning
后殖民国家	postcolonial state
后殖民社会	postcolonial society
后殖民语境	postcolonial context
后殖民语言政策	postcolonial language policy
后殖民主义语言规划观	postcolonial view on language planning
后种族隔离	post-apartheid
互补原理	complementarity principle
互懂度	mutual intelligibility
互译性	intertranslatability
互语性分析	interdiscursive analysis
华语圈	sinophone
华语社会变体	Chinese society variant
华语社区	Chinese community
话语产出	discursive reproduction
话语规划	discourse planning
话语立场	footing
话语联系	interdiscursive link
话语图式	discourse schema
会话者	interlocutor

混合学校	mixed school
混合语	mixed language
活语言	living language
活字印刷	movable type

J

机构话语	institutional discourse
机器翻译	machine translation
机制	mechanism
积极面子	positive face
基础语言	bed-rock language
基于考试的阶层制度	class system based on examinations
极度濒危语言	critically endangered language
集体统一身份	collective unitary identity
集体语言权利	collective language right
计划外规划	unplanned planning
技术学派实证主义	technist positivism
家庭激励	home stimulation
家庭语言	home language
家庭语言规划	family language planning
家庭语言政策	family language policy
价值重估	revalorization
减贫语言服务	poverty-alleviation language service
间接言语行为	indirect speech act
建设性语言规划	constructive language planning

讲英语的人；操英语者	anglophone
交际共同体	community of communication
交际面广泛的语言	language of wider communication
交际民族志	ethnography of communication
交际潜力	communication potential
交际言语库	communicative repertoire
交际语言教学	communicative language teaching
交流障碍	communication disorder
焦点化	focalization
矫枉过正	hypercorrection
教学媒介语	medium of instruction
教学模式	teaching model
教学用语	language of instruction; teaching language
教育规划	educational planning
教育均值	educational parity
教育语言学	educational linguistics
阶层标记	class marking
阶层趋同	class solidarity
阶级仇恨	class hatred
阶级认同差异	class difference in identity
阶级语言差异	class difference in language
阶级愿望	class aspiration
接触多种变体	exposure to varieties
接触语	contact language

接近母语者语言水平	nativelike proficiency
接受性技能	receptive skill
街头语言	street language
结构性沉浸教学	structured immersion instruction
结构主义	structuralism
解读	interpretation
借词音变	loan shift
浸没教育	immersion education
禁忌语	taboo
经文语言	language of the scriptures
精英闭环	elite closure
精英纯洁主义	elitist purism
精英支配型政策	elites dominant policy
精英种族主义	elite racism
敬称	honorific appellation
距离语言；天生不同的语言	abstand language
绝对论者	absolutist
绝迹语言	extinct language

K

柯因内语	Koine
科学实体	scientific entity
科学语域	science domain
可懂度	intelligibility
可接受度	acceptability

可解释性	interpretability
可理解性	comprehensibility
克里奥尔语	creole
克里奥尔语演化连续体	post-creole continuum
课程大纲	curriculum
课程语言	subject language
空间实践	spatial practice
恐吓	intimidation
口误	slip of the tongue
口音	accent
口语变体	colloquial variety
跨境语言	cross-border language; trans-border language
跨文化适应	transcultural adaptation
宽容性语言权利	tolerance language right
宽容性语言政策	tolerance-oriented language policy
扩建标准；完善功能；完善化	elaboration
扩展圈	expanding circle
扩展语言；经培育而成的语言	ausbau language

L

来源国	national origin
礼貌理论	politeness theory
俚语	slang
理性选择	rational choice

立场	stance
利益相关方	stakeholder
詈词	abusive language; curse
连通性	connectedness
流氓话	bawdy talk
罗曼语族	Romance languages
罗塞塔石碑	Rosetta Stone
逻各斯中心主义	logoscentrism

M

盲文	braille
冒犯性语言	offensive language
贸易语言	trading language
媒介组合	media mix
美洲原住民语言	Native American languages
民间多语现象	folk multilingualism
民间语言权利	folk linguistic right
民俗方法论；常人方法论	ethnomethodology
民族冲突	ethnic conflict
民族观念	conception of nationhood
民族国家	nation state
民族国家主义	ethnonationalism
民族认同	ethnic identity
民族文化自卑感	cultural cringe
民族性	nationhood

民族意识	national consciousness
民族语言	ethnic language
民族语言活力	ethnolinguistic vitality
民族语言民族主义	ethnolinguistic nationalism
民族语言认同	ethnolinguistic identity
民族语言优越论	linguistic ethnocentrism
民族主义	nationalism
民族主义意识形态	nationalist ideology
名义语言；有名无实的语言	titular language
母语	mother tongue
母语教育	mother tongue education
母语水平目标	competence nativelike
母语者；本地人	native speaker
母语者崇拜	native speakerism
母语者中心地位	centrality of native speakers
目的语；目标语	target language

N

内部语言学	internal linguistics
内化	internalization
内生标准	endonormative standard
内语言	inner language
内源规范	endonormative
能动性；机构	agency
泥古的语言纯洁主义	archaizing language purism
扭转语言转用	reversing language shift

O	
欧洲大陆理想主义	Continental idealism
欧洲通用语	European lingua franca
欧洲英语变体	Euro-English variety
偶发性学习；顺势学习；附带学习	incidental learning
P	
排外纯洁主义	xenophobic purism
判例法	case law
培育功能	cultivation
培育规划	cultivation planning
培育语言	cultivated language
批判性写作	critical writing
批评性话语分析	critical discourse analysis
批评性语言意识	critical language awareness
批评性语言政策	critical language policy
皮钦语；洋泾浜	pidgin
偏误	error
偏执狂	monomaniac
拼写传统	spelling tradition
拼写改革	spelling reform
平等话语社区	egalitarian discourse community
破坏性语言规划	destructive language planning
普遍化	universalization
普遍语法	Universal Grammar

普通话	Mandarin; *putonghua*
Q	
歧视非母语者	discrimination against non-native speakers
迁就；顺应	accommodation
嵌入语言	embedded language
强势语言；主导语言	prestige language; dominant language; major language
强制同化	forced assimilation
强制文化适应	forced acculturation
侨民语言	diaspora language
侵入性语言	intrusive language
亲密	intimacy
亲缘国	kin country
亲缘社区	kin society
亲缘语言	proximate language
情感机制	affective regime
情感转向	affective turn
情景型语码转换	situational code-switching
情境；语境	context
区别化	differentiation
区域变体	regional variety
区域化	regionalization
区域通用语	regional lingua franca
区域性官方语言	regional official language
区域组织	regional organization

去边界化；去领域化	de-territorialization
去方言化	de-dialectalization
去领土化社区；侨居社区	de-territorialized ethnic community
去民族化	de-ethnicization
去英语化；去盎格鲁化	de-anglicization
去语境化	de-contextualization
去殖民化	de-colonization
权力平衡	balance of power
权势语言；实力语言	power language
权宜性语言政策	expediency-oriented language policy
全球本土化	glocalization
全球双言制	global diglossia
全球通用语构想	universal language scheme
全球英语	global English
全球语言层级	global language hierarchy
全球语言集团	global language constellation
确认型濒危语言	definitely endangered language
群体标记	group marker
群体双语现象	group bilingualism
群体语言权	group language right

R

人工语言	artificial language
人口统计因素	demographic factor
人类学	anthropology

人文主义语言规划观	humanistic view on language planning
认可度	plausibility
认识论	epistemology
认同；身份	identity
日常民族主义；庸俗民族主义	banal nationalism
日耳曼语族	Germanic languages
融合语	fusion
融入性动机	integrative motivation
入籍语言测试	citizenship test
弱势方言	non-prestige dialect
弱势语言；非主导语言	non-prestige language; non-dominant language; minor language
弱小语言	weak language

S

萨丕尔—沃尔夫假说	Sapir–Whorf Hypothesis
商务英语	business English
上层方言	acrolect
上层语	lexifier
上层语言	superstrate language
少数民族	ethnic minority
少数民族语言	minority language
少数民族语言权利	minority language right
少数民族语言政策	minority language policy
少数族群	national minority
社会方言	sociolect

社会结构	social structure
社会–经济不平等	socioeconomic inequality
社会排斥	social exclusion
社会认同理论	social identity theory
社会生活习惯	embodied habit
社会特征	social feature
社会行动者	social actor
社会语境	sociolinguistic context
社会语库	sociolinguistic repertoire
社会语言变异	sociolinguistic variation
社会语言情景	sociolinguistic setting
社会语言权力平衡	sociolinguistic balance of power
社会语言生态	sociolinguistic ecology
社会语言特征	sociolinguistic characteristic
社会语言学调查	sociolinguistic survey
社会语言状况	sociolinguistic situation
社会再制；社会再生产	social reproduction
社区语言	community language
社区语言规划	community language planning
身份认同政治	identity politics
身份特征	identity feature
深层分离双语能力	separate underlying bilingualism proficiency
深层共享双语能力	common underlying bilingualism proficiency

深层结构	deep structure
生产性双语现象	productive bilingualism
生成语义学	generative semantics
生态位置	ecological position
生态语言学	ecolinguistics
声调	intonation
声望方言；强式方言	prestige dialect
声望规划	prestige planning
石化	fossilization
时空压缩	time-space compression
识别标志；识别码	identifier
实体语言意识	entity language awareness
实用性	practicality
实用性测试	use-oriented testing
实用主义	pragmatism
实证主义思维	positivist thinking
使用型变体	performance variety
世界标准书面英语	World Standard Print English（WSPE）
世界性语言	global language
世界英语	World Englishes
世界语	Esperanto
世界语言系统	world language system
世界主义	cosmopolitanism
世居民族；美洲印第安人	first nation

世俗语言	secular vernacular
事实语言行为	de facto language behavior
事实语言政策	de facto language policy
适应主流文化	accommodation to dominant culture
手语	sign language
手语文字	sign writing
授权语言	authorized language
书面语	written language
书面语借词	bookish borrowing
书写标准不健全	understandardized alphabetized
书写单位；书写符号	graphy
书写体系改革；文字改革	writing reform
书写形式	written form
书写学；文字学	grammatology
属地权	territorial right
属地原则	principle of territoriality
属人权	personal right
属人原则	principle of personality
术语	terminology
术语规划	term planning
数字鸿沟	digital divide
衰退型语言	declining language
双方言现象	bidialectalism
双浸学校	double immersion school

双母语	dual mother language
双文者；识两种文字者	biliterate
双向浸没教学	two-way immersion
双向双语	two-way bilingual
双言制；双言现象	diglossia
双言制连续体	diglossia continuum
双语读写能力	biliteracy
双语家庭的语言政策	bilingual family language policy
双语教学项目	dual language program
双语教育	bilingual education
双语跨文化教育	bilingual intercultural education
双语能力	bilingual competence
双语区	bilingual area
双语社区	bilingual community
双语使用者	bilingual speaker
双语水平	bilingual proficiency
双语政策	bilingual policy
双语制；双语现象	bilingualism
顺应理论	accommodation theory
说话者社区	community of speakers
死语言	dead language
宿主语言	host language
宿主语言社区	host language community
缩减型双语现象	subtractive bilingualism

T	
太阳语言理论	Sun-Language Theory
态度性活力指标	attitudinal vitality scale
弹性规划学派	flexible planning school
替代性教育；非主流教育	alternative education
条约语言	language of treaties
听众设计理论	audience design theory
停顿用词	pause filler
通用语核心	lingua franca core
通用语语音核心	lingua franca phonological core
同化	assimilation
同化取向的政策	assimilation-oriented policy
同化政策	assimilationist policy
同化主义	assimilationism
同化主义者	assimilationist
同文线；等值线	isopleth
同言线；等言线	isogloss
同质化	homogenization
同质性	homogeneity
统一阿拉伯手语	Unified Arabic Sign Language
统一码	unicode
统一性	unity
土著官方语言	official indigenous language
土著语的边缘化	marginalization of indigenous language

土著语言	indigenous language
土著语言政策	indigenous language policy
W	
外部网络效应	external network effect
外部语言学	external linguistics
外交语言	language of diplomacy
外来性	foreignness
外来语言	allochthonous language
外圈	outer circle
外生规范	exonormative standard
外围语言	peripheral language
外语；外国语	foreign language
玩伴效应；同伴效应	peer effect
微观规划	micro planning
微观语言规划	micro language planning
唯名论	nominalism
维持性双语教育	maintenance bilingual education
文化多样性	cultural diversity
文化多元主义	cultural pluralism
文化混杂	cultural hybridity
文化灭绝	cultural genocide
文化排除	cultural exclusion
文化认同	cultural identity
文化实践	cultural practice

文化适应	acculturation; cultural adaptation
文化同化	cultural assimilation
文化同一性；文化同质性	cultural homogeneity
文化同质化	cultural homogenization
文化再生产	cultural reproduction
文化资本	cultural capital
文学语言	literary language
文字	script
文字改革	script reform
文字规划	graphization
文字系统	writing system
文字学；语文学；文献学	philology
文字资源	written resource
无权力语言	powerless language
无文字语言	unwritten language

X

习得规划	acquisition planning
系统功能语法	systemic-functional grammar
下层方言	basilect
下流词汇	foul word
下流话	obscenity
显性语言政策	overt language policy; explicit language policy
现代化	modernization

现代主义	modernism
现实主义	realism
限制性语言政策	restriction-oriented language policy
乡下方言	rural dialect
想象的共同体	imagined community
想象的言语社区	imagined speech community
象形文字	hieroglyph
象征性暴力	symbolic violence
象征主义	tokenism
消除政策杂音	policy silencing
消费主义全球文化	consumerism global culture
消极面子	negative face
校本语言振兴	school-based language revitalization
效度	validity
楔形文字	cuneiform script
亵渎神灵的语言	profane language
心理语言学	psycholinguistics
新词	neologism
新读写研究	New Literacy Studies
新英语	New Englishes
新英语偏离	deviation of New Englishes
新英语起源	New Englishes genesis
新造词	coinage
新自由主义	neoliberalism

新自由主义语言规划观	neoliberal view on language planning
新自由主义语言政策	neoliberal language policy
行为性	performativity
行政用语	administrative language
形式主义	formalism
形态学	morphology
形象规划	image planning
性别标记	gender marking
性别化语言	gendered language
修辞策略	rhetorical strategy
虚假意识	false consciousness
宣传焦虑	propaganda anxiety
削减英语使用	curtailing use of English
学得的语言	educated language
学术界	academe
学术思潮	intellectual climate
学术语境	intellectual context
学术语料库	corpus of academic
学术语域	academic domain
学术知识范式	intellectual paradigm
学校教科书	school textbook
学校自主管理	autonomy in school management

Y

压制性语言政策	repression-oriented language policy

亚变体；亚变种	subvariety
亚族群	subgroup
言据性	evidentiality
言语岛	speech island
言语调节理论	Speech Accommodation Theory
言语互动	interaction
言语库	speech repertoire
言语链	speech chain
言语民族志	ethnography of speaking
言语模式	speech pattern
言语社区；言语共同体	speech community
言语社区规划	speech community planning
言语事件	speech event
言语行为	speech act
研究院	academy
洋葱式多层语言政策	onion-like language policy
一国一语政策	one-nation one-language policy
一体化	integration
仪式用语	ritual language
移民人口压力	migration demographic pressure
移民少数族群	immigrant minority
移民语言	immigration language
移民语言测试	immigration language test
遗传密码	genetic code

以电脑为媒介的交际	computer-mediated communication
异质性	heterogeneity
异族通婚	exogamy
意识形态意图	ideological agenda
音节计时语言	syllable-timed language
音节文字系统	syllabic writing system
音色	voice quality
音素文字系统	phonetic writing system
淫秽语言	obscene language
隐秘动机	hidden agenda
隐性声望	covert prestige
隐性语言政策	covert language policy; implicit language policy
隐喻	metaphor
印刷语言	print language
英国手语	British sign language
英文私立学校	English-medium private school
英语霸权	English hegemony
英语本土化	English indigenization
英语本土化变体	nativized variety of English
英语传播	English spread
英语传播范式	English diffusion paradigm
英语二语使用者	ESL user
英语化	Anglicization; Englishization
英语渐变群	cline of varieties of English

英语接触	access to English
英语浸没教育	immersion English education
英语经济价值	economic value of English
英语能力	English competence
英语能力有限学生	limited-English-proficiency learner
英语全球传播	global spread of English
英语全球化	English globalization
英语三圈模式	schema of three circles of English
英语手语	signed English
英语援用	appropriation of English
英语中心主义	anglocentricity
英语主导地位	English dominance
应急语言服务	emergency language service
应用语言学	applied linguistics
优先语言	priority language
有漏洞的双言现象	leaky diglossia
有限语码	restricted code
语调重音	tonic stress
语际分析	interlanguage analysis
语库	linguistic repertoire
语类；文体风格	genre
语料库研究	corpus study
语码；语言代码	language code; linguistic code
语码混合；语码混用	code-mixing

语码选择	code choice
语码转换	code-switching
语内分析	intralanguage analysis
语文现代化	language modernization
语系	family of languages
语相学	graphetics
语言 Q 值	Q value of language
语言安全	language security
语言霸权	language hegemony
语言保存	language documentation
语言保护	language protection; language conservation
语言保护法	language preservation act
语言保护主义	language protectionism
语言保留	language retention
语言保障	language guarantee
语言暴力	language violence
语言暴乱	linguistic riot
语言本土化	language localization
语言变化	language change
语言变体	language variety
语言变项	linguistic variable
语言变异	language variation
语言标准	language standard
语言标准化	language standardization

语言濒危	language endangerment
语言剥夺	language proscription
语言不安全	linguistic insecurity
语言不平等	language inequality
语言测试	language test
语言产出	language production
语言产业	language industry
语言巢	language nest
语言赤字	language deficit
语言冲突	language conflict
语言传播	language spread
语言传播政策	language diffusion policy
语言创造力	linguistic creativity
语言纯洁	language purity
语言纯洁主义	language purism; linguistic purism
语言错位	linguistic dislocation
语言代际自然传承	natural intergenerational transmission
语言单位	language unit
语言等级	language hierarchy
语言等级化	linguistic hierarchization
语言抵制	linguistic resistance
语言帝国主义	linguistic imperialism
语言动态	language dynamics
语言独立	language independence

语言读写项目	literacy program
语言多样性	linguistic diversity
语言多元主义	language pluralism; linguistic pluralism
语言发展	language development
语言发展等级	language development scale
语言法	language law; language act
语言法案	language bill
语言分化	linguistic fractionalization; language diversification
语言服务	language service
语言复活	language revival
语言复兴	language revitalization
语言复兴计划	language revitalization plan
语言赋权	language empowerment
语言干预	language intervention
语言感知	language perception
语言隔离	language isolation
语言个性	language personality
语言更新	language renewal
语言工程	language engineering
语言工具	language instrument
语言工具主义	linguistic instrumentalism
语言公民身份；语言公民权	linguistic citizenship
语言功能	language function
语言功能划分	functional demarcation of languages

语言共生观	language pluralism view
语言共同体；语言社区	language community
语言构成性	constructedness of language
语言关系	language relationship
语言观	language view
语言管理	language management
语言惯习	linguistic habitus
语言规范	language specification
语言规范化	language normalization
语言规划	language planning
语言规划纯洁观	purity view on language planning
语言规划发展观	development view on language planning
语言规划观	language planning view
语言规划竞争观	competition view on language planning
语言规划平等观	equality view on language planning
语言规划生态观	ecological view on language planning
语言过时	language obsolescence
语言合理化	language rationalization
语言和谐	language harmony
语言红利	language dividend
语言环境	linguistic environment
语言混杂	hybridization
语言活力	language vitality
语言货品	language goods

语言激进主义	language activism
语言技能	language skill
语言简洁化	linguistic streamlining
语言交换	language exchange
语言交际	languaging
语言交易成本	language transaction cost
语言教育	language education
语言教育规划	language-in-education planning
语言教育权利	educational linguistic right
语言教育政策	language education policy
语言接触	language contact
语言结构	language structure
语言解放	linguistic emancipation
语言借用	borrowing
语言浸没学校	immersion school
语言浸没营	immersion camp
语言经济	language economy
语言经济学	language economics
语言景观	linguistic landscape
语言净化	language purification
语言竞争	language competition
语言局限	language limitation
语言决定论	linguistic determinism
语言绝迹	linguicide

语言刻板印象	language stereotype
语言空间	language space; linguistic space
语言库	language repertoire
语言扩散	language diffusion
语言立法	language legislation
语言利益	language interest
语言联盟	language union
语言疗法	language treatment
语言流动性	language mobility
语言马赛克	language mosaic
语言贸易	language trade
语言灭绝	language extinction
语言民族属性	linguistic ethnic attribute
语言民族主义	linguistic nationalism
语言磨蚀	language attrition
语言谋杀	language murder
语言内在价值	linguistic intrinsic value
语言能力	linguistic competence
语言排外	language exclusion
语言排外主义	xenophobia
语言抛弃的情感代价	emotional cost of language deserting
语言培育	language cultivation
语言配位	language allocation
语言偏离	linguistic divergence

语言平等	language equality
语言平衡	language equation
语言评估	language assessment
语言普查	language census
语言谱系树	language family tree
语言歧视	language discrimination; linguicism
语言旗舰项目	language flagship
语言迁移	language transfer
语言强加	language imposition
语言区	linguistic region
语言趋同	linguistic convergence
语言取代	language replacement
语言去中心化	language decentralization
语言权利	language right
语言权利观	language-as-right view
语言权威	linguistic authority
语言缺陷	linguistic deficit
语言人类学	linguistic anthropology
语言人力资本	linguistic human capital
语言人权	linguistic human right
语言认同	language identity
语言韧力	linguistic resilience
语言融合	language integration; language blending
语言融合观	language integration view

语言散播	language dissemination
语言商品	language commodity
语言少数民族	linguistic minority
语言社会化	language socialization
语言审查制度	language censorship
语言生活	language life
语言生态	language ecology
语言生态多样性	biolinguistic diversity
语言生态学	ecology of language
语言声望	language prestige
语言声望规划	language prestige planning
语言识别	language identification
语言实践	language practice
语言使用域	domain
语言世界	linguistic world
语言世俗主义	linguistic secularism
语言市场	language market
语言适应	language adaptation
语言衰落	language decline
语言水平测试	language proficiency test
语言死亡	language death
语言素养	language literacy
语言态度	language attitude
语言特征	linguistic characteristic

语言同等关系	language solidarity
语言同化	language assimilation
语言同化观	language assimilation view
语言同质化	linguistic homogenization
语言同质性	linguistic homogeneity
语言统计	language statistics
语言统一	linguistic unification
语言图标	language icon
语言推广	language promotion
语言推广政策	language promotion policy
语言维持；语言保持	language maintenance
语言维护机制	language maintenance mechanism
语言卫道士	language police state
语言文化	linguistic culture
语言文化等级	linguistic and cultural hierarchy
语言文化同质性	linguistic-cultural homogeneity
语言问题	language problem
语言问题观	language-as-problem view
语言污染	language pollution
语言侮辱	language stigmatization
语言习得	language acquisition
语言习得政策	language acquisition policy
语言限制	language restriction
语言项	language item

语言象征性资本	symbolic capital of language
语言消亡；语言丧失	language loss
语言信仰	language belief
语言行为	language behavior
语言选择	language choice
语言学	linguistics
语言学会；语言研究院	language academy
语言演进	language evolution
语言要求	language requirement
语言抑制	language suppression
语言意识	language awareness
语言意识形态	language ideology
语言应急服务	language emergency service
语言优势	language dominance
语言舆情	language public opinion
语言域	language domain
语言援用	language appropriation
语言运动	language movement
语言再生	language reclamation
语言战略	language strategy
语言战争	language war
语言真空	language vacuum
语言正确性	linguistic correctness
语言正确主义	correctness doctrine; doctrine of correctness

语言政策	language policy
语言政策民族志	language policy ethnography
语言政策象征性诠释	functional justification for language policy
语言政策行动研究	language policy action research
语言政策原旨主义	language policy originalism
语言政策执行	language policy implementation
语言政治	language politics
语言政治学	politics of language
语言知识资本	intellectual capital of language
语言殖民主义	language colonialism
语言制度；语言机制	language regime
语言制度性平等	linguistic institutional equality
语言治理	language governance
语言秩序	linguistic order
语言中心论	linguicentrism
语言忠诚	language loyalty
语言主体民族	linguistic majority
语言主义；语言歧视	linguicism
语言转用	language shift
语言状况	language situation
语言状况	language status
语言资本	linguistic capital
语言资源	language resource
语言资源观	language-as-resource view

语言自杀	language suicide
语言自由	language liberty
语言自由主义	linguistic liberalism
语义扩展；引申	semantic extension
语义限制	semantic restriction
语用学	pragmatics
语域	domain; register
语域萎缩	register atrophy
阈限假说	threshold hypothesis
喻义型语码转换	metaphorical code-switching
元分析；荟萃分析	meta-analysis
元语言意识	metalinguistic awareness
原生论	primordialism
原生语言	autochthonous language
原型	archetype
原住民语言	aboriginal language
源社区	source community
源语言	source language
阅读障碍；诵读困难	dyslexia

Z

再语境化	re-contextualization
早期多语现象	early multilingualism
增益性双语现象	additive bilingualism
整合主义者	integrationist

正统性；真实性	authenticity
正字法	orthography
政策本土化	policy localization
政策参与	policy engagement
政策操作	policy manipulation
政策创制	policy creation
政策话语	policy discourse
政策理据	policy justification
政策落实	policy instantiation
政策目标	policy goal
政策评估	policy evaluation
政策实施空间	policy implementational space
政策文本分析	policy text analysis
政策研究	policy study
政策意图	policy intention
政策意向性	policy intentionality
政策援用	policy appropriation
政策执行	policy implementation
政策制定	policy formation
政治集权	political centralism
政治实体	political entity
政治因素	political factor
政治正确	political correctness
知识产业	knowledge-based industry

职场语言政策	workplace language policy
职业语言使用	occupational language use
殖民地语言政策	colonial language policy
殖民化	colonization
殖民英语	colonial English
殖民宗主国语言	colonial language
制度观	institutional view
制度化多语现象	institutionalized multilingualism
制度化双语现象	institutional bilingualism
制度控制	institutional control
制度性认知	institutional recognition
制度支持	institutional support
治理术	governmentality
治理体系	governance system
置换课程	remove class
中产阶级	middle class
中观语言规划	meso language planning
中观语言政策	meso-level language policy
中介语	interlanguage
中介语范式	interlanguage paradigm
中立语言	neutral language
中心和边缘	center and periphery
中心–外围边缘理论	centre-periphery thesis
种族化语言主义	racialized linguicism

种族灭绝	genocide
重音计时语言	stress-timed language
咒骂语	swearing
主流话语	dominant discourse
主体间性规范	intersubjective norm
主体语言；多数人语言	majority language; matrix language
专业知识；专家知识	expertise
专业主义	professionalism
转写；音译词	transliteration
转型教学法	transformative pedagogy
自然交际聚合体	natural communicative concentration
自然双语现象	natural bilingualism
自然言语	spontaneous speech
自上而下的语言政策	top-down language policy
自下而上的语言政策	bottom-up language policy
自由裁量权	discretionary power
自主标准语言	autonomous standard language
字符	graph
字素变体；异体字	allograph
字位	grapheme
字位学	graphemics
宗主国语言	metropolitan language
族际通用语	lingua franca
族际语言	interethnic language

族内语	endoglossic
族群身份	ethnic group membership
族外语	exoglossic
阻止语言转用	resisting language shift
祖传语；传承语	heritage language
祖传语者	heritage speaker
祖语	ancestral language
作为第二语言的英语	English as a Second Language (ESL)
作为内圈的英语	English as inner circle
作为通用语的英语	English as a Lingua Franca (ELF)

3

第三篇

常用专有名词术语表

一、人名

A	
Ager	埃杰
Atatürk	阿塔蒂尔克
Augé	奥热
Augustine	奥古斯丁
Aumaugher	奥毛赫
Auster	奥斯特
Avgar	阿瓦尔
Aviv	爱维夫
Ayala	阿亚拉

B	
Backhaus	巴克豪斯
Bacon	培根
Baker	贝克
Bakhtin	巴赫金
Baldauf	巴尔道夫
Ball	鲍尔
Ballantyne	巴兰坦
Bamgbose	班博塞
Banaras	巴纳拉斯
Banks	班克斯
Baquedano-Lopez	巴克达诺-洛佩兹
Barbour	巴伯

Barclay	巴克利
Bargiela-Chiappini	巴尔吉耶拉-基亚皮尼
Barnett	巴耐特
Baron	巴伦
Barraclough	巴勒克拉夫
Barron-Hauwaer	巴伦-豪威特
Barry	巴里
Barsamian	巴萨米安
Barsky	巴尔斯基
Barthes	巴特
Barton	巴顿
Battswood	巴茨伍德
Bauman	鲍曼
Bautista	鲍蒂斯塔
Bechhofer	贝克豪菲
Beeching	比钦
Begum	贝古姆
Bekerman	贝克曼
Bell	贝尔
Belshazzar	贝尔沙泽
Benda	本达
Benedicto	贝内迪克托
Benjeddid	本杰迪德
Ben-Rafael	本-拉斐尔

Benson	本森
Bernier	伯尼埃
Bernstein	伯恩斯坦
Berrien	贝里恩
Berry	贝里
Bhaskar	巴斯卡尔
Bialystok	比亚莱斯托克
Billig	比利希
Birch	伯奇
Bishop	毕晓普
Bismark	俾斯麦
Bisong	毕松
Blank	布兰克
Blommaert	布洛马特
Bloom	布卢姆
Bloomfield	布龙菲尔德
Blunkett	布兰凯特
Bolton	博尔顿
Bonacina	博纳奇纳
Boneva	博尼瓦
Bonfiglio	邦菲利奥
Borbély	博尔贝伊
Bordás	博尔达什
Bouchard	布沙尔

Boudiaf	布迪亚夫
Boumedienne	布迈丁
Bourdieu	布尔迪厄
Bourguiba	布尔吉巴
Boyte	波蒂
Braselmann	布拉泽尔曼
Braun	布劳恩
Brecht	布莱希特
Breitborde	布瑞特保德
Breton	布雷顿
Brittany	布列塔尼
Britton	布里顿
Britz	布里茨
Broadfoot	布罗德富特
Bromley	布罗姆利
Brooke	布鲁克
Brosnahan	布洛斯纳翰
Brougham	布鲁厄姆
Bruguière	布律格耶尔
Bruthiaux	布吕蒂奥
Brutt-Griffler	布鲁特-格雷夫勒
Bryant	布赖恩特
Burgess	伯吉斯
Burke	伯克

Bush	布什
Butler	巴特勒
Byram	拜拉姆
C	
Caesar	凯撒
Caldas	凯尔达斯
Calhoun	卡尔霍恩
Callaghan	卡拉汉
Calvet	卡尔韦
Calvino	卡尔维诺
Cameron	卡梅伦
Canagarajah	卡纳加拉贾
Candlin	坎德林
Canute	克努特
Cardona	卡尔多纳
Cardozier	卡多齐尔
Carpenter	卡朋特
Carrol	卡罗尔
Carroll	卡罗尔
Carter	卡特
Catherine	凯瑟琳
Cerrinius	克尼斯
Chain	钱恩
Champollion	商博良

Char	查尔
Charlemagne	查理大帝
Charles	查尔斯
Chase	蔡斯
Cheshire	切希尔
Chevènement	谢维尼蒙
Chilton	奇尔顿
Cooper	库珀
Coulmas	库尔马斯
Crystal	克里斯托
Cummins	康明斯

D

Das Gupta	达斯古普塔
de Swaan	德斯旺
de Witte	德维特
Diderot	狄德罗
Diefenbach	迪芬巴赫
Diné-Lakota	蒂奈-拉科塔
Diodoros	狄奥多罗斯
Disney	迪斯尼
Dixon-Marquez	迪克森-马可兹
Dobrovosky	多布罗沃斯基
Domitianus	多米蒂安
Domokos	多莫科什

Donati	多纳蒂
Donitsa-Schmidt	德尼茨-施密特
Dorian	多里安
Douglas	道格拉斯
Driessen	德里森
Druviete	德鲁维耶特
Dua	杜瓦
Du Bellay	杜贝莱
Dunbar	邓巴
Duncan	邓肯
Du Plessis	杜普莱西斯

E

Eastman	伊士曼
Edgley	埃奇利
Edwards	爱德华兹
Eelen	埃伦
Eggington	埃金顿
Eide	艾德
Enahoro	安胡诺
Epiphanes	埃皮芬尼斯
Erignac	艾利纳克
Erling	埃尔林
Errington	埃林顿
Escamilla	埃斯卡米利亚

Esch	埃施
Estrella	埃斯特雷利亚
Evans	埃文斯
F	
Fabian	费比恩
Fairclough	费尔克拉夫
Fannin	范尼
Fasold	法索德
Fatchett	法彻特
Feely	菲利
Ferguson	弗格森
Fettes	费蒂斯
Fichte	费希特
Fischer	菲舍尔
Fisher	费希尔
Fishman	费什曼
Fitzsimmons-Doolan	菲茨西蒙斯-朵兰
Flaubert	福楼拜
Fleming	弗莱明
Foanaota	弗那塔
Fogle	福格尔
Foley	福勒伊
Forster	福斯特
Foucault	福柯

Fourie	弗瑞
Fowler	福勒
Franco	佛朗哥
François Premier	弗朗索瓦一世
Frangoudaki	弗兰古达奇
Freebody	弗里博迪
Freeland	弗里兰
Freeman	弗里曼
Freire	弗莱雷
Freud	弗洛伊德
Friedan	弗里丹
Friedrich	弗莱德里克
Fromkin	弗罗姆金
Fuller	富勒
Fumio Inoue	井上史雄
G	
Gadamer	伽达默尔
Gair	盖尔
Gaj	盖耶
Gal	盖尔
Galbally	加尔巴力
Gallaudet	加拉德特
Galtung	加尔通
Gandara	甘达拉

Gandhi	甘地
Gapun	甘帕恩
Gardner	加德纳
Gardt	加尔德
Garner	加纳
Garrett	加莱特
Garvey	加维
Garvin	加文
Gaumâta	高默达
Gazzola	盖左拉
Geertz	格尔兹
Gelber	盖尔伯
Gellner	盖尔纳
Ghose	高斯
Gibson	吉布森
Giddens	吉登斯
Giles	贾尔斯
Gillies	吉利斯
Gilman	吉尔曼
Glass	格拉斯
Glinert	格里纳特
Glynn	格林
Goethe	歌德
Goffman	戈夫曼

Gogolin	高哥林
Goh Keng Swee	吴庆瑞
Goldstein	戈尔茨坦
Gómez	戈麦斯
Gonzalez	冈萨雷斯
Goody	古迪
Gopinathan	戈皮纳斯
Gordon	戈登
Görlach	格拉赫
Gorman	戈尔曼
Gorter	戈特
Gottlieb	戈特利布
Graddol	格拉多尔
Gramsci	葛兰西
Grant	格兰特
Graves	格雷夫斯
Gray	格雷
Greenwood	格林伍德
Gregg	格雷格
Grenier	格雷尼尔
Grierson	格里尔森
Griffin	格里芬
Grillo	格里洛
Grimes	格莱姆斯

Grimm	格林
Grin	格兰
Grob	格罗布
Grogan	格罗根
Grosjean	格罗让
Gubbins	格宾斯
Guerini	格里尼
Guillermo	吉尔莫
Gumperz	甘柏兹
Gupta	古普塔
Gutiérrez	古铁雷斯
Guyot	盖奥特
Gynan	基南

H

Haarmann	哈尔曼
Habermas	哈贝马斯
Habyariman	哈比亚利马纳
Hadar	哈达
Hadj	哈吉
Hale	黑尔
Hall	霍尔
Halliday	韩礼德
Hammersley	哈默斯利
Hammond	哈蒙德

Handoko	汉多克
Harmer	哈默
Harris	哈里斯
Hary	哈利
Harzing	哈津
Hassanpour	哈桑坡
Hatcher	哈彻
Hattori	哈特利
Haugen	豪根
Hayakawa	早川一会
Hayek	海耶克
Head	海德
Heath	希思
Heller	海勒
Helms	赫尔姆斯
Henderson	亨德森
Henley	亨利
Herder	赫德
Herman	赫尔曼
Hernandez-Chavez	赫尔南德斯-查韦斯
Herring	赫林
Hertzel	赫策尔
Hewstone	豪斯顿
Heywood	海伍德

Hickey	希基
Higham	海厄姆
Hilbert	希尔伯特
Hill	希尔
Hillman	希尔曼
Himmelmann	希梅尔曼
Hinton	欣顿
Hiraga	平贺
Hirsh	赫什
Hirvonen	希尔沃宁
Hobsbawm	霍布斯鲍姆
Hockett	霍凯特
Hocking	霍金
Hodgens	霍金斯
Hodges	霍奇斯
Hoffman	霍夫曼
Hogan	霍根
Holborow	霍尔博罗
Hollander	霍兰德
Holm	霍尔姆
Holmes	霍姆斯
Holt	霍尔特
Honey	霍尼
Hopper	霍珀

Hopson	霍普森
Hornberger	霍恩伯格
Hornikx	霍尼克斯
Horowitz	霍洛维茨
Horvath	霍瓦特
Houphouët	乌弗埃
Hourigan	豪利甘
Howie	豪伊
Hu Chen-pu	胡镇埔
Hudson	赫德森
Huebner	许布纳
Hughes	休斯
Hult	赫尔特
Humboldt	洪堡（特）
Hume	休谟
Humphreys	汉弗莱斯
Hunčík	亨金克
Hunter	亨特
Hus	赫斯
Hutton	赫顿
Hyde	海德
Hymes	海姆斯
I	
Inbar	因巴

Island	艾兰德
Israel	伊斯雷尔
J	
Jabrin	贾布林
Jackendoff	杰肯道夫
Jaffe	贾菲
Jakkalli	佳卡里
Jakobson	雅各布森
James	詹姆斯
Jaworski	贾沃斯基
Jean	琼
Jeffords	杰福兹
Jeffrey	杰弗瑞
Jenkins	詹金斯
Jernudd	颜诺
Jerome	杰罗姆
Jespersen	叶斯柏森
Jie	杰伊
Jiménez	希门尼斯
Jinhyun Cho	赵金运
Johnson	约翰逊
Joiner	乔伊纳
Jones	琼斯
Joseph	约瑟夫

Jospin	若斯潘
Judge	加奇
K	
Kachru	卡楚
Kagame	卡加姆
Kahane	卡亨
Kakabila	卡卡比拉
Kale	凯尔
Kallen	卡伦
Kamwangamalu	坎旺玛鲁
Kaplan	卡普兰
Karanba	卡兰巴
Kedourie	克杜里
Keefers	基弗斯
Keesing	基辛
Keith	基思
Kelly-Holmes	凯利-霍尔姆
Kelly-Jones	凯利-琼斯
Kelman	凯尔曼
Kembo-Sure	克姆博-休尔
Kemmis	凯米斯
Kendel	肯德尔
Kennedy	肯尼迪
Kenyatta	肯雅塔

Khayyám	海亚姆
Khubchandani	库博羌丹尼
Kibbee	基比
Kienpointner	克因伯特纳
Kincses	金切什
Kiptoon	基普托恩
Kirch	基尔希
Klemperer	克伦佩雷尔
Klopstock	克洛卜施托克
Kloss	克洛斯
Knox	诺克斯
Knudsen	克努森
Kohli	科利
Koh Tai Ann	许黛安
Koller	科勒
Kondo-Brown	康多-布朗
Kontra	孔特劳
Kopeliovich	科普利奥维奇
Korzybski	科日布斯基
Kosuth	科苏斯
Koya	科亚
Krashen	克拉申
Krauss	克劳斯
Krefeld	克雷菲尔德

Kress	克雷斯
Kretzmann	克雷兹曼
Kristeva	克里斯蒂娃
Kroskrity	克瑞斯科里提
Krumbacher	科隆巴赫尔
Kubchandani	卡布成达尼
Kuhn	库恩
Kulick	库利克
Kumaravadivelu	库玛
Kuti	库蒂
Kymlicka	金里卡

L

Labov	拉波夫
Ladousa	拉多萨
Laforge	拉福热
Laitin	莱廷
Lakoff	莱考夫
Lam	拉姆
Lambert	兰伯特
Landau	朗道
Landry	兰德里
Langton	兰顿
Lantolf	兰托夫
Lapesa	拉佩萨

Lartichaux	拉蒂绍
Lasswell	拉斯韦尔
Lastra	拉斯特拉
Lawlor	劳勒
Laycock	莱科克
Layder	莱德尔
Leclerc	莱克勒克
Lee	李
Leech	利奇
Leets	利茨
Lefebvre	勒费布尔
Leibniz	莱布尼茨
Lemke	莱姆克
Leonard	伦纳德
Le Page	勒佩奇
Le Poire	勒泊尔
Leshem	莱谢姆
Lester	莱斯特
Letwin	莱特文
Levi	莱维
Levin	列文
Levinson	莱文森
Lévi-Strauss	列维–斯特劳斯
Lewin	勒温

Liddicoat	利迪科特
Liesvelt	莱斯福
Lilla	利拉
Lille	里尔
Lim	利姆
Linell	林奈尔
Linn	林
Lionel Wee Hock Ann	黄福安
Lippi-Green	力皮-格林
Li Wei	李嵬
Liz	莉兹
Lo Bianco	楼必安可
Locher	罗克尔
Locke	洛克
Lopez	洛佩兹
Love	勒夫
Lowenberg	洛温伯格
Lukács	卢卡奇
Luke	卢克
Luther	路德
Lutz	卢茨
Lyons	莱昂斯
M	
Maamouri	马莫里

Mabo	马勃
Macaulay	麦考莱
Machin	梅钦
Macías	马西亚斯
Mackey	麦基
Macnamara	麦克纳马拉
MacNaughton	麦克诺顿
Madiba	马迪巴
Madison	麦迪逊
Madonna	麦当娜
Mahathir	马哈蒂尔
Maher	马赫
Mair	梅
Makay	毛考伊
Makoni	马科尼
Maley	梅利
Malinowski	马林诺夫斯基
Mandel	曼德尔
Mannix	曼尼克斯
Manzoni	曼佐尼
Marcos	马科斯
Marenbon	马仁邦
Marfany	马尔法尼
Marinus van Den Berg	范得博

Markos	马科斯
Mar-Molinero	马尔-莫利内罗
Marriott	马里奥特
Marryat	马里亚特
Marsden	马斯登
Marshall	马歇尔
Martel	马特尔
Martinez	马丁
Martin-Jones	马丁-琼斯
Marx	马克思
Masai	正井
Masalha	马萨拉
Maslow	马斯洛
Mataira	马泰拉
Matalon	马特龙
Matheson	马西森
Matiki	马第基
Matthews	马修斯
Mattock	马托克
May	梅
Mazrui	马兹瑞
McCarty	麦卡蒂
McClure	麦克卢尔
McConnell	麦克康耐尔

McGregor	麦格雷戈
McGroarty	麦克格罗蒂
McKeon	麦基翁
McKinley	麦金利
McRae	麦克瑞
McTaggart	麦克塔格特
Meadows	梅多斯
Medicine	梅迪辛
Mel	梅尔
Mellinkoff	梅林科夫
Menaduc	梅纳杜
Menken	曼肯
Meriam	梅里亚姆
Mertz	默茨
Mesthrie	梅斯里
Meyer	迈耶
Meyerhoff	迈尔霍夫
Meyers	迈耶斯
Mieszkowski	米耶史考斯基
Miller	米勒
Milroy	米尔罗伊
Misitana	米斯塔纳
Mistral	米斯特拉尔
Mitchell	米切尔

Moeliono	莫利欧诺
Mohanty	莫翰迪
Monnier	蒙尼亚
Montagu	蒙塔古
Montaigne	蒙泰涅
Moulton	莫尔顿
Mozes	莫泽斯
Mphahlele	慕帕赫列列
Mufwene	穆夫温
Mühlhäusler	穆豪斯勒
Mujica	缪吉卡
Munro	芒罗
Murri	穆里
Mutahi	穆塔希
Mutasa	穆塔萨
Muysken	穆斯肯
Muzsnai	穆日瑙伊
Myers-Scotton	迈尔斯–斯科顿
Myhill	迈希尔
Myron	迈伦

N

Nababan	纳巴班
Nahir	纳尔
Nash	纳什

Nave	内夫
Nebrija	内布里哈
Neidhardt	奈哈特
Nekula	尼库拉
Nekvapil	内克瓦皮尔
Nelde	内尔德
Nettle	奈特尔
Neustupny	诺伊施图普尼
Nevo	尼沃
Nguema	恩圭马
Nietschmann	尼奇曼
Nietzsche	尼采
Ninyoles	尼内勒斯
Njonjo	恩琼乔
Nobokov	纳博科夫
Noels	诺埃尔
Nussbaum	努斯鲍姆
Nye	奈

O

O'Barr	奥巴尔
Ochs	奥克斯
O'Connor	奥康纳
Octavianus	屋大维

Ogden	奥格登
O'Grady	奥格雷迪
Ó Laoire	欧劳艾尔
Oller	奥勒
Olson	奥尔森
Omar	奥马尔
Ominde	奥民德
Omoniyi	奥莫尼依
Ong	翁
Ordóñez	奥当内兹
O'Reilly	欧雷利
Ó Riágain	欧瑞阿该因
Ortiz	奥尔蒂斯
Orwell	奥威尔
Ożóg	欧扎格
Ozolins	奥佐林斯
P	
Paige	佩奇
Pakir	帕基尔
Palmier	帕尔米耶
Panda	潘达
Pandharipande	潘德哈里潘德
Parijs	帕里基斯
Pariseau	帕里西奥

Park	帕克
Pasassung	帕萨桑
Passeron	帕斯隆
Patten	帕滕
Paulston	鲍尔斯顿
Pauwels	波维尔斯
Pavlenko	帕福连柯
Pearson	皮尔逊
Pêcheux	派彻
Pei	贝
Pekelman	佩克曼
Pennycook	彭尼库克
Perm	彼尔姆
Perry	佩里
Perta	佩尔塔
Peters	彼得斯
Pewhairangi	皮海浪伊
Phillips	菲利普斯
Phillipson	菲利普森
Philo	斐洛
Piaget	皮亚杰
Pigafetta	皮加费塔
Pike	派克
Piller	皮勒

Pinker	平克
Pitman	皮特曼
Piulais	皮伍莱斯
Plato	柏拉图
Pnyx	普尼克斯
Poedjosoedarmo	泊矣耶索达尔摩
Pompidou	蓬皮杜
Poole	普尔
Poulton	波尔顿
Powell	鲍威尔
Pranjkovic	普拉基克维奇
Pratkanis	普拉卡尼斯
Prator	普拉托
Preston	普雷斯顿
Prewitt	普莱维特
Pujol	普约尔
Pullum	普勒姆
Q	
Quell	奎尔
Quezon	奎松
Quirino	基里诺
Quirk	夸克
R	
Radford	雷德福

Rafiqzad	拉费德
Rajagopalan	拉贾戈帕兰
Rajah-Carrim	拉加–卡利姆
Ramonet	拉莫内特
Rampton	兰普顿
Ramses II	拉美西斯二世
Ranger	兰杰
Rannut	拉努特
Rauch	劳赫
Ravitch	拉维奇
Rawlinson	罗林森
Rawls	罗尔斯
Reagan	里根
Rebolledo	里博莱多
Reid	里德
Renan	勒南
Reyes	雷耶斯
Ricento	里森托
Richard II	理查德二世
Richardson	理查森
Richard VanNess Simmons	史皓元
Richelieu	黎塞留
Rickford	理克福特
Ridge	里奇

Riis	里斯
Risager	理萨奇
Ritzer	瑞泽尔
Rivera	里弗拉
Rodell	罗德尔
Rodriguez	罗德瑞古兹
Romaine	罗曼
Romero-Little	罗梅罗-利特尔
Roosevelt	罗斯福
Root	鲁特
Rosenbaum	罗森鲍姆
Rosenfeld	罗森菲尔德
Rosita	罗茜塔
Ross	罗斯
Rossi-Landi	罗西-兰迪
Rostov	罗斯托夫
Roxas	罗哈斯
Ruanda-Urundi	鲁安达-乌隆迪
Rubal-Lopez	鲁博尔-洛佩兹
Rubin	鲁宾
Ruiz	瑞兹
Rumsey	拉姆齐
Russell	罗素
Rutwa	卢特瓦

Ryan	瑞安
S	
Sacks	萨克斯
Sadovnik	萨多夫尼克
Safire	萨菲尔
Salazar	萨拉查
Sampson	桑普森
Samway	萨姆维
Sanchez	桑切兹
Sandel	桑德尔
Sándor	尚多尔
Sapir	萨丕尔
Sara	萨拉
Sarangi	塞兰奇
Saul	索罗
Saulson	索尔森
Saussure	索绪尔
Savigny	萨维尼
Saville-Troike	萨维尔-特罗伊克
Sawyer	索耶
Schäffner	沙夫纳
Schegloff	谢洛夫
Schieffelin	希费林
Schiffman	希夫曼

Schissel	希塞尔
Schlick	施利克
Schlossmacher	施洛斯马赫
Schmid	施密德
Schmidt	施密特
Schmoke	施莫克
Schneider	施奈德
Schopenhauer	叔本华
Schuh	舒
Schutz	舒兹
Scollon	斯科隆
Scovel	斯科韦尔
Sealey	西利
Searle	塞尔
Sebba	塞巴
Seckbach	塞克巴赫
Segev	塞格夫
Seidlhofer	赛德尔霍弗
Semlyen	塞姆列恩
Senghor	桑戈尔
Sequoyah	塞阔雅
Shah Jahan	沙贾汗
Shain	沙因
Shakespeare	莎士比亚

Shapiro	夏皮罗
Sharmash	沙马什
Shavit	沙维特
Shepard	谢泼德
Shohamy	肖哈米
Shotam	肖坦
Shuibhne	休伯恩
Shukri	舒凯里
Shweder	施威德
Sibayan	斯巴彦
Siegel	西格尔
Silberstein	西尔伯斯坦
Silentman	赛伦特曼
Silverman	西尔弗曼
Silverstein	西尔弗斯坦
Simchon	希姆丛
Simpson	辛普森
Sina	西纳
Sirles	索利斯
Sisyphus	西绪福斯
Skuttnab-Kangas	斯古纳伯-康格斯
Smalley	斯莫利
Smith	史密斯
Smitherman	史密瑟曼

Smolicz	西摩力奇
Sneddon	史奈顿
Socrates	苏格拉底
Sofia	索菲娅
Solano	索拉诺
Sontag	桑塔格
Sook	苏克
Soros	索罗斯
Soyinka	索因卡
Specter	斯贝克特
Spender	斯彭德
Spolsky	斯波斯基
Spring	斯普林
Sridhar	斯里德哈
Srivastava	斯瑞瓦斯特瓦
Stefan	斯蒂芬
Stein	斯坦恩
Steiner	斯坦纳
Steinman	斯坦曼
Stephens	斯蒂芬斯
Stewart	斯图尔特
Stokoe	斯托科
Strevens	斯特雷文斯
Strogatz	斯特罗盖茨

Stroud	斯特劳德
Strubell	斯特鲁贝尔
Sturgess	斯特奇斯
Sudjic	萨迪奇
Sugirtharajah	萨格沙拉亚
Sukarno	苏加诺
Suleiman	苏莱曼
Sunwandi	苏旺迪
Swaen	斯温
Swain	斯温
Swift	斯威夫特
Szépe	塞佩
Szilágyi	西拉吉

T

Tabouret-Keller	塔布雷-凯勒
Taft	塔夫脱
Tajfel	泰弗尔
Takashi	高士
Tankersley	坦克斯利
Tannen	坦嫩
Tannenbaum	坦南鲍姆
Tarashkyevich	塔拉斯科叶维奇
Tardy	塔迪

Tasman	塔斯曼
Tate	泰特
Tauli	托利
Taycher	泰特
Taylor	泰勒
Thatcher	撒切尔
Therborn	瑟伯恩
Thomason	托马森
Thornberry	索恩伯里
Thornborrow	索恩博
Thorne	索恩
Tickoo	迪库
Tiersma	蒂尔斯马
Tim	蒂姆
Timmis	蒂姆斯
Tina	蒂娜
Todorov	托多洛夫
Tollefson	托尔夫森
Tomlinson	汤姆林森
Tracy	特雷西
Trappes-Lomax	特拉普斯-洛马克斯
Trim	特瑞姆
Trobe	筹伯
Trubetzkoy	特鲁别茨科伊

Truchot	特吕绍
Trudgill	特鲁吉尔
Tse Kwock-Ping John	谢国平
Tsuda, Yukio	津田由纪夫
Tsui Amy B.M.	徐碧美
Tucker	塔克
Tulp	塔尔普
Tuominen	托米奈恩
Turi	图里
Turner	特纳
Twomey	图米
Tyndale	廷代尔

U

Ullmann	乌尔曼
Unz	翁兹
Ussishkin	乌西施金
Ustjug	乌斯秋格

V

Vaillancourt	瓦兰柯特
Vaishnav	瓦什娜
Valdes	瓦尔德斯
Valdez	瓦尔迪兹
Valdiviezo	巴尔迪维耶索
Vandenbussche	范登伯斯奇

van Dijk	范迪克
van Leeuwen	范莱文
van Ophuysen	范奥珀胡森
van Ruysseveldt	范鲁伊斯维尔特
Várady	瓦劳迪
Varennes	瓦伦尼斯
Varghese	瓦吉斯
Vavrus	瓦瑞斯
Veblen	范伯伦
Vekerdi	韦凯尔迪
Vieytez	维尔泰兹
Vikor	维克
Villalobos	维拉罗波斯
Voegelin	弗格林
Volkovs	沃尔科夫
Voloshinov	沃洛希诺夫
Vygotsky	维果斯基

W

Waggoner	瓦格纳
Waite	韦特
Walden	沃尔登
Walford	沃尔福德
Walton	沃尔顿
Wardhaugh	沃德豪

Warhol	沃霍尔
Watson-Gegeo	沃森-基迪欧
Watts	瓦茨
Webster	韦伯斯特
Wedin	韦丁
Weeks	威克斯
Wein	魏因
Weinreich	文莱奇
Weinstein	温斯坦
Weizman	魏茨曼
Welchert	维契特
Wenzel	温泽尔
Whaley	惠利
White	怀特
Whiteley	怀特利
Whitlam	惠特拉姆
Whitney	惠特尼
Whorf	沃尔夫
Widdowson	威多森
Wiese	威斯
Wieseltier	维斯蒂尔
Wiley	威利
Wilhelm	威廉
Williams	威廉姆斯

Wilson	威尔逊
Winnard	维纳德
Wodak	沃达克
Wood	伍德
Woolard	伍拉德
Woon	伍恩
Wortham	沃瑟姆
Wren	雷恩
Wright	赖特
Wurm	沃姆
Wycliffe	威克利夫
Wyman	怀曼
X	
Xanthippos	桑西巴斯
Xiao Lan Curdt-Christiansen	张晓兰
Y	
Yaakov	雅各布
Yarborough	亚伯勒
Yatim	雅丁
Yehuda	耶胡达
Yellin	耶林
Yeng Seng Goh	吴英成
Yitzhaki	伊扎崎
Yoshiyuki Asahi	朝日祥之

Z	
Zachary	扎卡里
Zeno	芝诺
Zepeda	塞佩达
Zipf	齐普夫
Zuckermann	诸葛漫

二、法规（报告）名

A	
Act of Free Choice	《自由选择法案》
Australian Citizenship Act	《澳大利亚公民法》
Australian Literacies: Informing National Policy on Literacy Education	《澳大利亚读写能力：读写能力国家政策指导》
Australia's Language: The Australian Language and Literary Policy	《澳大利亚的语言：澳大利亚语言和读写政策》
B	
Balfour Declaration	《贝尔福宣言》
Barcelona Declaration	《巴塞罗那宣言》
Bilingual Education Act (BEA)	《双语教育法》
Bullock Report	《布洛克报告》
C	
Canadian Charter of Rights and Freedoms	《加拿大人权与自由宪章》
Catalan Statute of Autonomy	《加泰罗尼亚自治条例》
Central European Initiative for the Protection of Minority Rights	《中欧保护少数族群权利倡议书》
Charter of the French Language (Bill 101)	《法语宪章》（又称《101 法案》）
Charter of the United Nations	《联合国宪章》
Cobbold Commission Report	《科博尔德委员会报告》
Code of Hammurabi	《汉穆拉比法典》
Codes of Lipit-Ishtar	《李必特·伊什塔尔法典》
Codes of Ur-Nammu	《乌尔纳姆法典》
Constitution of the Republic of Moldova	《摩尔多瓦共和国宪法》

Convention Against Discrimination in Education	《取缔教育歧视公约》
Copenhagen Recommendations	《哥本哈根建议书》
Court Interpreters Act	《法庭口译法》
D	
Declaration on the Rights of Persons Belonging to National or Ethnic, Religious and Linguistic Minorities	《在民族或族裔、宗教和语言上属于少数群体的人的权利宣言》
Department of Defense Language Transformation Roadmap	《美国国防语言转型路线图》
Drogheda Report	《杜希达报告》
E	
Edict of Union	《联合赦令》
Education Reform Act	《教育改革法》
Eighth Schedule to the Constitution	《宪法第八附则》
Elementary and Secondary Education Act (ESEA)	《中小学教育法》
English Statute of Pleading	《法庭辩护法令》
Esther Martinez Native American Languages Preservation Act	《以斯贴·马丁美国本土语言保护法》
European Charter for Regional or Minority Languages	《欧洲区域或少数民族语言宪章》；《欧洲区域或小族语言宪章》
European Convention of the Protection of Human Rights and Fundamental Freedoms	《保护人权和基本自由欧洲公约》
European Convention on Human Rights	《欧洲人权公约》
European Convention on Nationality	《欧洲国籍公约》

European Convention on the Rights of National Minorities	《欧洲少数族群权利公约》
European Convention on Transfrontier Television	《欧洲跨国广播电视协议》
Every Student Succeeds Act	《每个孩子成功法》
F	
Framework Convention for Protection of National Minorities	《欧洲保护少数族群框架公约》
G	
Global Education Monitoring Report	《全球教育监测报告》
Good Friday Agreement	《贝尔法斯特协议》
H	
Hague Recommendations Regarding the Education Rights of National Minorities	《关于少数民族教育权利的海牙建议书》
Harare Declaration	《哈拉雷宣言》
I	
Indian Removal Act	《印第安人迁移法》
International Covenant on Civil and Political Rights	《公民权利和政治权利国际公约》
J	
Jakarta Charter	《雅加达宪章》
Jones Act	《琼斯法》
K	
Killilea Report	《济利里报告》
Kingman Report	《金曼报告》

L	
Language Plan of Action for Africa	《非洲语言行为计划》
Law of Linguistic Normalization	《语言规范化法》
Law on the Functioning of Languages on the Territory of Moldova	《摩尔达维亚苏维埃社会主义共和国境内语言功能法》
Literacy Report	《扫盲报告》
Lo Bianco Report	《楼必安可报告》
Loi Deixonne	《戴克索思议案》
Lund Recommendations on the Effective Participation of National Minorities in Public Life	《关于少数民族切实参与公共生活的隆德建议书》
M	
Maastricht Treaty	《马斯特里赫特条约》
Maori Language Act	《毛利语言法》
Metropolitan Streets Act 1867	《1867 年大都市街道法》
Morrell Act	《莫雷尔法案》
N	
Native American Languages Act (NALA)	《美国土著语言法》
Naturalization Act	《入籍法》
NDEA	《国防教育法》
No Child Left Behind Act	《不让一个孩子掉队法》
O	
Official Languages Act of Canada	《加拿大官方语言法》
Oslo Recommendations Regarding the Linguistic Rights of National Minorities	《关于少数民族语言权利的奥斯陆建议书》

P	
People's Communication Charter	《人民交流宪章》
Philippine Bill of Rights	《菲律宾权利法案》
Philippine Bookkeeping Act	《菲律宾簿记法》
Plain Language in Government Communications Act	《政府通信简明语言法》
Proposition 203	《第 203 号提案》（美国亚利桑那州反双语教育提案）
Proposition 227	《第 227 号提案》（美国加利福尼亚州反双语教育提案）
Protective Act for the Former Aborigines of Hokkaido	《北海道原土著居民保护法》
Q	
Question 2	《2 号问题》（美国马萨诸塞州反双语教育提案）
R	
Recommendation 1201 of the Parliamentary Assembly of the Council of Europe	《欧洲理事会议会大会 1201 号建议书》
Report of the Advisory Committee	《咨询委员会报告》
Rules for Romanization of Korean and the Koreanization of Foreign Words	《朝鲜语罗马化及外来词的朝鲜化规则》
S	
Slovak State Language Law	《斯洛伐克国家语言法》
South Africa Constitution	《南非宪法》
South African Language in Education Policy	《南非语言教育政策》
South African Languages Bill	《南非语言法案》

T	
Television Without Frontiers Directive	《无国界电视指令》
Toubon Act/Law	《杜蓬法》
Transitional Bilingual Instructional Act (TBIA)	《过渡性双语教育法》
Treaty of Westphalia	《威斯特伐利亚条约》
Tydings-McDuffie	《泰丁斯-麦克达菲法案》
U	
United Nations Declaration on the Rights of Indigenous Peoples	《联合国土著人民权利宣言》
United Nations International Covenant on Civil and Political Rights	《联合国公民权利和政治权利公约》
United Nations International Covenant on Economic, Social and Cultural Rights	《联合国经济、社会和文化权利国际公约》
Universal Declaration of Human Rights	《世界人权宣言》
Universal Declaration of Linguistic Rights	《世界语言权利宣言》
W	
Welsh Language Act	《威尔士语言法》
Wireless Act	《无线电法》
World Trade Organization Law	《世界贸易组织法》

三、组织机构名

A

Academia de la Llingua Asturiana	阿斯图里亚语研究院
Academie Francaise	法兰西学院
Academy of the Hebrew Language	希伯来语研究院
Accademia del Crusca	克鲁斯卡语言研究院
Accademia della Crusca	秕糠学会
Agency for International Development	国际开发署
Akademio de Esperanto	世界语研究院
Alliance Française	法语联盟
Al-Muthanna Club	穆萨纳俱乐部（阿拉伯语）
American Association of Applied Linguistics (AAAL)	美国应用语言学协会
American Council on the Teaching of Foreign Languages (ACTFL)	美国外语教学委员会
American Indian Language Development Institute (AILDI)	美国印第安语言发展研究所
American Sociological Association	美国社会学协会
Arabic Language Academy	阿拉伯语研究院
Asian South Pacific Bureau of Adult Education	亚洲及南太平洋成人教育局
Asociación de Academias de la Lengua Española	西班牙语研究院协会
Association for Service to the New Philippines	新菲律宾服务联谊会
Association of Spanish Language Academies	西班牙语研究院协会

Australian Alliance for Languages	澳大利亚语言联盟
B	
BAAL	英国应用语言学学会
Boordo Ulstèr-Scotch	阿尔斯特苏格兰语委员会
Bòrdna Gàidhlig	盖尔语发展委员会
British Council	英国文化委员会
Bundesverfassungsgericht	宪法法院
Bunyad	布尼亚德扫盲组织
Bureau of Educational and Cultural Affairs of the U.S. State Department	美国国务院教育文化事务局
C	
Canadian Organization for Development through Education	加拿大教育发展组织
Center for Applied Linguistics (CAL)	应用语言学中心
Center for Latin American and Caribbean Studies (CLACS)	拉丁美洲和加勒比海地区研究中心
Center for Policy Studies (CPS)	政策研究中心
Central Advisory Board of Education	中央教育咨询委员会
Committee for Linguistics in Education	教育语言学委员会
Committee for Writing System Reform of China	中国文字改革委员会
Committee on Official Language	官方语言委员会
Community of Portuguese Language Countries	葡萄牙语国家共同体
Confucius Institute	孔子学院
Congress Party	国民大会党

Constitutional Council	宪法委员会
Cornish Language Board	康沃尔语委员会
Council for Aboriginal Reconciliation	土著居民和解委员会
D	
Defense Language Institute	美国国防语言学院
Department of Maori Affairs	毛利事务部
Dewan Bahasa dan Pustaka	语言及文学研究所
Dutch Language Union	荷兰语联盟
E	
El Instituto Cervantes	塞万提斯学院
English for the Children	儿童英语组织
European Bureau for Lesser-Used Languages (EBLUL)	欧洲较少使用语言管理局
European Commission on Languages	欧盟委员会语言分会
European Convention on Cultural Cooperation	欧洲文化合作联合会
Euskaltzaindia	皇家巴斯克语研究院
F	
Federal Bureau of Indian Affairs	联邦政府印第安人事务局
Forasna Gaelige	爱尔兰语推广论坛
Francophonie	法语国家国际组织
Fryske Akademy	弗里斯兰语研究院
G	
Gaelic Language Society	盖尔语协会
Gaelic League	盖尔语联盟

German Academic Exchange Service (DAAD: Deutscher Akademischer Austauschdienst)	德意志学术交流中心
Goethe Institut	歌德学院
H	
Haut Comité pour la Défense et l'Expansion de la Langue Française	法语保护与推广高级委员会
Haut Conseil de la Francophonie	法语国家国际组织指导委员会
Hebrew Language Council	希伯来语委员会
Hebrew Teachers Association	希伯来语教师协会
I	
Instituo Dante Alighieri	但丁学院
Institut d'Estudis Catalans	加泰罗尼亚语学院
Institute of Euskara of Navarre	纳瓦拉巴斯克语研究院
Institute of Philippine Language (IPL)	菲律宾语言研究所
Instituto Camões	卡蒙斯学院
International Civil Aviation Organization (ICAO)	国际民航组织
International Labour Organization (ILO)	国际劳工组织
International Maritime Organization (IMO)	国际海事组织
International Monetary Fund (IMF)	国际货币基金组织
International Pen Club	国际笔会
International Portuguese Language Institute	国际葡萄牙语学院
International Standard Organization (ISO)	国际标准化组织

ISO DIS 15924 Codes for the Representation of Names of Scripts	国际标准化组织・15924 文字名称表示代码
J	
Japanese Language Institute	日本语言学院
Joint National Committee for Languages (JNCL)	全美语言联合委员会
K	
Komisi Bahasa Indonesia	印尼语言委员会
L	
Language Line	语言连线翻译公司
Language Organization of Norway	挪威语言组织
Language School Governance	语言治理学派
Legion for the Protection of the Language	希伯来语保护军团
Linguistic Society of America (LSA)	美国语言学协会
Literacy Development Institute	扫盲发展研究所
Luganda Society	卢干达语学会
Lusoga Language Authority	卢索加语管理局
Lusophone Federation/Lusophere	葡萄牙语国家联合会
M	
Majalis Bahasa Brunei Darussalam-Indonesia-Malaysia	文莱—印度尼西亚—马来西亚统一语文委员会
Maori Language Commission	毛利语言委员会
Maori philosophy school	毛利语浸没学校
Mercator European Research Centre on Multilingualism and Language Learning	墨卡托欧洲多语制及语言学习研究中心

N	
National Asian Languages and Studies in Australian Schools (NALSAS)	澳大利亚亚洲语文教育基金
National Association of Bilingual Education	全美双语教育协会
National Association of Teachers of English	（英国）全国英语教师协会
National Center for Languages	（英国）国家语言中心
National Clearinghouse for Bilingual Education (NCBE)	全美双语教育信息处
National Congress on Languages in Education	（英国）全国教育语言大会
National Consultative Committeeon Racismand Interculturalism	（爱尔兰）国家种族与跨文化咨询委员会
National Council for Educational Standards	（英国）国家教育标准委员会
National Council for Languages and International Studies (NCLIS)	（美国）语言与国际研究理事会
National Council of Educational Research and Training (NCERT)	（印度）国家教育研究与培训委员会
National Education Board	（菲律宾）国家教育委员会
National Institute for Japanese Language and Linguistics	（日本）国立国语研究所
National Language Institute	（印尼）国家语言委员会
National Language Institute (NLI)	（菲律宾）国家语言研究所
National Language Service Corps (NLSC)	（美国）国家语言服务团
National Languages and Literacy Institute of Australia	澳大利亚国家语言与识字委员会
Native American Language Issues Institute (NALII)	美国土著语言问题研究所

O	
Office of Bilingual Education and Minority Languages Affair	双语教育及少数民族语言事务处
Office for Standards in Education (OFSTED)	教育标准办公室
P	
Pan South African Language Board (PANSALB)	泛南非语言委员会
Plain Language Association International	国际简明语言协会
Pusat Bahasa	印尼语言建设和发展中心
Q	
Québec Office of the French language	魁北克省法语事务办公室
R	
Real Academia Española	皇家语言学院
Real Academia Galega	皇家加利西亚语研究院
Royal Commission on Bilingualism and Biculturalism	皇家双语和二元文化委员会
S	
Safah Berurah	语言净化组织
Scots Language Society	苏格兰语协会
Simplified Spelling Society	简化拼写协会
Society of Japanese Linguistics	日本语言学协会
South Africa Language Union	南非语言联合会
Special Committee on Style	文风特别委员会
Stoics	斯多葛学派
Summer Institute of Linguistics (SIL)	夏季语言学学会

T	
Terralingua	地球语言组织
U	
Union for the International Language Ido	国际伊多语联合会
Unit for the Defense of the Language	语言防卫局
United Nations	联合国
United Nations Development Program	联合国开发计划署
United Nations Educational, Scientific and Cultural Organization	联合国教科文组织
United Nations Environmental Program	联合国环境规划署
United Nations Human Rights Committee	联合国人权委员会
United Nations Population Fund	联合国人口基金会
United States Agency for International Development	（前）美国国际发展局
United States Information Agency (USIA)	美国新闻署
US English	美国英语协会
W	
Welsh Language Board	威尔士语言委员会
Welsh Language Society	威尔士语言协会
West Bengal Bangla Academy	孟加拉语研究院
World Commission on Linguistic Rights	世界语言权委员会

四、语言事件名

A	
Americanization Campaign	美国化运动
Ann Arbor School District Court Case	安阿伯学区诉讼案例
B	
Bahasa Malaysia Campaign	印尼马来语运动
Belgian Linguistic Case	比利时语言案例
Brown v. Board of Education	布朗诉皮卡教育局案
C	
Carolingian Reforms	卡洛林改革
Casteñeda v. Pickard	卡斯特内达诉皮卡德案
Celebrating Cross-border Languages for Peaceful Dialogue	赞颂跨境语言，推动和平对话
Child Migrant Education Program	移民儿童教育项目
Civil Rights Movement	民权运动
E	
Educational Language Policy Engagement and Action Research (ELPEAR)	语言教育政策参与和行动研究
English-Only Movement	“唯英语运动”
Ethnic Schools Program (ESP)	民族学校项目
F	
Farrington v. Tokushige	法灵顿诉德重聪案
Ford v. Québec	福特公司诉魁北克案
Francophone movement	说法语运动

H	
Head Start	领先计划（美国针对贫困家庭儿童的教育补助项目）
Horn v. Flores	霍恩诉弗洛里斯案
Hungary Service English Project	匈牙利服务英语项目
I	
Indigenous Literacy Project	澳大利亚土著人读写项目
International Adult Literacy Survey	国际成人读写能力调查
International Year of Indigenous Languages	国际土著语言年
K	
Kaupapa Maori	毛利语拯救计划
KJV Only Movement	《詹姆斯王本》独尊运动
Know-Nothing movement	“一无所知运动”
Kura Kaupapa movement	毛利语浸没教育运动
L	
Lau v. Nichols	刘氏诉尼克尔斯案
Lemelson-MIT Program	莱梅尔逊麻省理工学院项目
M	
Mabo vs Queensland	马勃诉昆士兰州政府
Martin Luther King Junior Elementary School Children et al. v. Ann Arbor School District	马丁·路德·金小学学生诉安阿伯校区
Master Apprentice Language Learning Program	师徒型语言学习计划
Meyer v. Nebraska	梅耶诉内布拉斯加州案

Movement for Canadian Literacy	加拿大读写能力运动
N	
National Programme for the Latvian Language Training	拉脱维亚语国家培训项目
National Study of Indian Education	国家印第安教育研究
New Literacy Studies	新读写研究
O	
Oakland School Board Policy	奥克兰学校董事会决议（美国加州关于“黑人英语”名称的决议）
P	
Programme for the International Assessment of Adult Competencies (PIAAC)	国际成人能力评估调查
R	
Rios v. Reed	里奥斯诉里德案
S	
Serna v. Portales Municipal Schools	塞尔纳诉波塔利斯市立学校案
T	
Te Ataarangi	特阿塔浪伊毛利语运动
U	
US English movement	美国英语运动
W	
Wôpanâak Language Reclamation Project	万帕诺亚格语恢复计划
Y	
Ya Salam	雅萨拉姆（以色列双语教育项目）